KB154817

자기생성과 인지 : 살아있음의 실현

자기생성과 인지 : 살아있음의 실현

Autopoiesis and Cognition : The Realization of the Living

지은이	움베르또 R. 마뚜라나 · 프란시스코 J. 바렐라
옮긴이	정현주
펴낸이	조정환
책임운영	신은주
편집	김정연
디자인	조문영
홍보	김하은
프리뷰	문규민 · 정경직 · 추희정
초판 인쇄	2023년 11월 1일
초판 발행	2023년 11월 3일
종이	타라유통
인쇄	예원프린팅
라미네이팅	금성산업
제본	바다제책
ISBN	978-89-6195-320-7 93100
도서분류	1.철학 2.인지과학 3.생물학 4.사회과학
값	21,000원
펴낸곳	도서출판 갈무리
등록일	1994. 3. 3.
등록번호	제17-0161호
주소	서울 마포구 동교로18길 9-13 2층
전화	02-325-1485
팩스	070-4275-0674
웹사이트	www.galmuri.co.kr
이메일	galmuri94@gmail.com

First published in English under the title
Autopoiesis and Cognition; The Realization of the Living by H.R. Maturana and F.J. Varela, edition: 1
Copyright © D. Reidel Publishing Company, Dordrecht, Holland, 1980
This edition has been translated and published under licence from Springer Nature B.V..
Springer Nature B.V. takes no responsibility and shall not be made liable for the accuracy of the translation.

Korean Translation Copyright © 2023 by Galmuri Publishing Co., Ltd. All rights reserved.
Korean edition is published by arrangement with Springer Nature through Guy Hong Agency.

이 책의 한국어판 저작권은 기흥에이전시를 통해 Springer Nature와의 독점 계약으로
도서출판 갈무리에 있습니다. 저작권법에 의해 한국 내에서 보호를 받는 저작물이므로
무단전재와 무단복제를 금합니다.

일러두기

1. 이 책은 Humberto R. Maturana와 Francisco J. Varela의
   Autopoiesis and Cognition : the Realization of the Living,
   Dordrecht : Reidel Publishing Company, 1980을 완역한 것이다.
2. 외래어로 굳어진 외국어는 표준 표기대로 하고, 기타 고유명사나
   음역하는 외국어는 발음에 가장 가깝게 표기한다.
3. 단행본, 전집, 정기간행물에는 겹낫표(『』)를, 논문에는 홑낫표(「」)를
   사용하였고 학회, 협회, 연구소, 재단에는 가랑이표(< >)를 사용하였다.
4. 지은이 주석과 옮긴이 주석은 같은 일련번호를 가지며,
   옮긴이 주석에는 * 라고 표시하였다.
5. 원서의 대괄호는 ( ) 및 [ ]를 사용하였고, 옮긴이가 덧붙인 내용은
   [ ] 속에 넣었다.
6. 영어판에서 이탤릭체로 강조된 것은 고딕체로 표기하였다.
7. 일어판 河本英夫, 『オートポイエーシス― 生命システムとは何か』,
   東京 : 国文社, 1991을 참조하였다.

차례

2편 **자기생성 : 살아있음의 조직**
움베르또 *R.* 마뚜라나, 프란시스코 *J.* 바렐라

이 책은 대담하고, 탁월하며, 도발적이고, 당혹스러움을 주는 저작이다. 이 책은 급진적인 관점 전환을 요구한다. 살아있는 체계가 기술description 1 영역 외부에 놓인 것의 측면에서 기술된다고 하는 거의 역설적이라고밖에 말할 수 없는 자세로의 이행이 요청된다. 움베르토 마뚜라나 교수는 동료 프란시스코 바렐라와 함께 시스템 이론 생물학의 구성에 착수하였다. 그들은 살아있는 체계를 관찰과 기술의 대상 혹은 상호작용하는 체계가 아니라, 오로지 자기만을 준거하는 자족적 단위체2로 정의하고자 한다. 그리하여 예를 들면 어떤 관찰자가 '외부'에서 단위체들을 기술하는 관점은, 이미 마뚜라나와 바렐라가 체계 그 자체의 특성으로 상정하는 것의 근본적인 필요조건을 위반하는 것처럼 보인다. 즉 그들은 이른바 자율적이고 자기준거적이며 자기구축적인 폐쇄적 체계를, 그들의 용어로는 간략히 자

---

1. * 이 책에서 '기술'은 2편 「스탠포드 비어의 머리말」에 등장하는 두 번의 '기술'(technology)을 제외하고는 전부 description, describe의 번역으로, 記述을 뜻한다.

2. * 이 책에서는 unity 개념에 대한 마뚜라나의 정의와 일어판을 참조하여 unity를 단위체로 옮긴다.

기생성체계를 상정한다. 이와 같은 개념적 방법과 살아있는 체계 이론에 근거하여 마뚜라나는 인지를 생물학적 현상으로, 그리고 인지야말로 실제 모든 살아있는 체계의 본성이라고 규정한다. 그리고 이를 바탕으로 이와 같은 체계들 사이에서 언어와 기술, 사고를 구성하는 상호작용의 영역을 생성하는 방향으로 나아간다.

이러한 급진적인 관점 전환은 기능이나 목적의 측면에서, 유기체-환경 관계의 측면에서, 또는 외부세계와의 인과적 상호작용의 측면에서, 심지어 정보와 부호화, 전송의 측면에서 상상적 도약을 요구하며 살아있는 체계의 여타 표준적 특성의 근본적인 폐기를 요구한다. 실질적으로 마뚜라나와 바렐라가 제안하는 것은 위상학적인 이론생물학이다. 이것은 요소들과 그 관계들이 하나의 폐쇄적 체계를 구성하는 위상학, 또는 훨씬 급진적으로 말해서 체계 그 자체의 '관점'에서 본다면 전적으로 자기준거적이며 '외부'가 없는 우리 시대의 라이프니츠적 위상학이다.

이 연구는 주의 깊게 읽을 필요가 있으며 그럴 만한 가치 또한 충분하다. 이 연구는 전문적·형식적이고, 난해한 동시에 철학적이며, 상상력이 대담하다. 그것은 이론생물학으로서 엄밀하게 구성되었고 그 내용이 재론의 여지 없이 추상적이고 형식적이다. 그럼에도 불구하고 이 연구는 의학 실험실에서 신경생리학자가 진지하게 수행한 것이라는 인상을 준다. 책의 실로 흥미로운 부분은 통찰력과 추가적인 해석을 시사하는 여러 지점과 추상적·형식적 이론을 신경계의 영역에 사상寫像, map시켜 해석하는 지점이다. 우리는 현재에도, 앞으로도 이 같은 이론생물학을 더는 기대할 수 없을 것이다.

철학자나 일반 과학자에게 마뚜라나가 널리 알려진 것은 아마도 (레트빈, 맥컬럭, 피츠와 함께 쓴) 1959년의 고전적 논문「개구리(북방산개구리) 시각의 해부학과 생리학」덕분일 것이다.[3] 그 이후로 마뚜라나는 시각, 특히 색채 지각에 관한 해부학적·신경생리학적 연구를 해 왔다. 그는 또한 의대생들을 가르쳐 왔다. 그의 연구 과정, 교육 과정에서 출현한 물음들은 그가 독특한 대안적 이론 프레임을 발전시켜 '살아있는 체계란 무엇인가?' 그리고 '인지란 무엇인가?' 같은 질문에 답변하도록 이끌었다. 그러한 탐구의 결과로, 그리고 살아있는 체계를 자기제작적이고 자기준거적인 자율적 단위체로 구성한 것의 결과로 마뚜라나는 이 두 가지 질문에 공통의 답이 있다는 점을 발견했다. 그는 "살아있는 체계들은 인지적 체계들이고, 하나의 과정으로서의 살아있음은 인지의 과정이다"라고 쓰고 있다.

우리는 이 중요한 이론적 저작을 보스턴 과학철학 연구 시리즈의 하나로 소개하게 된 것을 대단히 기쁘게 생각한다. 생물학 이론의 통합, 형식적 구성, 인식론 (그리고 나아가 상호작

3. H. R. Maturana, J. Y. Lettvin, W. S. McCulloch and W. H. Pitts, "Anatomy and Physiology of Vision in the Frog (*Rana pipiens*)," J. of Gen. *Physiol.* 43, no. 6 Part 2 (1960), pp. 129~175.

용하는 체계의 본성을 일종의 생물사회학으로 보는 마뚜라나의 제안과 이러한 구성이 갖는 윤리적 함의에 대한 그의 스케치까지) ─ 이 모든 것은 이 책에 포함된 두 편의 연구가 지난 수십 년간 시스템 이론생물학의 가장 독창적인 시도 가운데 하나이며 철학적 깊이가 있는 연구임을 말해 준다.

1979년 7월
보스턴 대학 과학철학과 역사 센터
로버트 S. 코헨·막스 W. 와르토프스키

서문에서 내가 말하는 모든 것은 전적으로 내 책임 아래 있다. 이 서문은 프란시스코 바렐라와 함께 쓴 논문과 관련이 있지만 관대하게도 그는 내가 자유롭게 서문을 쓸 수 있도록 해주었다. 바렐라 자신의 견해는 『생물학적 자율성의 원리들』에 독립적으로 제시되어 있다.[1]

또한 친구이자 칠레대학의 교수인 펠릭스 슈워츠만에게 깊이 감사한다. 이 책의 내용은 14년 이상 그와 함께 나누었던 많은 계몽적인 대화에 빚지고 있다.

---

1. F. J. Varela, *Principles of Biological Autonomy* (Amsterdam : Elsevier-North, 1979).

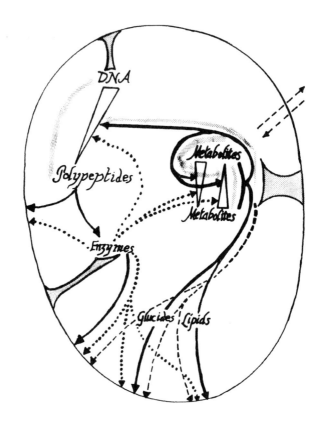

〈세포 자기생성 연결망의 표상〉

Metabolites 대사물질 / Lipids 지질 / Glucides 당질 / Enzymes 효소 / Polypeptides 폴리펩타이드. 위 그림의 단위체에서 자체의 경계(막)를 가로지르는 화살표를 제외한 나머지 모든 화살표는 생산관계를 가리킨다. 경계선과 쐐기 형태를 포함하여 음영이 균일한 부분들은 명칭들과 함께 구성 관계를 표시한다. 연결망 내 구성요소들의 선호 관계들을 통해서 하나의 구체적인(concrete) 단위체로 실현되는 재귀적 연결망에서, 생산 및 구성과 관련된 폐쇄의 일반적 형태는, 질서 관계들을 지시하며 그리고 그로 인해 매질(medium)로부터 그 연결망이 하나의 단순단위체로서 분리됨을 지시한다. 이 전체가 표상하는 것은 생산의 폐쇄적 연결망이다. 하지만 그림에서 연결망의 구성적 경계를 가로지르는 화살표는 연결망이 물리적 공간을 실현할 때는 물질적 개방성이 반드시 필요하다는 점을 나타낸다.

이 서문에서 나는 이 책에 실린 두 편의 논문과 관련하여 몇 가지 해명을 하고 싶다. 그러기 위해 부분적으로라도 어떻게 논문들이 나오게 되었는지에 대해 써야만 한다.

역사

어린 시절부터 나는 동식물에 관심이 많았고, 종종 스스로에게 무엇이 동식물을 살아있게 하는지를 질문하곤 했다. 의과대학생이 된 첫해인 1948년에 나는 시를 한 편 썼는데, 그 시의 첫 번째 연은 다음과 같다.

지켜보는 사람에게 죽음이란 무엇인가?
죽어가는 이에게 죽음이란 무엇인가?
지식 또는 이해를 넘어선 죽음의 무게
한 사람에게는 자기를 주장하는 에고self-asserting ego의 고통
다른 사람에게는 침묵과 평안과 무nothingness
게다가 한 사람은 분노의 자부심을 느낀다.
그리고 마음에서 그 사람은

죽음을 넘어서는 어떤 일도 일어나서는 안 된다는 것을

그리고 죽음을 넘어서는

저곳에는 오로지 죽음만이 있어야 할 뿐임을

받아들이지 않는다.

다른 사람은 자신의 침묵 속에서

알 수 없는 장엄한 느낌 속에서

어떤 것도 느끼지 않고 어떤 것도 알지 못한다.

죽음은 죽음이기 때문이다.

그리고 죽음이 없는 삶은 다만 공허하기 때문이다.[1]

시가 썩 좋지는 않지만 '죽을 수도 있는 살아있는 체계들이란 어떤 종류의 체계이고 살아있는 체계들이 인지하는 일은 어떻게 이루어지는가?'라는 암묵적인 질문이 이 시에 전제되어 있다.

나는 1954년에 영국과 미국으로 생물학을 공부하러 갔고, 6년간의 해외 유학과 연구 끝에 1960년 칠레로 돌아와 산티아고에 있는 칠레대학 의과대학에서 생물학 연구원으로 일하기 시

---

1. * 이 시의 스페인어 원문은 다음과 같다. ¿Qué es la muerte para el que la mira? / ¿Qué es la muerte para el que la siente? / Pesadez ignota, incomprensible, / dolor que el egoísmo trae, para ése ; / silencio, paz y nada, para éste. / Sin embargo el uno siente / que su orgullo se rebela, que su mente / no soporta que tras la muerte nada quede, / que tras la muerte esté la muerte. / El otro, en su paz, en su silencio, / en su majestad inconsciente siente, / nada siente, nada sabe, / porque la muerte es la muerte / y tras la muerte está la vida / que sin la muerte sólo es muerte.

작했다. 그곳에서 나는 두 종류의 활동에 참여했다. 하나는 의과대학 학생을 위한 일반 생물학 강좌를 개설하여 가르치는 것이었다. 다른 하나는 신경생리학과 신경해부학 분야에서 연구를 수행하는 일이었다. 가르치는 일에서 나의 주된 임무는 의대생들에게 살아있는 체계가 자율적인 실체entity로서 어떻게 조직되는지를 이해시키고, 지구상의 살아있는 체계가 어떻게 출현하게 되었는지 그 기원을 이해시키는 것이었다. 연구 활동에서는 제리 레트빈과 함께 진행했던 개구리의 형태 시각 연구에 사용한 접근법을 새의 형태와 색지각 연구에 동일하게 적용해보고 싶었다.

수업을 진행하며 나는 곧 학생들이 항상 묻는 핵심 질문이 "살아있는 체계가 발생했을 때 그 기원이 되고, 이후로도 세대를 이어가며 변하지 않는 것, 살아있는 체계에 고유하게 있는 것은 무엇인가?"라는 점을 알게 되었다. 동시에 나의 색지각 연구에서는 신경계에 다채로운 세계를 대응시키는 사상a mapping 연구가 중심 목적이 되어서는 안 되고, 오히려 망막(또는 신경계)이 관찰자의 색공간 형성에 참여하는 과정을 이해하는 일이 되어야 한다는 점을 깨달았다.[2]

---

2. * 레트빈과 마뚜라나의 대표적인 개구리 연구는 「개구리(북방산개구리) 시각의 해부학과 생리학」(1959)과 「개구리의 눈이 개구리의 뇌에게 말하는 것」(1961)이다. 두 연구는 개구리의 시각 체계가 감지기에 입력되는 빛의 분포를 복사하여 전송하는 것이 아니라 매우 조직화된 방식으로 실재를 구성한

이러한 서로 다른 두 가지 학문 활동의 결과로 나의 생활은 둘로 나뉘었다. 나는 두 질문, 즉 '살아있음의 조직은 무엇인가?'와 '지각현상에서는 무슨 일이 벌어지는가?'에 대한 답변을 탐구하는 일로 방향을 잡았지만, 두 질문은 서로 반대되는 방향으로 나를 이끄는 것처럼 보였다.

이제 이 두 질문을 내가 어떻게 직면하였는지에 관해 이야기하고 싶다.

첫 번째 질문 : 살아있음의 조직이란 무엇인가?

다는 것을 증명한다. 신경계의 작용과 색의 가시계를 연관시키는 일이 불가능하다는 사실을 깨달으면서 마뚜라나는 「영장류 망막의 상대적 색 부호화에 대한 생물학적 이론」(1968)을 썼고, 신경계와 색가시계의 연결은 실제로 언어를 수반하는 관찰자의 색공간 형성에 관찰자의 망막(신경계)의 참여를 의미한다는 결론을 내린다. "유기체와 환경 사이의 모든 시각적 상호작용은 물리적 상호작용을 의미한다. 하지만 모든 시각적 상호작용에서 세포는 물리적 매개변수들을(parameters) 실제로 주어진 관계들에만 반응한다. 관찰자로서의 우리에게는 관계가 추상적 개념이다. 하지만 물리적 매개변수에서 관계란 세포가 반응하는 것이며, 그 체계의 해부학적 조직과 기능적 조직에 체화되어 있는 것이다. 그렇기 때문에 이러한 일이 발생할 수 있다. 해부학적, 기능적 조직이나 기능적 상태들은 관계들의 체화(embodiment)를 구성하여 체화된 관계들이 그 체계의 향후 상호작용의 경로를 결정한다. 그러므로 엄격한 물리적 의미에서는 모든 시각적 상호작용이 물리적 상호작용이라 하더라도 생물학적 의미에서는 추상적 상호작용들이다. 추상적 상호작용에서 체계의 반응을 결정하는 것은 빛에 대한 매개변수 관계들이지 매개변수들이 지닌 물리적 속성들이 아니다." H. R. Maturana, G. Uribe and S. Frenk, "A Biological Theory of Relativistic Color Coding in the Primate Retina," *Arch. Biologia y Med. Exp.*, Suplemento no. 1 (Santiago, Chile, 1968), p. 29. 강조는 세 저자들의 것.

처음 학생들로부터 이 질문을 받았을 때 나는 바로 대답할 수 없었다. 학생들의 질문은 수년 동안 내 머릿속에 맴돌던 물음과 똑같은 것이었다. 나는 이 순간을 위해 준비해 왔지만 학생들이 만족할 만한 방식으로 대답하려고 했을 때에야 비로소 모든 것을 새롭게 생각해야 한다는 것을 깨달았다. 나는 형태와 기능에 대해 말할 수 있었고, 학생들과 함께 자연의 조화로움에 대해 논의하면서 환경과 개체의 적응도를 찬탄할 수도 있었다. 또한 나는 그 질문이 매우 어렵고 현재 우리의 지식이 충분하지 않기에 아직 대답할 수 없다고 주장할 수도 있었다. 하지만 우리가 살아있는 체계들을 조우할 때, 이 체계들을 재인식할 수 있을지는 몰라도 이 체계들이 무엇인지에 대해서는 아직 말할 수 없다는 점을 받아들여야만 했다. 나는 재생산[3], 유전, 성장, 과민성 등 살아있는 체계의 특성을 열거할 수 있었다. 하지만 이렇게 열거하기 위해서는 얼마나 긴 특성들의 목록이 필요하며, 그 목록은 언제 완성될까? 그 목록이 언제 완성될지를 알기 위해서도 살아있는 체계가 무엇인지를 알아야 했다. 사실 그질문은 애초에 내가 그와 같은 목록을 만들어 대답하고 싶었던 질문이기도 했다. 나는 적응과 진화에 대해, 발달과 분화에 대해 말할 수 있었고, 이 모든 현상이 어떻게 자연선택 현상에

---

3. * reproduction은 다양한 맥락에서 생식, 증식, 번식, 복제, 재생 등으로 번역된다. 이 책의 원서에서 사용된 주요 의미 맥락은 재-생산이다. 일본어판을 고려하여 이 책에서도 재생산으로 번역어를 통일하였다.

의해 연결되는지를 보여줄 수도 있었다. 그러나 '자연선택이 작동하는 살아있는 체계의 불변하는 특성은 무엇인가?'라는 질문은 여전히 풀리지 않았다. 내가 시도할 수 있었고 시도했던 모든 접근법은 결국 나를 다시 질문의 출발점에 서게 했다.

그러나 내가 불만족스러운 답을 줄곧 거부해 왔기 때문에 분명히 어느 정도는 무엇이 옳은 대답인지 눈치를 채고 있었다. 몇 년간 시도를 거듭한 끝에 나는 그 어려움이 바로 인식론적이면서도 언어적이라는 것을 깨달았다. 내 아내와 예전 지도교수인 영J. Z. Young 교수의 말이 옳았다. 사람은 주어진 언어를 가지고 그 언어가 허용하는 것만을 말할 수 있다. 나는 살아있는 체계를 환경 속에서 규정되는 열린open 체계로 보기를 멈춰야 했다. 그 대신 새로운 언어가 필요했다. 하나의 자율적 체계를 기술記述할 때 기술하기는 체계나 실체의 특성을 구체화하는 것이다. 따라서 이 언어는 자율성을 유지하는 방식으로 이 기술을 허용해 줄 수 있어야 했다. 다시 말해서 목적이나 기능 개념으로 살아있는 체계를 특징지으려는 시도들은 모두 실패할 수밖에 없었다. 목적이나 기능 개념은 본질적으로 지시적인referential 개념이지, 어떤 체계를 하나의 자율적 실체로 특징짓는 데는 작업적으로operationally 사용될 수 없기 때문이다. 그러므로 목적이나 목표, 사용, 기능 개념들이 거부되어야 했다. 하지만 처음에 나는 어떻게 해야 하는지 알지 못했다. 따라서 강의에서 나는 살아있는 체계에 대해 말할 때 몇 가지 접근법을 시도하여 단일한 체계로서의 살아있는 체계의 작동 현상을 자율성으로 파악하는 식으로 말하는 법을 찾고자 했다. 마침내 나는 자기준거체계self-referred systems라고 부르는 것과 타자준거체계allo-referred systems라고 부르는 것 사이의 구별을 만들어냈다. 이 구별은 살아있는 체계처럼 오로지 스스로에 준거해서만 특징지을 수 있는 체계를, 하나의 맥락에 준거해서만 특징지을 수 있는 체계들로부터 분리하는 것이었다. 이 같은 구별을 통해 나는 살아있는 체계 내에서 살아있는 체계로서 벌어지는 일은 그것이 무엇이든지 그 체계 자체와 관련하여 필연적이고 구성적으로 결정된 것으로서 벌어진다는 점을 강조하고자 했다. 왜냐하면, 체계가 자기준거를 통해 살아있는 단위체로 정의되는 것이 바로 체계들이 지닌 자율성의 방식이었기 때문이다. 또한, 나는 다른 체계에서 일어나는 일은 그것이 무엇이든 체계들이 단위체들로 정의되었던 맥락과 관련해서만 구성적으로 결정된 것으로서 일어났다는 점을 강조하고자 했다. 이러한 말하기 방식이 완전히 만족스러운 것은 아니었다. 그러나 이 말하기 방식은 나를 이끌었다. 그리고 만약 작동이 허용된다면 살아있는 체계의 작동과 구별 불가능한 방식으로 작동할 일종의 체계에 대한 특징화가 필요하고, 이 체계의 구성요소의 속성들을 통해 실현되는 인접 관계들만을 사용하여 그렇게 해야만 한다는 것을 내가 깨닫게 했다. 이러한 의도에서 나는 1969년에 처음으로, 살아있는 체계란 자신의 구성요소를 자체적으로 생산하는 기본적인 순환성을 통해 단위체들로 정의된 체계라고 말했다.

두 번째 질문: 지각현상에서는 무슨 일이 벌어지는가?

제리 레트빈과 나는 개구리 시각에 관한 몇 편의 논문을 함께 썼다.[4] 이때 우리는 다음과 같은 암묵적인 가정을 가지고 집필했다. 이 가정은 분명하게 정의된 인지적 상황을 다룬다. 즉 동물의 외부에, 동물과 독립적이며(동물에 의해 결정되지 않는), 동물이 지각(인지)할 수 있는 객관적인 절대적 실재가 있다. 또한 동물은 지각된 상황에 대한 적합한 행동behavior이 무엇인지 계산하기 위해 지각에서 얻은 정보를 사용할 수 있다. 이 같은 가정은 우리가 사용한 언어에서 분명하게 나타난다. 우리는 다양한 종류의 망막 신경절 세포들을 특성 탐지기feature detectors로 기술하고 먹이와 적의 탐지에 대해 썼다. 물론 우리는 이런 기술 방식이 신경생리학 전체의 이야기는 아니라는 점을 알고 있었다. 이는 특히 「개구리(북방산개구리) 시각의 해부학과 생리학」이라는 논문이 분명하게 보여주고 있다. 하지만 이 논문에서도 두 사람의 사고와 집필을 견인했던 인식론은 관찰자

---

4. J. Y. Lettvin, H. R. Maturana, W. S. McCulloch and W. H. Pitts, "What the Frog's Eye Tells the Frog's Brain," *Proceedings of the IRE* 47, no. 11 (1959); Maturana, Lettvin, McCulloch and Pitts, "Anatomy and Physiology of Vision in the Frog (*Rana pipiens*)."

로부터 독립적인 객관적 실재의 인식론이었다. 1961년 새미 프랭크와 내가 처음으로 비둘기의 형태지각을 연구하기 시작했을 때까지만 해도 우리는 동일한 기본적인 관점을 가지고 연구에 접근했다. 그때까지는 아무런 문제도 일어나지 않았다. 우리는 큰 어려움 없이 망막 신경절 세포들의 수많은 부류를 특징지을 수 있었다. 하지만 가브리엘라 우리베가 우리와 합류하여 1964년에 색지각 연구를 시작했을 때, 이 접근 방식이 연구에 깊은 문제를 야기한다는 점이 곧 명백해졌다. 우리는 신경생리학적 측면에서는 이전에 다른 학자들이 이해한 것과 근본적으로 다른 점을 찾지는 못했다. 우리는 분리되어 있거나, 중심이 같거나, 서로 중복되는 대항 스펙트럼 선호도를 가진 고전적인 유형의 신경절 세포들만을 발견할 수 있었다. 하지만 우리는 다음 두 가지 사실도 발견했다. (a) 대항 스펙트럼 선호도를 가진 신경절 세포의 수용장의 기하학적 구조는 시각 객체의 기하학적 구조와는 아무런 관련이 없지만, 시각 객체의 기하학적 구조는 저 세포들의 반응과 관련이 있었다. (b) 신경계가 색깔 구분을 특정하기 위해 기하학적 관계들을 사용하는 것처럼 보였기 때문에 우리는 신경계의 활동에 다채로운 가시 세계를 사상하는 것으로는 관찰자의 다양한 색채 경험을 해명할 수 없었다. 전혀 다른 접근 방식과 인식론이 요청되었다.

많은 시각적 배열이 있으며, 그것들의 스펙트럼 구성은 단순하거나 복잡한 기하학적 형태를 띠고, 균일하거나 변화무쌍한 모습을 보여준다. 이는 구별하기 어려운 색채 경험을 야기한다. 그렇다면 우리는 색지각과 관련하여 신경계 활동에서의 불변성을 어떻게 찾아야 하는가? 외부 세계에 대한 사상寫像이 부적절한 접근방식임을 깨달은 이후로 우리는 질문을 정식화하는 일 자체가 단서라는 점을 발견했다. 우리가 망막에서의 활동을 유기체 외부의 물리적 자극과 연관시키기보다는 다르게 접근해서 망막에서의 활동을 주체의 색 경험과 연관시킨다면 어떻게 될까?

그러한 단계에는 두 가지 어려움이 수반되었다. 한편으로는 자극과 무관하게 망막 신경절 세포의 활동을 특징지어 줄 준거를 정의해야 했다. 다른 한편으로 이 단계는 우리에게 신경계를 폐쇄하도록 요구했고, 색 경험의 보고서가 마치 신경계 상태들을 전체적으로 재현하는 것처럼 다루도록 요구했다. 다시 말해서 새로운 접근방식은 우리가 진지하게 신경계 활동을 외부 세계가 아니라, 신경계 그 자체에 의해서 결정된 것으로 다루도록 요구했다. 따라서 외부 세계는 내적으로 결정된 신경계 활동의 방출을 촉발하는 역할만을 할 것이다. 우리는 이를 엄격하게 수행했고, 이러한 접근이 실제로 관찰자의 전체 색 공간을 생성하게 해준다는 점을 보여 주었다. 바로 이 점이 거의 알려지지 않은 이 논문에서 우리가 발표한 가장 근본적인 결과였다.[5]

---

5. Maturana, Uribe and Frenk, "A Biological Theory of Relativistic Color

그러나 이보다 훨씬 근본적인 발견은 신경계의 작동을 설명하기 위해서는 반드시 신경계를 폐쇄해야 한다는 점과 지각이 외부 실재에 대한 파악이 아니라 이 실재에 대한 특정화[구체화]specification로 간주되어야 한다는 점이었다. 왜냐하면 신경계가 폐쇄적 연결망으로서 작동할 때 지각과 환각을 구별하는 것은 원래 불가능하기 때문이다. 우리는 색지각 연구를 통해서 이러한 결론에 도달했다. 그럼에도 1940년대 초반에는 도롱뇽 눈의 회전에 관한 스톤의 연구를 비롯하여 많은 초기 실험 연구들이 있었다. 이 연구들은 상호작용하는 뉴런들의 폐쇄적 연결망으로 신경계를 이해하도록 이끌 수도 있었다. 그 연구들이 그렇게 했는지 여부는 잘 모른다. 그러나 설령 그렇게 했다고 하더라도 초기 연구들이 그 이해에 놓인 함의를 최종 결과에 이르기까지 추구하지는 않았던 것 같다.

어떤 경우든 이 발견은 나에게 큰 의미가 있었고, 인지라는 정당한 생물학적 문제에 대한 연구에 뛰어들게 했다. 이 발견으로부터 즉각적으로 두 결과가 나타났다. 첫 번째는 나의 신경생리학적 연구의 관점에서 신경계 작동상의 지각과 환각 사이의 구분불가능성을 심각하게 받아들여야 한다는 점이었다. 두 번째는 지각과 인지 현상에 관해 이야기하기 위해서는 내게 새로운 언어가 필요하다는 점이었다. 첫 번째 결과는 '유기체가 환경

Coding in the Primate Retina."

에 대한 정보를 어떻게 얻는가?'라는 질문을 '유기체는 스스로가 존재하는 매질medium에서 어떻게 적절하게 작동하는 구조를 갖게 되었는가?'라는 질문으로 바꾸도록 요구했다. 앞의 의미론적 질문을 구조적 질문으로 바꿔야 했다. 두 번째 질문은 언어로 기술하는 실제적인 시도를 필요로 했다. 그것은 지각과 인지 현상이 발생하는 동안 유기체에서 일어나는 현상을, 하나의 폐쇄적 신경계에 적합한 것으로 유지할 수 있는 언어로 기술되어야 했다.

인류학 회의

　1968년 5월 초 칠레대학은 혁명의 국면에 진입했다. 학생들은 대학을 점거했다. 그들은 대학의 조직에 반영된 철학을 재구성하려고 했다. 나는 그들과 합류했다. 모든 표준적 학문 활동은 중단되었다. 학생과 일부 교수진은 새로운 것을 말하려고 시도했다. 그러나 새로운 것을 말하는 일은 절대 쉽지 않았다. 언어는 함정이었지만, 그 경험 전체는 우리 자신이 얼마나 언어 장애인이고, 청각 장애인, 시각 장애인인지를 깨달을 수 있는 멋진 학교였다. 우리는 자기 자신의 에고에 사로잡히기 쉬웠다. 하지만 에고로부터 어느 정도 자유로워지는 순간, 경청하기 시작했고 언어가 변하기 시작했다. 그런 다음에야 새로운 것들이 비로소 말해질 수 있었다. 이 일은 몇 달 동안 지속되었다.

　그해 9월, 나는 어바나 일리노이 대학의 하인츠 폰 푀르스터 교수가 운영하는 〈생물학적 컴퓨터 연구소〉Biological Computer Laboratory의 초청을 수락했다. 더욱이 폰 푀르스터 교수는 인지 인류학을 고찰할 목적으로 〈베너-그렌 인류학 연구 재단〉의 후원 아래 1969년 3월 시카고에서 심포지엄을 열 계획이었다. 그는 이 심포지엄에 내가 '인지 신경생리학의 기술적 수준'에 관해 발표할 기회를 마련해 주었다. 심포지엄에서 나는 신경회로나 신경자극이나 시냅스에 관해 이야기하기보다는, 인지를 생물학적 현상으로 간주한다면 인지하는 동안 유기체에서 무슨 일이 발생해야만 하는지를 고찰하기로 결정했다. 이 과정에서 나는 명백히 모순으로 보이는 두 학문 활동이 실은 모순이 아니라 동일한 현상을 언급한다는 점을 발견했다. 즉, 인지와 살아있는 체계(그 살아있는 체계에 신경계가 있다면 신경계도 포함될 것이다)의 작동은 같은 것이다. [이 책의 1편에 실린]「인지생물학」은 이러한 이해를 바탕으로 심포지엄의 발표 내용을 확장한 논문이었다.

'자기생성'이라는 낱말

이 책에 수록된 두 번째 논문「자기생성, 살아있음의 조직」은 1972년에 집필한 것으로,「인지생물학」의 '살아있는 체계' 절을 확장한 것이다. 논문의 집필은 사실 프란시스코 바렐라와 내가 나눈 대화에서 비롯되었다. 그 대화에서 바렐라는 "순환조직circular organization이 실제로 살아있는 체계를 단위체로 특징짓는 충분한 조건이라면, 우리는 순환조직을 보다 형식적인 용어로 말할 수 있어야 한다"고 말했다. 나는 그의 말에 동의하기는 했지만 정식화는 완전한 언어적 기술記述이 갖춰져야 가능하다는 점을 지적했다. 우리는 즉시 기술을 완전하게 만드는 일에 착수했다. 그런데 바렐라와 나는 '순환조직'이라는 표현이 만족스럽지 않았다. 우리는 살아있는 조직의 핵심 특성인 자율성을 그 자체로 전달할 수 있는 낱말을 원했다. 이런 상황에서 어느 날 나는 친구 호세 불네스와 만나 돈키호테 데 라만차에 관한 그의 논문에 관해 이야기하게 되었다. 이 논문에서 불네스는 돈키호테가 무기(프락시스[실천]praxis, 행동action)의 길을 따를 것인지 문자(포이에시스[생성]poiesis, 창조, 생산)의 길을 따를 것인지 고민하는 딜레마를, 그리고 마지막에 돈키호테가 프락시스의 길을 선택함으로써 포이에시스의 시도를 늦추는 과정을 분석했다. 이때 나는 '포이에시스[생성]'라는 낱말의 힘을 처음으로 이해했다. 그리고 이를 통해 우리가 찾고 있던 낱말, 자기생성6을 발명할 수 있었다. 이 낱말에는 역사가 없었다. 그러나 살아있는 체계에 적합한 자율성의 동역학으로 벌어지는 일

---

6. * autopoiesis는 그리스어 αυτό(auto, 자기) + ποίησις(poiēsis, 제작·생산·창작)가 결합된 낱말로, 기본적으로는 자기생산을 의미한다. 여기에서는 최호영이 마뚜라나와 바렐라의 『앎의 나무』(갈무리, 2007)에서 사용한 역어 '자기생성'을 채택한다. 서창현이 옮긴 마뚜라나의 대담집 『있음에서 함으로』(갈무리, 2006)에는 자기생산으로 번역되어 있다. 일어판에서 이 낱말은 오토포이에시스로 표기되고 자기창출, 자체생산으로 풀이된다.

을 직접적으로 의미할 수 있었다. 흥미롭지만 그리 놀랍지는 않게도, 이 낱말의 발명에는 대단한 가치가 있음이 증명되었다. 자기생성이라는 낱말은 언제나 도사리고 있는 언어의 함정, 즉 언어가 허용하지 않아서 새로운 어떤 것도 말하지 않게 되는 함정에 빠지지 않으면서도 살아있음의 조직에 관해 이야기하는 작업을 극적으로 단순화시켜 주었다. 우리가 전통에 침잠하는 일은 피할 수 없었다. 하지만 적합한 언어와 함께 우리는 스스로를 다르게 정향할 수 있었다. 그리고 어쩌면 새로운 관점에서 새로운 전통을 생성할 수 있었다.

이제 그 논문들 자체에 관해서 이야기하고 싶다.

인지생물학

논문 「인지생물학」을 썼을 때 나에게는 '자기생성'이라는 낱말이 아직 없었고, 그다음 논문에서 주어진 살아있는 조직에 대한 보다 정식화된 표현에도 이르지 못한 상태였다. 그렇다고 해서 이런 단점들이 「인지생물학」의 논지 자체를 손상시키지는 않는다. 내가 '순환조직'과 '자기준거체계' 같은 표현을 사용하여 번거롭게 말하고 있어도, 자기생성 개념에 구현된 기본적인 관계가 이미 「인지생물학」에 충분히 함축되어 있기 때문이다. 나아가 이 논문을 쓸 때 나는 부적절하거나 오해의 소지가 있다고 생각하는 기존 개념들을 사용하지 않기로 결정했고, 이러한 점이 특히 텍스트를 모호하게 만드는 것처럼 보일지라도 어떠한 양보도 하지 않기로 마음먹었었다. 하지만 결국 나는 양보했고 이 일을 항상 후회해 왔다. 나는 친구들의 압력에 굴복하여 살아있는 체계의 순환조직을 말할 때 인과관계들에 관해 이야기했다. 인과관계를 말한 것은 부적절했을 뿐만 아니라 사람들이 오해를 하게 만들었다. 그것이 부적절했던 이유는 인과율 개념이 기술의 영역에 속하는 것이기 때문이다. 그리고 그렇기 때문에 인과율 개념은 관찰자가 논평을 하는 메타영역에서만 유의미한 것이고, 기술의 대상object인 현상의 영역 안에서는 작동한다고 볼 수 없기 때문이다. 또한 그것이 사람들이 오해를 하게 만들었던 이유는 속성 개념의 충분성sufficiency을 평가할 때, 인과관계 개념이 실제 평가를 모호하게 했기 때문이다. 사실 인과관계 개념은 관찰자가 특정된 단위체들에 의해 생성된 현상영역을 기술하기 위해 하나의 단위체를 특정할 때 수행하는 구별 작업7으로 정의된 것이다. 또한 그것이 사람들이 오해를 하게 만들었던 이유는 인과관계 개념이 단위체의 동일성identity마저도 이 단위체를 특정했던 구별 작업에 의존한다는 이해를 모호하게 했기 때문이다. 또한 인과관계 개념이 단위체 속성들이 단위체들을 생성하면서 결국 현상영역을 결정한다는 이해, 그리고 복합단위체가 매질 내에서는 단순단위체로 작동하기 때

---

7. * 이 책에서는 operation을 문맥에 따라 작업 또는 작동으로 옮긴다.

문에 생성된 현상영역과 복합단위체를 이루는 구성요소들이 작동하여 생성된 현상영역들은 비-교차한다는 이해, 이 둘을 모호하게 했기 때문이다.

「인지생물학」에 대해서 더 덧붙이고 싶은 말은 없다. 이 글은 하나의 우주론cosmology이고 그만큼 완결된 것이다. 마지막으로 나는 이 글이 모든 것에 대한 내 견해와 이해에 두루 스며있음을 발견했다고 말하고 싶다. 어떤 의미에서 이 글은 내가 초월적 경험에 이르는 길이었다. 은유적으로 말하자면 물질은 정신의 창조(담론 영역에서 관찰자의 존재 방식)이며, 정신은 바로 정신이 창조하는 물질의 창조라는 발견에 이르는 길이었다. 이러한 점은 역설이 아니라, 인지영역에 있는 우리 존재의 표현이며 이 영역 안에서 인지의 내용은 인지 그 자체이다. 그 이상 말해질 수 있는 것은 아무것도 없다.

자기생성

논문 「자기생성, 살아있음의 조직」은 「인지생물학」의 두 페이지짜리 '살아있는 체계' 절을 확장한 글이다. 이 논문의 목적은 자기생성이 살아있는 체계의 조직을 특성화하는 데 있어서 필요충분조건이라는 점, 그리고 적절한 역사적 우연성들이 주어진다면 우리가 살아있는 체계를 물리적 공간 내의 자기생성 체계로 특징짓는 과정에 의해서 모든 생물학적 현상학을 도출할 수 있다는 점을 보여주는 것이었다. 목적이나 기능, 목표에 대한 개념은 불필요하며 오해를 불러일으킨다. 이 논문이 이러한 점을 보여 주며, 이와 관련해서는 어떤 해설도 필요하지 않다. 이 논문은 그 자체로 성립한다. 그러나 이 글을 썼을 무렵, 우리는 '조직'과 '구조' 사이의 근본적인 구분을 막 깨닫기 시작했을 뿐이라서 완전하고 엄격하게 용어들을 분리하지는 않았다. 또한 독자가 「인지생물학」을 먼저 읽었다는 가정 아래 이 논문을 집필하지 않았다. 따라서 체계의 특성화와 기술 사이의 구별과 관련하여 "말해진 모든 것은 어떤 관찰자가 말한 것이다"라는 진술의 타당성에 대해서 완전히 명확하지 않은 지점이 있다. 나는 다음 주제들에 대해 몇 가지 해설을 할 것이다.

단위체, 조직, 구조[8]

단위체. 우리가 관찰자로서 수행하는 기본적인 인지작업은 구별 작업이다. 이러한 인지작업으로써 우리는 하나의 단위체를 배경으로부터 구별하여 실체로 구체화하며, 단위체와 배경에 속성을 부여하여 이 둘을 특징짓고, 단위체와 배경의 분리 가능성을 구체화한다. 이렇게 구체화된 단위체는 단순단위체이다. 단순단위체는 그것의 속성을 통해 그것이 존재하는 공간을

---

8. * 단위체, 조직, 구조의 정의는 마뚜라나와 바렐라의 『앎의 나무』(갈무리, 2007)의 49~58, 89~106쪽(4장 「메타세포체」)을 참조하라.

정의하고 그것이 다른 단위체와 상호작용함으로써 생성할 수도 있을 현상영역을 정의한다.

만약 우리가 하나의 단위체에 재귀적으로 구별 작업을 수행하여 그 안의 구성요소들을 구별한다면, 우리는 그 단위체를 그것의 구성요소들이 정의하는 공간 안에 존재하는 하나의 복합단위체로 재구체화하는 것이다. 왜냐하면 우리 관찰자들이 그 단위체를 구별하는 것은 그것의 구성요소들의 구체화된 속성들을 통해서이기 때문이다. 그러나 우리는 언제라도 하나의 복합단위체를 하나의 단순단위체로 취급할 수 있다. 즉 그 단위체의 구성요소들의 공간 안에 존재하지 않고, 오히려 그 단위체가 그것을 하나의 단순단위체로 특징짓는 속성들을 통해서 정의하는 공간 안에 존재하는 것으로 취급할 수 있다. 따라서 하나의 자기생성체계를 복합단위체로 다루는 경우에 그 자기생성체계는 자체의 구성요소들에 의해 정의된 공간에 존재한다. 그러나 하나의 자기생성체계를 단순단위체로 다루는 경우에는 그 체계를 단순단위체로 구체화하는 구별이 그 체계의 속성들을 단순단위체로 특징짓고, 그 체계가 단순단위체로 존재하는 공간을 정의한다.

조직과 구조. 복합단위체(체계)를 특정한 종류의 복합단위체로 정의하는 구성요소들 간의 관계가 조직을 구성한다. 이와 같이 조직을 정의하는 관점에서는 단위체(총체)를 통합하는 구성요소들은 오로지 그 단위체의 구성에 참여하는 일과 관련해서만 고려된다. 이런 이유로 단위체에서는 그 조직의 실현에 필요한 속성 이외에 각 개별 단위체의 구성요소가 가질 수도 있는 속성에 대해서는 아무것도 말해지지 않는다.

하나의 체계를, 어떤 하나의 복합단위체 부류(종류)의 하나의 개별 구성원으로서 구체적으로concretely 실현하는, 실제적인 구성요소들(그것들의 모든 속성을 포함하여)과 그 구성요소들 사이를 유지하는 실제적인 관계들이 체계의 구조를 구성한다. 이때 그 체계가 복합단위체의 특정 부류에 속하게 되는 것은 그 체계의 조직에 의해서이다. 따라서 하나의 체계를 하나의 특수한 부류로 정의하는, 그 체계의 구성요소들 사이의 관계들의 집합으로서의 체계의 조직은, 그 체계의 구조에 포함된 관계들의 하위집합이라고 볼 수 있다. 이로 인해 다음과 같은 결론에 이를 수 있다. 어떤 주어진 조직도 많은 다양한 구조를 거쳐 실현될 수 있다. 또 주어진 실체의 구조에 포함된 관계의 상이한 하위집합들은 관찰자(또는 작업적 등가물)에 의해 다른 부류의 복합단위체를 정의하는 조직으로 추상화될 수 있다.

그렇다면 체계의 조직은 체계가 속한 부류의 동일성을 특정한다. 체계가 속한 부류의 동일성이 변치 않는 것으로 있으려면 체계 조직이 반드시 변치 않는 것으로 있어야 한다. 만약 체계의 조직이 바뀐다면, 체계가 속한 부류의 동일성이 바뀐다. 그리고 이 체계는 또 다른 종류의 단위체가 된다. 그러나 하나의 개별 조직은 다른 구조들을 갖춘 체계들에 의해서 실현될 수도 있기 때문에, 하나의 체계의 동일성은 그것의 구조가 그것의 조직에 의해 결정된 한계들 내에서 변하더라도 불변인 채로 남아 있을 수 있다. 만약 그 한계를 넘어선다면, 즉 체계의 구조가 변하여 더는 조직이 실현될 수 없는 그런 상황이 된다면, 체계는 동일성을 상실하고 실체는 다른 어떤 것, 또 다른 조직이 정의하는 단위체가 된다.

　복합단위체만이 구조와 조직을 가지고 있고 단순단위체는 그렇지 않다는 점은 명백하다. 단순단위체가 지닌 속성이란 구별의 작업이 부여하는 것이다. 구별이 배경으로부터 단순단위체를 분리하는 작업이기 때문이다. 또한 복합단위체가 단순단위체로 취급된다면 곧바로 복합단위체의 속성의 기원에 대한 어떤 질문도 부적절해진다는 점은 명백하다. 단순단위체의 속성이 복합단위체를 단순단위체로 구별하는 과정에 의해 주어지기 때문이다. 또한 복합단위체의 단순단위체로서의 속성들이 복합단위체에 속한 조직으로부터 발생하더라도, 단순단위체로서의 복합단위체에 부여된 속성들은 복합단위체에 속한 구성요소에 부여된 속성들을 거쳐 실현된다는 점도 명백하다. 이에 따른다면 두 단순단위체는 두 단순단위체에 속한 속성의 단순 교차작용interplay을 거친 상호작용을 하는 반면, 두 복합단위체는 두 복합단위체에 속한 구성요소 속성의 교차작용을 거쳐 조직과 구조로 결정된 방식으로 상호작용을 한다.

구조연동[9]

복합단위체가 자체의 매질 내에서 상호작용해 온 역사 속에서, 단위체와 매질은 각각의 상호작용에서 독립적인 체계들로서 작업하여 서로에게서 어떤 구조변화를 촉발하며, 서로에게서 어떤 구조변화를 선택한다. 만약 복합단위체 조직이 매질 내에서 재귀적인 상호작용을 거쳐 촉발되고 선택된 구조적 변화를 겪는 동안 변하지 않는다면, 이는 적응이 보존되는 것이다. 이 경우, 이러한 상호작용들은 역사적 결과로서 반복적이거나 변화하는 매질의 구조적 배열에 의해 복합단위체 내의 구조적 변화의 순서가 선택되는 과정이다. 결과적으로 유기체의 변화하는 구조는 자기 매질과의 지속적인 연동을 통해 변화하는 매질의 구조를 따르게 된다. 조직이나 적응이 보존되지 않으면 결국 복합단위체는 해체된다. 다시 말해서 만약 복합단위체가 구조적으로 가소적이라면 그것의 적응의 보존은 매질과의 구조연동의 유지로 귀결되는데, 이 구조연동이 복합단위체의 구조변화의 경로를 선택한다. 이러한 과정에서 적응된 복합단위체에 불변으로 남아 있는 구성 관계들의 배열은 복합단위체가 어느

---

9. * Structural coupling에 대한 최호영(『앎의 나무』)의 번역어는 '구조접속'이며, 서창현(『있음에서 함으로』)의 번역어는 '구조연동'이다. 각각 독립적 체계로 작동하는 유기체와 매질이 진화적 역사에 있어서 상호작용으로 짝지어져 있는 상태를 의미한다. 이는 적응이나 체계 조직의 보존을 의미하는 동시에 각 체계의 자율성, 또는 상호 독립적 성격을 함축한다. 이 책에서는 '구조연동'으로 옮긴다. 이 용어는 『앎의 나무』 90~95쪽에서 도판과 함께 설명된다.

순간에 섭동perturbations의 행렬matrix을 허용할 수 있을지 그 가능 범위를 결정한다. 따라서 구성 관계들의 배열은 준거로 작동하여 복합단위체 상호작용의 역사에서 복합단위체에 벌어지는 구조적 변화 경로를 선택한다. 이런 식으로 정의되는 구조연동(적응의 보존)은 살아있는 체계에 특유한 것이 아니다. 그것은 가소적 복합단위체가 구조적 변화와 함께, 그러나 조직의 손실 없이 반복적 상호작용을 겪을 때마다 벌어지는 현상이다. 조직은 복합단위체가 상호작용하는 영역(매질)의 변화하거나 반복되는 어떤 구조적 배열이라도 따를 수 있다. 그러므로 살아있는 체계들의 적응과 관련하여 독특한 점은 살아있는 체계들의 자기생성 조직이 관계의 불변적 배열을 구성하여 이 배열을 중심으로 상호작용의 역사 동안 살아있는 체계들의 구조변화를 선택하는 일이 벌어진다는 점이다.

인식론

하나의 단위체가 구체화되자마자 하나의 현상영역이 정의된다. 이에 따라 복합단위체가 단순단위체로서 작동하는 경우에 그 복합단위체는, 그 자신이 단순단위체로 정의하는 현상영역 안에서 작동한다. 이 현상영역은 복합단위체의 구성요소들이 작동하는 현상영역과는 필연적으로 다르다. 그러므로 복합단위체를 단순단위체로 구별하는 작업의 결과로 출현하는 현상영역은 현상적 환원주의를 (그리고 그에 따른 설명적 환원주의를) 불가능하게 만든다. 더 나아가 구별하는 작업이 단위체 속성을 구체화하는 과정을 거쳐 단위체가 확립된다. 단위체를 확립하는 이러한 동역학의 결과, 모든 현상영역은 필연적으로 단위체들을 발생시키는 단위체 속성들의 작업(교차작용)을 거쳐, 즉 [속성들의 작업으로 실현된] 인접 관계들을 거쳐 실현된다. 만약 구성요소 'A'가 구성요소 'B'와의 상호작용을 통해, 'B'와 'C'의 상호작용을 촉발시켜 'D'의 생산을 감소시키는 경우, 관찰자는 전체 과정을 고려하여 'A'가 'D'의 생산을 통제한다고 말할 수 있다. 이때 'A', 'B', 'C', 'D'는 이 구성요소들이 규정하는 현상영역에서 인접 관계들을 통해 상호작용한다. 그러므로 규제나 제어, 기능 같은 관계는 인접 관계가 아니다. 이 관계들은 관찰자가 특정하는 준거 관계이다. 관찰자는 전체를 보는 자기 견해를 자기 자신의 기술의 준거로 사용함으로써 기술의 메타영역에 자신을 배치하여 복합단위체의 구성의 관점에서 구성요소들의 참여를 기술한다.

"말해진 모든 것은 어떤 관찰자가 말한 것이다." 「인지생물학」에서 나는 이렇게 말한다. 관찰자가 수행하는 인지의 기본적인 작업은 구별하는 작업이다. 이 작업으로써 관찰자는 하나의 단위체를 하나의 배경에서 구별되는 하나의 실체로서 특정하고, 하나의 배경을 하나의 실체가 그 속에서 구별되는 영역으로서 특정[구체화]한다. 그러나 구별하는 작업은 또한 구별의 절차와 관계없이, 그리고 그 절차가 관찰자에 의해 실행되는지 아니면 다른 실체에 의해 실행되는지와 관계없이 수행된다면 배경으로부터 단위체를 분리하는 절차에 대한 지시prescription이기도 하다. 더 나아가 구별하는 작업의 지시성은 구별의 보편적 현상론을 함축한다. 원칙적으로 보편적인 구별의 현상론은 구별하는 절차를 새로이 구체화하거나 구별된 실체의 순서를 바꾸는 일에 구별을 재귀적으로 적용함으로써, 새로운 단순단위체와 복합단위체를 끝없이 발생시킬 수 있고, 그런 이유로 서로 교차하지 않는 새로운 현상영역을 끝없이 발생시킬 수 있다. 따라서 관찰자가 수행하는 구별은 인지적 구별이다. 엄밀히 말해서 이와 같이 특정된 단위체란 관찰자의 인지영역에 기술로서 존재한다. 그럼에도 자신의 담화에서 관찰자는 단위체, 즉 단순단위체나 복합단위체가 마치 분리된 실체로 존재하는 것처럼 말할 수 있게 허용하는 준거를 확립하여, 이 관점에서 기술의 메타영역을 특정한다. 관찰자는 자신이 단위체를 구별하기 위해서 그것이 수행해야만 하는 작업을 표시하거나 암시하는 것으로서 단위체를 특징지을 수 있다.

기술記述의 메타영역의 관점에서 본다면, 단위체에 대한 특성화characterization, 그리고 단위체를 하나의 맥락에서 기술할 수 있도록 하는 단위체에 대한 관찰자의 지식 사이의 구별은 반드시 명확해야 한다. 사실 지식은 항상 어떤 영역에서 구체적이거나 개념적인 행동을 함축한다. 지식의 재인식recognition은 항상 하나의 메타영역에서 이 행동을 주시하는 관찰자를 함축한다. 그러므로 관찰자가 하나의 체계에 대한 지식을 주장할 때는, 관찰자가 체계를 단순단위체로 주시하는 순간에는 체계의 상호작용과 관계들을 단순단위체로 기술하고, 체계의 구성요소들을 구성요소들로 주시하는 순간에는 구성요소들의 상호작용과 관계들을 구성요소들로 기술하는 관점에서 자신이 하나의 메타영역을 정의할 수 있다고 주장하는 것이다. 즉 관찰자는 두 관점을 동시적으로 취하면서 하나의 체계에 대한 지식을 주장한다. 이러한 상황에서 관찰자가 단위체를 특징지을 때 그것이 단순단위체라면 단위체의 속성을 가리킬 것이고, 혹은 그것이 복합단위체라면 단위체의 조직을 가리킬 것이다. 이와 달리 관찰자가 단위체에 대한 지식을 드러낼 때 그것이 단순단위체라면 그것의 작동을 단순단위체라고 기술할 것이고, 그것이 복합단위체라면 그것의 작동을 단순단위체와 그 구성요소들의 작동으로 기술할 것이다. 이에 따라 관찰자에 의한 단위체의 특성화와 단위체의 지식을 구별하는 일은 정당하다. 그러나 어느 경우든 관찰자가 구별하는 단위체들에 대한 주장이 지식이다. 지식은 관찰자가 단위체들을 특징짓는 영역과 관련된 기술의 메타 영역에서 단위체들을 다루는 것으로 이루어져 있다. 다시 말해서 관찰자는 단위체가 구별 가능한 실체로 존재하는 조건들을 진술함으로써 단위체를 특징짓는다. 그러나 관찰자는 메타영역을 정의하여 그 영역에서 자신이 특징짓는 실체와 작업할 수 있는 범위 내에서만 단위체를 인지한다.

따라서 물리적 공간 속에서의 자기생성은 살아있는 체계를 특징짓는다. 왜냐하면 그것이 우리가 살아있는 체계를 특정할 때 우리의 상호작용에서 수행할 수 있는 구별을 결정하기 때문이다. 그러나 우리는 복합단위체로서의 살아있는 체계들의 내적 동역학 상태들과 작업할 수 있는 경우와 우리가 살아있는 체계들을 주시하는 환경의 관점에서 단순단위체로서 살아있는 체계들과도 상호작용할 수 있는 경우에 한해서만 살아있는 체계들을 알 수 있다. 어떤 독립체independent entity에 대한 특성화란 관찰자가 만드는 기술이며, 그렇기 때문에 그와 동시에 관찰자의 기술영역에 속한다(「인지 생물학」). 그러나 이 사실이 구별에 영향을 미치는 구별의 작업적 효과를 무효화하지는 않는다. 구별의 작업적 효과는 인지적 진술이 만들어지는 기술의 메타영역을 구성하여 이 영역에서 인지적 진술을 만드는 것이다. 특징이 부여된 실체가 하나의 인지적 실체다. 일단 실체에 특징이 부여되면, 이 특징화 역시 인지적 구별의 영향 아래 있게 되고, 기술의 메타영역에서는 유효한 것이 된다. 그리고 특징화를 맥락적 기술의 영향 아래에 있는 실체로 취급하면서 메타영역 상의 인지적 구별이 만들어진다. 그러므로 체계/환경, 자율성/통제, 총체성/구성 등은 상보성들complementarities이며, 우리가 그와 같은 관계들을 확립할 수 있는 맥락 안에서 우리가 관찰하는 체계에 대한 인식 속에서만 상보성들일 뿐이다. 이러한 상보성들은 언급된 체계의 구성적 특징들이 아니다. 왜냐하면 상보성들이 체계의 구성요소들의 속성들의 교차작용을 거쳐 그 체계의 구성에 직접 참여하는 것이 아니기 때문이다. 그러므로 역사적 우연성들에 기대지 않고 자기생성 개념으로부터 모든 실제 생물학적 현상을 설명하거나 추론할 수는 없다는 점이 자기생성 개념의 단점은 아니다. 도리어 이는 예상할 수 있는 일이다. 왜냐하면 자기생성이라는 개념은 살아있는 체계를, 인접 관계들을 통해서 실현되는 복합단위체로 구별이 가능한 자율적 실체로 특징지을 뿐이기 때문이다.

마지막으로, 나는 살아있는 체계의 자기생성 조직에 대한 이해에서 비롯된다고 여겨지는 몇 가지 사회학적, 윤리적 논평을 추가하고자 한다. 자기생성에 관한 논문에 사회적·윤리적 함의에 관한 두 번째 부록이 수록되었어야 했다. 하지만 그 부록은 끝내 포함되지 못했는데, 프란시스코 바렐라와 내가 부록의 내용에 관해서 결국 합의하지 못했기 때문이다.[10] 이제 나는

---

10. * 신경현상학의 영역을 개척한 바렐라는 오랜 투병 끝에 2001년 5월 프랑스에서 사망했다. 마뚜라나가 언급하듯이 인지이론의 내용과 스타일에서 마뚜라나와 바렐라의 사상은 차이가 있다. 특히 조직의 폐쇄성에 대한 차이에 대해서는 다음을 참조하라. H. Maturana, "Reflections on My Collaboration with Francisco Varela," *Constructivist Foundations* 7.3 (2012), pp. 155~164 ; H. R. Maturana, M. Bitbol, and P. L. Luisi, "The Transcendence of the Observer Discussions at the Conference 'The Ethical Meaning of Francisco Varela's Thought,'" 같은 책, pp. 174~179 ; D. Arnold, ed. *Traditions of systems theory : Major figures and contemporary developments*, Routledge (2013), pp. 162~163.

이 서문을 쓰는 특권을 활용하여 내가 부록에 포함했을 개념들을 제시하겠다.

사회와 윤리[11]

인간 존재의 중심적 특성은 인간 존재가 언어적 인지영역 내에서 발생한다는 점이다. 언어적 인지영역은 구성적으로 사회적이다. 그런데 사회체계란 무엇인가? 사회체계는 어떻게 특징지어지는가? 살아있는 체계 일반과 각각의 인간 존재는 어떻게 자신들이 통합하는 사회체계의 구성에 참여하는가? 이러한 질문에 대한 답변은 사회적 동역학과 그 변화 과정을 이해하기 위해서 핵심적이다. 다음의 고찰들은 질문들에 대한 내 답변의 요점을 진술한다.

(1) 자연적 사회체계는 살아있는 체계로 구성된 체계다. 자

---

11. * 사회와 윤리에 관한 더 자세한 논의는 다음 논문을 참조하라. H. R. Maturana, "Reality," *The Irish Journal of Psychology* 9.1 (1988), pp. 25~82. 문화는 하나의 대화 연결망으로 발생한다는 주장에 대한 고찰은 다음을 참조하라. H. R. Maturana & G. Verden-Zöller, *Amor y juego* (Chile : Instituto de terapia Cognitiva, 1993) ; H. R. Maturan, X. Y. Dávila & S. M. Ramírez, "Cultural-biology," *Foundations of Science* vol. 21 no. 4 (2016), pp. 631~678. 사랑[친화력]을 살아있는 체계의 살아있음의 근원으로 간주하며 인간 사회현상의 바탕을 이루는 역학으로 보는 주장에 대해서는 다음을 참조하라. H. R. Maturana and G. Verden-Zöller. *The Origin of Humanness in the Biology of Love*, ed. P. Bunnell (Exeter : Imprint Academic, 2008).

연적 사회체계가 실제 실현되기 위해서는 살아있는 체계들을 필요로 한다는 점은 분명하다. 그러나 그리 분명하지 않은 것은 살아있는 체계가 자체의 연동을 통해 사회체계를 통합할 때, 어느 정도까지 이 연동이 자기생성의 실현을 수반해야 하는지 다. 만약 사회체계의 실현이 그것의 구성요소들의 자기생성을 수반하는 것이라면, 한 사회체계의 구성요소들이 자기생성을 실현하는 것 자체는 본질적으로 필수불가결할 것이며 사회체계의 작동을 구성할 것이다. 그것은 한낱 우연contingency은 아닐 것이다. 이에 따라, 문화적 특성이나 그 외 어떤 특수한 특성은 구성요소들의 자기생성이 실현되는 방식이자 구성요소들의 개별성과 자율성이 제한되는 방식이다. 개별성과 자율성이 제한되는 방식의 특성은 해당 사회체계(사회) 특유의 특성이 될 것이지 사회 체계로서의 사회에 내재적인 것은 아니다. 그러나 체계를 사회체계로 정의하는 관계들에는 구성요소들이 포함되지 않는다. 따라서 사회체계 구성에 자연 사회체계 구성요소들의 자기생성이 연루되지 않는다면, 그때 구성요소들의 자기생성(과 그러므로 자율성과 개별성)은 본질적으로 불필요하게 될 것이다.

(2) '사회체계란 무엇인가?'라는 질문은 단순히 하나의 개별 사회체계에 대한 기술만으로는 답해질 수 없다. 왜냐하면 사회체계의 조직을 특성화할 때는 반드시 조직을 이루는 중요 관계들이 추상화될 필요가 있는데, 우리가 정작 중요 관계들이 무엇인지를 모르기 때문이다. 이 질문은 하나의 체계를 제안함으

로써 답변되어야 한다. 그 체계는 작동하도록 허용이 되는 경우 현상영역을 생성할 것이고, 이 영역은 자연 사회체계에 고유한 현상영역과 구별될 수 없을 것이다. 그에 따라 자기생성체계들은 자체의 자기생성의 실현을 거쳐, 서로 상호작용하면서 매질로 작동하는 하나의 체계를 구성하고 통합한다. 이때 매질에서 자기생성체계들은 자체의 자기생성을 실현한다. 나는 자기생성체계들의 집합을 자연적 사회체계와 구별할 수 없다고 제안한다. 다시 말해서, 나는 위에 진술한 관계들이 사회체계의 조직을 하나의 체계로 특징화한다고, 그리고 사회체계에 적합한 모든 현상이 이 조직으로부터 발생한다고 제안한다. 우리가 이 명제를 수용한다면, 그리고 이제부터 나는 이 명제가 수용된 것처럼 전제할 것인데, 우리는 다음의 함의들을 받아들여야 한다.

(i) 하나의 사회체계를 이루는 구성요소들의 자기생성 실현은 사회체계 그 자체의 실현을 구성한다. 이러한 점은 사회체계의 작동에 대한 어떤 고찰에서도 이 작동을 부인하지 않고는 무시할 수 없다.

(ii) 살아있는 체계들이 자기생성을 수반하지 않는 관계들을 통해 하나의 복합단위체를 통합할 때 살아있는 체계들의 집합은 사회체계가 아니다. 또한 살아있는 체계들의 집합이 복합단위체로 작동하는 것에만 적합한 현상은 사회현상이 아니다. 하나의 유기체의 작업적 연동이 하나의 복합단위체를 통합하지만 그렇다고 이 유기체의 작업적 연동이 필수적으로 그 유

기체의 모든 속성을 내포하는 것은 아니다. 그러므로 관찰자는 하나의 유기체가 여러 복합단위체를 동시에 통합하는 것처럼 볼 수 있지만 그때 그 복합단위체들은 모두 사회체계일 수도 있고 아닐 수도 있다.

(iii) 개별 사회체계로서의 사회의 구조는 자기생성적 구성요소들의 구조에 의해, 그리고 구성요소들이 사회를 통합하는 동안 구성요소들 사이에서 유지되는 실제 관계에 의해 결정된다. 그러므로 사회적 현상영역은 관찰자가 사회 구성요소들 사이에서 벌어진다고 간주하는 상호작용의 영역과 관계의 영역으로 정의된다. 사회적 현상영역은 사회 구성요소들이 자기생성적으로 작동하고 구성요소들이 그들 자신의 속성을 교차작용하는interplay 가운데 사회를 실현하는 것으로부터 기인한다.

(iv) 하나의 사회에서는, 어떤 관찰 사례에서든, 구성요소들의 구조가 구성요소들의 속성을 결정하고, 구성요소들의 속성이 사회구조를 실현하며, 사회 구조는 하나의 매질이 되어 사회 구성요소들의 구조의 선택기selector로 작동한다. 매질에서 구성요소들이 자기 개체발생ontogeny을 실현한다.

(v) 자기생성체계는 이것이 사회체계에 참여하는 정도까지만, 즉 사회체계의 구성요소에 적합한 관계들을 실현하는 정도까지만 사회체계의 구성에 참여한다. 이에 따라 원칙적으로 자기생성체계는 적합한 관계를 충족시키거나 충족시키지 않음으로써 언제든지 사회체계에 진입하거나 사회체계로부터 이탈

할 수 있으며, 여러 다른 사회체계에 동시에 또는 연속적으로 참여할 수 있다.

아래의 내용에서 나는 이러한 개념들이 어떤 결론으로 귀결되는지를 살펴볼 것이다. 그리고 내가 사회체계나 특정한 종류의 사회체계로서의 사회를 말할 때는, 위에서 제안된 조직으로써 정의된 체계를 말하는 것이다.

(3) 사회는 그 사회가 단위체로 실현되는 영역을 정의한다. 이 영역은 사회 그 자체의 구성요소를 포함할 수도 있고 포함하지 않을 수도 있으며, 다른 사회들을 포함할 수도 있고 포함하지 않을 수도 있다. 하지만 어떤 경우이든 이 영역은 작업적으로 독립적인 매질을 구성하여 (a) [이 영역이 변화의 경로에 있다면,] 매질은 구조적 변화 경로의 선택자로 작업하고 사회는 스스로의 개별 역사에서 구조변화의 경로를 따른다. (b) 이 영역이 안정적이라면, 매질은 구조들의 역사적 안정기stabilizer로 작동한다. 이때 구조들은 선택된 불변의 관계를 실현하며, 불변의 관계들은 사회를 하나의 특수한 사회체계로 정의한다. 선택의 매질이 다양화될수록 사회에서 안정화된 관계들의 영역이 더 커지며, 따라서 사회 구성요소들의 구조가 더 고정된다. 사회가 인간사회라면 이 일은 언어 중심의 문화에서 일어난다. 인간 구성요소들의 구조를 안정화하는 일은 관계들의 문화적 안정화를 통해서 실현되며, 이때 인간 구성요소들은 반드시 사회적 실체로서 이 관계들을 충족시켜야 한다.

(4) 인간이 자기생성체계인 한, 사회적 유기체로서의 인간의 모든 활동은 반드시 그들 자신의 자기생성을 충족시켜야 한다. 사회영역에서 인간은 기본적인 생물학적 선호(쾌 상태)와 거부(불쾌 상태)의 충족을 통해 자신의 자기생성을 충족시키는데, 이때 생물학적 선호나 거부 상태는 인간이 사회 구성요소로서 필연적으로 자신의 개별 세계를 실현하고 타자의 개별 세계의 결정에도 기여하는 즉각적인 경험영역을 구성한다. 그러므로 사회적 존재로서의 인간에게는 선호나 거부의 표현이 아무리 개별적이라 할지라도, 인간의 모든 행동은 구성적으로 다른 인간의 삶에 영향을 미치기 때문에 윤리적 의미를 띤다.

(5) 하나의 사회체계의 구성을 결정하는 것은 동일한 자기생성체계들의 반복적인 상호작용이다. 달리 말해서 상호작용하는 유기체 구조의 생물학적 안정화는 유기체들의 상호작용의 반복을 야기하여 하나의 사회체계를 발생시킬 수 있다. 인간 사이에서 사회체계를 구성하는 기본적인 안정화 요인은 사랑의 현상이다. 이는 타자를 생활living의 일부 또는 모든 차원에서 동반자로 간주하는 것이다. 이러한 상황에서 인간은 자신이 일련의 사회적 관계들을 실현하는 과정에서 분명하게 나타나는 개별적인 살아있음의 방식을 선택한다. 이때 그 사람은 스스로를 위해, 그리고 자신이 명시적으로나 암묵적으로 살아있음의 동반자로 수용한 타자를 위해, 세계를 유효화하는 기본적인 윤리적 선택을 한다. 이에 따라 한 사회의 관찰자-구성원으

로서 인간이 직면하는 근본적인 윤리 문제란 자율성과 개별성을 포기surrender하는 개별 관계들을 윤리적으로 정당화하는 일이다. 그는 자신에게나 사회의 다른 구성원들에게 자율성과 개별성을 포기하도록 요구하면서, 스스로의 행위conduct로 자율성과 개별성을 포기하는 관계들을 생성하고 승인한다.

(6) 사회체계는 본질적으로 보수적인 체계다. 사회체계가 구조결정적인 자기생성체계의 상호작용을 통해 생성되기 때문이고, 사회체계가 매질로 작동하여 구조적으로 사회체계와 연동된 구성요소들이 개체발생적 구조변화의 경로를 선택하기 때문이다. 인간의 경우, 사회적 존재로서 우리는 자신의 구조 결정적 속성들을 통해 우리가 속한 사회들을 문화적 매질로 생성한다. 개체발생적 변화가 우리 각자를 구조로 이끌고 이 구조가 각자가 속한 개별적인 사회를 생성시키도록 우리 사회 자체가 개체발생적 변화의 개별 경로를 선택한다. 그러므로 사회는 항상성 체계a homeostatic system로 작동하여 이 사회를 개별적인 부류의 사회체계로 규정하는 관계들을 안정화한다.

(7) 일반적으로 복합단위체로서의 체계의 상태 영역은 체계 구성요소들의 속성으로 결정되며, 체계 구성요소들의 속성이 체계의 조직을 실현한다. 만약 일부 구성요소들의 구조가 변경되어서 그것들의 속성이 바뀐다면, 체계는 조직의 변화 없이도 자기 속성들을 바꾸거나 아니면 붕괴되어 다른 것이 될 것이다. 하지만 이미 변경된 구성요소들은 체계를 다른 방식으로 통합

하거나 아니면 체계와 분리될 것이다. 이러한 일은 인간사회들을 포함한 사회체계에도 적용된다. 왜냐하면, 구성요소들이 존재하는 공간에서 하나의 사회체계를 하나의 현실적인 체계로 구성하는 것은 구성요소들의 속성이 실제로 서로 교차하는 작용interplay이기 때문이다. 이 상황에서 사회를 개개의 사회체계로 규정하는 관계들에서의 변화란 오로지 사회를 실현하는 구성요소들의 속성에서의 변화를 통해서만 일어날 수 있다. 따라서 인간사회에서 사회적 변화는 사회 구성원 개체들의 속성이 변해서 그 행위가 바뀌는 경우에만 일어날 수 있다.

(8) 사회의 실현을 위해 중요한 것은 구성요소인 자기생성체계들이 관계들을 실현하기 위해 거치는 실제적 구조들(내적 과정들)과는 무관하게 특정한 관계들을 충족해야만 한다는 것이다. 따라서 위선hypocrisy은 인간 사회의 실현에 중요한 역할을 하는데, 압박을 받는 인간이 그 압박이 제거되는 즉시 포기할 어떤 속성을 가진 척할 수 있게 해준다. 그렇기 때문에 인간 사회에서 사회적 변화는 문화적 변화인 경우에만 영구적 현상으로 일어난다. 즉 혁명은 윤리적인 혁명일 때만 혁명이다.

(9) 사회 내 상호작용은 필연적으로 사회를 개별 사회체계로 규정하는 관계들을 확인하는 것이어야 한다. 그렇지 않은 경우, 상호작용하는 유기체는 사회를 통합한다 해도 그 사회의 구성요소로서 상호작용하지 않는다. 사회 내부에서 작업적으로 정의되지 않는 상호작용만이 사회를 승인하지 않는 구조변

화의 경로를 선택하도록 이끄는 것이다. 구성요소 유기체는 이 상호작용을 겪고 자신이 통합하는 사회라 하더라도 이를 승인하지 않는 구조변화의 경로를 자기 개체발생에서 선택할 수 있다. 그렇기 때문에 사회적 창의성은 새로운 사회관계를 생성시키는 것으로, 언제나 작업적으로는 사회 외부에 있는 상호작용을 수반한다. 그리고 필연적으로 창의적 개인들에 의한 행위 양식의 발생으로 이어진다. 창의적 개인들은 행위의 양식을 생성해 사회를 특수 사회체계로 규정하는 관계들을 변화시키거나 그 사회로부터 분리시킨다. 사회적 창의성은 그것이 일어나는 사회영역에서는 필연적으로 반사회적이다.

(10) 일반적으로 모든 유기체, 특히 모든 인간은 가족, 동아리, 군대, 정당, 종교, 국가 등과 같은 많은 사회체계에서 동시에 그 일원이 될 수 있다. 그리고 내적 모순에 처하지 않고도 하나 또는 그 이상의 사회체계에서 작업할 수 있다. 하지만 인간은 관찰자로 작업한다. 관찰자는 자신이 다양한 사회체계를 통합한다 해도 언제나 그 사회체계에의 참여를 볼 수 있는 관점에서 메타영역을 정의하고 이 참여가 모순임을 알아차릴 수 있다. 인간이 관찰자로서 행위하는 일이 함축하는 것은 두 가지다. 하나는 관찰자가 마치 다양한 사회체계 바깥에 있는 것 같은 태도를 취하면서도 자신이 그 사회체계들을 통합한다는 점이다. 다른 하나는 이 같은 방식에서는 관찰자가 사회체계를 승인하지 않는 상호작용들을 겪을 수도 있다는 점이다. 관찰자는

잠재적으로 항상 반사회적이다.

(11) 한 사회의 구성원으로 성장한다는 것은 그 사회와 구조적으로 연동한다는 것이다. 즉 한 사회에 구조적으로 연동된다는 것은 그 사회의 행동적 승인으로 이어지는 구조를 갖춘다는 것이다. 하나의 단위체로서의 사회의 역사적·구조적 형질전환transformation의 자연발생적 과정은 사회가 존재하는 매질과의 구조연동을 향해 있고, 그러므로 기제의 안정화를 향해 있다. 기제가 사회의 규정관계들을 생성할 때 사회 구성요소들의 속성을 안정화하는 과정을 거치기 때문이다. 인간 사회영역의 경우, 이러한 기제의 안정화는 인간 행위의 안정화를 의미한다. 하지만 인간 행위의 안정화는 창조성의 제약을 수반한다. 즉 개인이 시도할 수 있는 가능한 상호작용이 인간 존재들이 통합하는 사회에 의해 미리 정해진 상호작용의 범위를 벗어나는 경우, 인간 행위의 안정화는 언제나 개인의 가능한 상호작용을 제약한다. 극단적인 경우가 바로 모든 전체주의 사회에서 벌어지는 일이다. 다시 말해서, 역사적으로 인간사회가 단위체로서 형질전환되는 자연발생적 경로는 전체주의를 향하고 있다. 역사적 안정화를 겪는 관계들은 반드시 주어진 매질 내의 단위체로서의 사회 안정화와 관련이 있지만 구성요소인 인간의 행복과는 관련이 없기 때문에 이 경로는 전체주의를 향한다. 그 외의 다른 경로는 하나의 윤리적 선택을 필요로 한다. 그러한 윤리적 선택은 자연발생적 산물이 아니라 기예art의 작업, 인간의 심

미적 설계의 산물이 될 것이다. 만약 인간이 관찰자가 아니거나 관찰자가 될 수 없었다면 어떤 다른 것을 희구할 수도 없었을 것이기 때문에 인간 속성의 안정화가 고려해야 할 문제로 나타나지도 않았을 것이다.

(12) 인간인 우리는 사회체계들의 연결망에 존재하며 일상적 활동으로 한 체계에서 다른 체계로 이동한다. 모든 인간은 이러한 사회체계 연결망에서 생성된 관계들의 그물에 포획되어 있지만, 그렇다고 해서 모두가 사회적 존재로서 이 연결망에 참여하는 것은 아니다. 다른 인간 존재들과의 상호작용을 거쳐 다른 인간 존재들의 사회체계에 적합한 상호작용에는 참여하면서도 사회의 구성적 속성으로서의 자신의 자기생성을 포함하지 않는 방식으로 참여하고 있다면 그 사람은 사회체계에 의해 이용되고 있는 것이지 사회 구성원 중 하나는 아니다. 목숨이 위태롭기 때문에 이러한 상황에서 벗어날 수가 없다면 그 사람은 사회적 학대를 받고 있는 것이다.

(13) 모든 종류의 사회는 생물학적으로 정당하다. 그러나 모든 사회가 관찰자인 인간이 살고 싶어 하는 체계로서 똑같이 바람직한 것은 아니다. 언어 중심적인 사회적 존재로서의 인간은 관찰자가 되어 마치 자신이 어떤 상황의 외부에 있는 것처럼 스스로를 발견하도록 작업하는 능력이 있다. 관찰자로서 인간이 지닌 능력은 만약 적절한 경험을 쌓았다면 그 사람으로 하여금 자신이 통합하고 있는 사회에 대해 숙고하게 하여 그 사

회를 좋아하거나 싫어하도록 만들 수 있다. 관찰자 인간이 메타 영역을 정의하면서 사회의 규정적 관계들 중 일부가 바람직하지 않다는 관점에 선다면, 그는 사회를 싫어하게 된다. 이에 맞춰 행동을 취한다면 그는 반사회적이 되고, 어쩌면 자신의 행위로 또 다른 사회를 유효화할 수도 있다. 전체주의 사회는 이러한 가능성을 제약하기 위해 사회 구성요소들이 관찰자로 작동할 수 없도록, 사회 구성요소들이 가질 수 있는 경험 자체를 특정하거나, 반체제인사들을 분리하여 그들이 타자들을 자신처럼 관찰자가 되게끔 유혹하지 못하게 한다. 인간사회에서 개인의 기본적인 구조적 가소성은 교감영역의 확립과 언어 생성에 필수적이며, 따라서 인간의 창의성 일반에 필수적이다. 그렇지만 인간 사회에는 개인의 구조적 가소성을 파괴하지 않고서는 결코 구체화될 수 없는 어떤 경험들이 있다. 사랑은 이러한 경험 가운데 하나이다. 그리고 인간에게 언어가 있는 한, 그 사람은 사랑의 경험을 통해 관찰자가 될 수 있다.

(14) 인간 존재 'A'가 또 다른 인간 'B'와 조우하여 그 사람을 사랑하게 될 때, 'A'는 사회적 맥락에서 'B'를 바라보며 'B'가 통합하는 사회에 대한 관찰자가 된다. 'A'는 'B'와 관련하여 자신이 바라보는 시각에 따라 좋아하거나 좋아하지 않을 수도 있다. 이에 따라 'A'가 자신이 바라보는 것을 좋아하지 않는 경우에는 반사회적으로 되어 행동할 것이다. 절대적 전체주의 사회는 개체의 경험으로서의 사랑을 부정할 수밖에 없다. 왜냐하면 사랑

은 머지않아 사랑받는 사람이 통합하는 사회에 대한 하나의 윤리적 평가로 이어지기 때문이다.

(15) 모든 인간을 자신과 동등한 존재로 간주하며 사랑하는 인간사회는 작동적으로 정당하다. 그러한 인간사회에는 관찰자로서의 그 사람이 인간사회를 통합하면서 기꺼이 감수하려는 정도보다 더 큰 개체성과 자율성을 희생하도록 요구하는 일이 없을 것이다. 이 인간사회는 인간의 기예가 인위적으로 만들어낸 산물, 즉 변화를 인정하고 모든 인간 존재를 필수적 요소로 수용하는 인공적 사회다. 이러한 사회는 필연적으로 비위계적 사회이다. 이를 위해 모든 질서 관계는 구성적으로 일시적이며, 인간 학대의 제도화를 지속적으로 부정하는 관계들의 창조와 정황적으로 관련되어 있다. 그러한 사회는 본질적으로 아나키스트 사회이며, 관찰자를 위해 그리고 관찰자들에 의해 만들어진 사회이다. 그 안에서 관찰자들은 사회적 자유와 상호존중에 대한 자신들의 유일한 권리 주장으로서의 관찰자라는 조건을 포기하지 않을 것이다.

현시점에서 할 말이 더 많을 수도 있고, 아니면 아예 없을 수도 있다. 이후로는 독자에게 판단을 맡긴다. 여러분께 감사의 말을 전하고 싶다.

1편

인지생물학

1970
움베르또 *R.* 마뚜라나

이 책을 아내 마리아 몬따녜스 루나에게 바친다.
내가 살아온 것처럼 살지 않았더라면
나는 이 책을 쓰지 못했을 것이다.
그리고 내가 존재해온 대부분의 시간 동안,
내 존재의 실은 아내의 실과 엮여 왔고 지금도 마찬가지다.
그러므로 엄밀히 말해서, 그녀는 모든 점에서
나만큼이나 이 책의 저자이다.
나는 이 점을 밝히고 싶고 깊은 사랑으로
아내에게 감사를 표하고 싶다.

1장

서론

　인간은 안다. 그리고 인간의 아는 능력은 그 사람의 생물학적 완전성에 의존한다. 나아가 인간은 자신이 안다는 것을 안다. 기본적인 심리적 기능으로서의, 따라서 생물학적 기능으로서의 인지는 인간이 우주를 다루는 지침이 되며, 지식은 인간 행동에 확실성을 부여한다. 객관적 지식은 가능한 것처럼 보이며, 객관적인 지식을 통해 우주는 체계적이고 예측 가능한 것처럼 나타난다. 하지만 하나의 경험으로서의 지식은 전달될 수 없는 개인적이고 사적인 어떤 것이다. 우리가 전달 가능하다고 믿는 객관적 지식이란 언제나 듣는 사람이 창조해야만 하는 것이다. 즉 듣는 사람이 이해한다. 객관적인 지식이 전달되는 것으로 나타나는 순간은 오로지 듣는 사람이 이해할 준비가 되어있을 때뿐이다. 그러므로 하나의 생물학적 기능으로서 인지란 다음과 같은 것이다. "인지는 무엇인가?"라는 질문에 대한 답변은 반드시 지식knowledge과 아는 자the knower에 대한 이해로부터 시작해 아는 자가 갖춘 아는 능력에 대한 이해를 거쳐 발생해야만 한다.

나는 이러한 질문에 답변하고자 노력을 기울인다.

인식론

과학의 기본 주장은 객관성이다. 과학은 잘 정의된 방법론의 적용을 통해 우주에 대해 진술하려고 시도한다. 그러나 이러한 주장의 근저에 그것의 약점이 있다. 그것은 객관적인 지식이 알려진 것에 대한 기술을 구성한다는 선험적 가정이다. 이와 같은 가정은 "아는 것이란 무엇인가?"와 "우리는 어떻게 아는가?"라는 질문을 회피한다.

생물학

(a) 살아있는 조직을 이해하는 데 가장 큰 장애물은 살아있는 조직의 속성을 열거하는 것만으로는 설명 자체가 불가능하다는 점이다. 살아있는 조직은 반드시 하나의 단위체로 이해되어야 한다. 그런데 유기체가 단위체라면 그것의 구성요소의 속성들은 어떤 의미에서 유기체의 부분들이 되는 것인가? 유기체론적 접근법[1]은 이 질문에 답하지 않고, 각 부분을 전체에 종속

---

1. * 유기적인 전체성으로서의 생명현상을 생명론의 입장이나 생물학 방법론의 입장에서 해석하는 이론으로, 유기체론/생체론이라고도 한다. 1949년 오스트리아의 베르탈란피가 주장했고, 『일반시스템이론』(1968)으로 발전시켰다.

시키고, 유기체를 하나의 단위체로 만드는 조직의 원소들이 있다고 주장함으로써, 질문 자체를 재진술하고 있을 뿐이다.[2] "이러한 단위체는 어떻게 발생하는가?" 그리고 "어느 정도까지 그것은 유기체의 삶의 양식으로부터 출현하는 것이 아니라 유기체의 조직의 속성인 것으로 여겨져야 하는가?"라는 질문은 여전히 열려 있다. 신경계의 기능적 조직을 이해하는 일에도 이와 유사한 어려움이 존재한다. 특히 우리가 인간의 고차원적 기능을 고려한다면 더욱 그러하다. 모든 신경세포의 전달 기능을 열거하면 우리에게는 하나의 목록이 주어지겠지만, 추상적 사고와 기술, 자기기술이 가능한 체계가 주어지지는 않을 것이다. 그러한 접근방식은 "살아있는 조직이 어떻게 일반적으로는 인지, 그리고 특수하게는 자기인지를 야기하는가?"라는 질문을 제기하게 만들 것이다.

(b) 유기체들은 자기 환경에 적응되어 있고, 유기체의 조직은 유기체가 살고 있는 '환경'을 표상하며, 진화를 통해 유기체는 환경에 대해 자기 신경계에 부호화된 정보를 축적했다고 말하는 것은 이제까지 적절해 보였다. 이와 유사하게 감각 기관은 '환경'에 대한 정보를 수집하고 이 정보는 학습을 통해 신경계에 부호화된다고 알려져 있다.[3] 하지만 이 일반적인 견해는 "'정

2. L. von Bertalanffy, *Problems of Life* (New York : Harper & Brothers, 1960).
3. J. Z. Young, "On the Organization of Living Memory Systems", in *Journeys In Science*, D. L. Arm, ed., (The Twelfth A. F. D. S. R. Science Seminar, 1967).

보를 수집한다는' 것은 무엇을 의미하는가?"와 "유전 및 신경 체계에서 부호화되는 것은 무엇인가?"라는 질문을 회피한다.

성공적인 인지이론이라면 인식론적 질문과 생물학적 질문 모두에 답할 수 있어야 한다. 나는 두 질문 모두에 대답하려 한다. 그리고 이 글의 목적은 인지 현상에 대한 인식론적 통찰을 제시할 인지이론과, 개념적 사고와 언어, 자기의식과 같은 현상들을 야기하는 인지적cognizant 유기체의 기능적 조직에 대한 적절한 견해를 제안하는 데 있다.

아래에서 나는 '인지'나 '삶', '상호작용' 등 이 논문에 사용된 다양한 용어에 대한 어떤 형식적 정의도 제공하지 않을 것이다. 그 대신 그 의미가 용어들의 사용을 통해 드러나도록 할 것이다. 이 용어들이 실제 내가 설명하려는 현상을 적절하게 지시한다는 점을 이론의 내적 일관성이 보여줄 것이라고 확신하기 때문에, 그리고 내가 관찰자로서 말하고 있기 때문에 그렇게 할 것이다. 또한 내가 말하는 것의 타당성은 언제라도 전체 이론의 타당성에 기반을 두고 있다는 점이 내가 그것을 말할 수 있는 이유를 설명한다. 그리하여 나는 완수된 작업이 각 부분에 토대를 부여할 것으로 기대한다. 이와 같이 완수된 작업은 오직 전체의 관점에서만 정당한 것으로 보일 것이다.[4]

---

4. 나는 유기체를 단위체(unit)로 언급할 것이다. 이 글을 쓸 때는 낱말 unit이 언제나 단위체만을 의미하지 않는다는 것을 미처 알지 못했다. 이 시점에서는 바로 잡을 수 없기 때문에 이 점을 염두에 두기를 독자들에게 당부한다.

2장

문제

    (1) 인지는 생물학적 현상이며 오직 그렇게만 이해될 수 있다. 지식의 영역에 대한 인식론적 통찰은 이러한 이해를 필요로 한다.

    (2) 이러한 통찰에 도달하려면 다음 두 질문이 고려되어야 한다.

하나의 기능으로서 인지는 무엇인가?
하나의 과정으로서 인지는 무엇인가?

다음 내용은 이 두 질문에 대한 답변이다.

3장

인지기능 일반

A. 관찰자

(1) 말해진 것은 모두 어느 관찰자가 말한 것이다. 자신의 담론에서 관찰자는 자신이 될 수도 있는 또 다른 관찰자에게 말한다. 한쪽 관찰자에게 적용되는 것은 무엇이든 다른 관찰자에게도 적용된다. 관찰자는 인간, 즉 살아있는 체계이다. 살아있는 체계에 적용되는 것은 무엇이든 관찰자에게도 적용된다.

(2) 관찰자는 자신이 고찰하는 실체(우리의 경우 하나의 유기체)와 실체가 놓인 우주(유기체의 환경)를 동시에 주시한다. 이는 관찰자가 두 실체 모두와 독립적으로 상호작용하고 필연적으로 관찰된 실체의 상호작용 영역 외부에 있는 상호작용에 참여할 수 있게 해준다.

(3) 관찰된 실체 및 실체의 관계들(실체의 환경)과 독립적으로 상호작용할 수 있는 것은 관찰자의 속성attribute이다. 관찰자에게는 관찰된 실체와 실체의 관계 양자 모두가 상호작용들의

단위체들(실체들)이다.

(4) 실체는 관찰자가 그것을 기술할 수 있을 때 그 관찰자에게 실체가 된다. 기술하는 일은 기술된 실체들의 실제적이거나 잠재적인 상호작용과 관계를 열거하는 일이다. 이에 따라 관찰자가 한 실체를 기술할 수 있는 것은 적어도 하나 이상의 다른 실체가 있는 경우에만 가능하다. 즉 관찰자는 이 실체를 다른 실체로부터 구별할 수 있다. 그리고 이 실체가 다른 실체와 상호작용하거나 관련되는 일을 관찰할 수 있다. 두 번째 실체는 기술하기 위한 하나의 준거로 기능하며 어떤 실체라도 두 번째 실체가 될 수 있다. 하지만 모든 기술의 궁극적 준거는 바로 관찰자 자신이다.

(5) 실체의 상호작용 영역이란, 그 실체가 진입할 수 있는 모든 상호작용의 집합을 말한다. 하나의 실체가 관찰될 수 있는 모든 관계(관찰자를 거친 상호작용들)의 집합은 그 실체의 관계 영역이다. 실체의 관계 영역은 관찰자의 인지영역 내에 놓여 있다. 실체를 실체로 만드는 조건은 다음과 같다. 하나의 상호작용 영역을 갖추고 있고, 이 영역이 그 실체를 위해서 하나의 관계영역을 구체화할 수 있는 관찰자와의 상호작용을 포함한다면 그것은 실체이다. 관찰자는 실체의 상호작용 영역을 특정하는 것으로 실체를 정의할 수 있다. 따라서 실체의 일부나 한 무리의 실체들이나 실체들의 관계들을, 관찰자는 상호작용들의 단위체들(실체들)로 만들 수 있다.

(6) 관찰자는 자기 자신의 상호작용들의 영역을 구체화하여 자기 자신을 하나의 실체로 정의할 수 있다. 그 사람은 언제나 상호작용들에 대한 관찰자로 남을 수 있으며, 그 상호작용들을 별개의 독립체independent entity로 다룰 수 있다.

(7) 관찰자는 하나의 살아있는 체계이다. 그리고 인지를 생물학적 현상으로 이해하려면 반드시 인지에서 관찰자와 그의 역할이 설명되어야 한다.

B. 살아있는 체계

(1) 살아있는 체계는 상호작용의 단위체이며 주위환경ambience 내에 존재한다. 순수하게 생물학적인 관점에서 본다면, 살아있는 체계는 주위환경의 일부, 즉 적소niche와 상호작용하는 것이므로 적소와 독립적으로는 이해될 수 없다. 또한 살아있는 체계가 바로 적소를 특정하므로 적소가 살아있는 체계와 독립적으로 정의될 수도 없다.

(2) 오늘날 지구상에 존재하는 살아있는 체계들은 에너지를 방출하는 물질대사와 성장, 체내 분자 복제가 특징이다. 모두 폐쇄적인 인과적 순환 과정으로 조직되어 순환성이 유지되는 방식으로 진화적인 변화를 허용한다. 하지만 순환성 자체의 손실은 허용하지 않는다. 지정된 중합체(단백질, 핵산, 지질, 다당류)가 해당 단량체들로부터 에너지를 흡수하는 합성을 하기 위

해서는, 즉 성장과 복제를 하기 위해서는 에너지를 방출하는 물질대사가 에너지를 제공하는 것이 필요하다. 또 특별한 복제 절차는 합성된 중합체가 지정되도록, 즉 중합체가 자체 부류에 적합한 단량체 서열을 갖추도록 보장한다. 또한 지정된 중합체(효소)는 에너지를 방출하는 물질대사와 지정된 중합체(단백질, 핵산, 지질, 다당류)의 합성에 필요하다.[1]

　　이러한 순환조직은 하나의 항상성 체계를 구성한다. 이 체계에서 순환조직을 구체화하는 구성요소는 이 순환조직이 보장하는 합성이나 유지를 담당하는 구성요소다. 이러한 결정에 의해서 항상성 체계의 기능은 바로 동일한 순환조직을 생산하고 유지하는 역할을 한다. 더욱이 이러한 순환조직은 살아있는 체계를 상호작용들의 단위체들로 규정한다. 그리고 순환조직은 하나의 단위체로서의 살아있는 체계의 유지에도 필수적이다. 즉 살아있는 체계에 있지 않은 것은 외부에 있는 것이거나 존재하지 않는 것이다. 다음과 같은 특징을 가진 순환조직이 살아있는 체계이다. 즉 구성요소들이 순환조직을 구체화하면서 순환조직이 확보하는 합성과 유지를 담당하는 것이다. 순환조직은 구성요소들의 생산물이 바로 구성요소들의 생산과 동일하게 기능하는 조직이 되는 식으로 구성요소들의 합성이나 유

---

1. B. Commoner, "Biochemical, Biological and Atmospheric Evolution", *Proc. of the National Academy of Science* 53 (1965), pp. 1183~1194 참조.

지를 확보한다.

(3) 살아있는 체계를 상호작용들의 단위체로 만드는 것은 살아있는 체계의 조직의 순환성이다. 스스로를 유지하기 위해, 그리고 다양한 상호작용을 통해 살아있는 체계의 동일성을 유지하기 위해 살아있는 체계는 이러한 순환성을 지속해야 한다. 다양한 종류의 유기체의 모든 특이한 측면들은 이 기본 순환성에 중첩되고 종속되어 있다. 그리고 그것이 항상 변화하는 환경에서 연속하는 상호작용을 통해 순환성의 지속을 보장한다. 살아있는 체계는 자신이 가급적 동일성을 잃지 않은 채 상호작용 영역에 들어갈 수 있는 모든 상호작용의 영역을 자기 자신의 조직을 통해 규정한다. 그리고 스스로를 상호작용들의 한 단위체로 규정하는 기본 순환성이 깨지지 않는 한 살아있는 체계는 자체의 동일성을 유지한다. 엄밀히 말해서, 끊임없이 변하는 상호작용들로 이루어진 한 단위체의 동일성이란 관찰자와 관련해서만 유지되는 것이다. 관찰자에게는 상호작용들의 단위체로서의 특징이 변하지 않는다.

(4) 살아있는 체계의 조직에는 순환적 본성이 있다. 이로 인해 살아있는 체계는 상호작용의 자기 준거하는 영역self-referring domain을 갖는다(즉 살아있는 체계는 자기준거체계다). 그리고 살아있는 체계가 상호작용들의 단위체로 있다는 조건은 유지된다. 왜냐하면, 살아있는 체계의 조직이 오직 순환성을 유지하는 일과 관련해서만 기능적 중요성이 있고, 이에 따라 그것이

살아있는 체계의 상호작용 영역을 정의하기 때문이다.

(5) 살아있는 체계란 그것으로서 존재하는 조건이 구체화하는 상호작용의 단위체라서 자기 조직이 구체화하지 않는 상호작용에는 진입할 수 없다. 살아있는 체계들이 지닌 조직의 순환성은 끊임없이 살아있는 체계들을 (순환 과정과 관련된다는 점에서) 동일한 내적 상태로 되돌린다. 각각의 내적 상태들이 다음 상태로 진행하기 위해서는 일정한 조건(환경과의 상호작용)이 충족되어야 할 필요가 있다. 따라서 순환조직은 한번 벌어졌던 상호작용이 다시금 벌어지리라는 예측을 함축한다. 만약 예측된 상호작용이 벌어지지 않는다면 체계는 붕괴한다. 만약 예측된 상호작용이 벌어진다면 그 체계는 완전성integrity(관찰자와 관련해서는 동일성)을 유지하고 다시 새로운 예측으로 들어간다. 끊임없이 변하는 환경 속에서 이러한 예측은 예측된 바대로, 환경이 변하지 않을 경우에만 성공적일 수 있다. 따라서 살아있는 체계의 조직에 함축된 예측은 개별 사태에 대한 예측이 아니라 상호작용들의 하나의 부류에 대한 예측이다. 모든 상호작용은 개별적인 상호작용이지만, 모든 예측은 상호작용들의 하나의 부류에 대한 예측이다. 이 부류는 살아있는 체계가 상호작용 이후에도 순환조직을 유지하여 다시금 상호작용할 수 있도록 하는 자기의 요소들의 특성들에 의해 정의된다. 이러한 점은 살아있는 체계를 추론체계로 만들고 살아있는 체계의 상호작용 영역을 인지영역으로 만든다.

(6) 적소는 하나의 유기체가 진입할 수 있는 상호작용들의 부류들에 의해 정의된다. 환경은 상호작용의 다음과 같은 부류에 의해 정의된다. 즉 관찰자가 진입할 수 있고 관찰자가 관찰된 유기체와 그 자신의 상호작용을 위해 맥락으로 삼을 수 있는 부류의 상호작용에 의해 정의된다. 관찰자는 유기체와 환경을 동시에 주시한다. 그리고 환경의 일부가 유기체의 상호작용 영역에 놓여 있다고 자신이 관찰하는 것을 유기체의 적소로 간주한다. 따라서 관찰자에게 적소가 환경의 일부처럼 나타나는 것이라면, 관찰된 유기체에게 적소는 유기체의 전체 상호작용 영역을 구성하는 것이다. 그렇기 때문에 적소는 오로지 관찰자의 인지영역에만 놓인 환경의 일부일 수는 없다. 그렇다면 적소와 환경은 (도구를 포함한) 관찰자와 유기체가 비교할 만한 조직을 갖는 한에서만 교차한다. 하지만 그럴 때조차도 유기체 상호작용 영역과의 교차 가능성을 넘어서는 환경의 일부가 항상 존재한다. 또한 관찰자 상호작용 영역과의 교차 가능성을 넘어서는 적소의 일부가 존재한다. 따라서 모든 살아있는 체계에서 조직은 적소에 대한 예측을 함축한다. 이렇게 상호작용 부류의 한 영역으로 예측된 적소는 살아있는 체계 전체의 인지적 실재를 구성한다. 유기체가 자기 조직에 의해 미리 정해지지 않은 방식으로 상호작용한다면, 유기체는 스스로의 기본 순환성에 의해 정의된 상호작용들의 단위체와는 다른 어떤 것으로 상호작용하는 것이다. 그리고 이 상호작용이 유기체의 인지영역 외부

에 있다고 해도 그것은 완전히 관찰자 인지영역 내에 있다.

(7) 상호작용들의 모든 단위체는 다른 단위체와 관련된 상호작용, 더욱 포괄적인 단위체들의 상호작용에 참여할 수 있다. 이렇게 하면서도 살아있는 체계가 그 동일성을 잃지 않는다면, 체계의 적소는 상호작용들의 더 큰 단위체에 포함되도록 진화할 수 있고 따라서 그것에 종속될 수도 있다. 만약 이 더 큰 상호작용 단위체가 차례로, 그 구성요소들(이 구성요소들 자체도 자기준거체계들이다)이 상호작용 단위체로서의 그 단위체의 유지에 종속되는 자기준거체계라면(혹은 자기준거체계가 된다면), 그 단위체 역시도 그것의 구성요소들의 순환조직의 유지에 종속되어야 한다(혹은 종속될 것이다). 따라서 하나의 개별적인 자기준거체계는 살아있는 체계의 순환조직을 가질 수 있거나, 기능적으로 그 체계의 구성요소들의 순환조직에 참여할 수 있거나, 둘 다일 수도 있다. 꿀벌 사회는 이런 종류의 3차 등급의 자기준거체계의 한 실례. 꿀벌 사회는 2차 등급의 자기준거체계인 꿀벌과 중첩된 순환조직을 갖는다. 그리고 차례로 1차 등급의 살아있는 체계인 세포에도 중첩된 순환조직을 갖는다. 세 체계는 모두 상호작용의 영역을 지니며, 자기 체계들을 유지하는 일과 다른 체계들을 유지하는 일, 둘 다에 종속된다.

C. 진화

(1) 살아있는 체계에서 진화적 변화는 그 체계의 순환조직이 그 자신의 기본적인 순환성의 유지를 확보하고, 재생산의 각 단계에서 이러한 순환성이 유지되는 변화를 허용한 결과이다. 살아있는 조직에서는 재생산과 진화가 본질적인 역할을 하지는 않지만, 이제까지 지구상의 살아있는 체계의 인지영역이 역사적으로 형질전환하는 일에서는 본질적 역할을 해왔다.

(2) 관찰자와 관련해서 단위체의 동일성을 잃지 않은 채 상호작용 단위체의 상호작용 영역에서 변화가 발생하기 위해서는 단위체가 반드시 내적 변화를 겪어야 한다. 반대로 단위체가 동일성을 잃지 않은 채 상호작용들의 단위체에서 내적 변화가 발생한다면, 상호작용 영역 자체가 바뀐다. 내적 변화가 초래한 예측이 살아있는 체계의 근본적인 순환조직을 방해하지 않는다면 살아있는 체계는 동일성을 잃지 않고 내적 변화를 겪는다. 체계는 그 자신의 상호작용 영역이 바뀌는 경우에만 변한다.

(3) 재생산 이후에 새로운 상호작용 단위체는 부모 단위체와 동일한 조직을 가질 경우에만 부모 단위체와 동일한 상호작용 영역을 갖는다. 반대로, 새로운 상호작용 단위체는 자체의 조직이 다른 경우에만 다른 상호작용 영역을 갖는다. 그리고 이것은 적소에 대한 다른 예측을 함축한다.

(4) 적소에 대한 예측은 상호작용의 부류들에 대한 추론이

다. 따라서 유기체는 구별할 수 없는 개별적인 상호작용들에 관해서 관찰자는 다를 수 있다. 만일 관찰자가 하나의 상이한 인지영역을 갖추고 있고, 그 개별적인 상호작용들을, 유기체의 행위가 정의하는 하나의 부류의 상이한 요소들로 기술할 수 있다면 말이다. 유기체에게는 동일하지만, 유기체의 다른 내적 부분에는 상이한(다른 작동효과를 미치는) 상호작용들에 대해서도 같은 관점을 적용할 수 있다. 이 같은 상호작용은 결과적으로 유기체의 내적 상태들의 상이한 변조modification로 이어질 수도 있다. 그리고 그 결과 상호작용은 동일성의 상실 없이 상호작용들의 영역에서 상이한 변화 경로들을 결정할 수 있다. 이러한 변화는 부모의 상호작용 영역과는 다른 상호작용 영역들을 갖는 자손의 생산을 초래할 수도 있다. 이러한 경우, 그리고 이렇게 산출된 새로운 체계가 실현할 수 없는 적소를 예측한다면 이 체계는 붕괴한다. 그렇지 않다면 체계는 동일성을 유지하고 새로운 주기가 시작된다.

(5) 살아있는 체계의 진화에 있어서 세대에서 세대로 변하는 것은 조직의 측면이다. 살아있는 체계의 조직은 기본 순환성 유지에 종속되지만, 순환성을 결정하지는 않으며, 상호작용들을 통해 살아있는 체계가 그 동일성을 계속 유지하도록 허용한다. 즉 변하는 것은 기본 순환성이 유지되는 방식이지 기본 순환성 자체가 아니다. 살아있는 체계가 상호작용들의 한 단위체로 복합되는 방식이 무엇인지는 전혀 중요하지 않다. 단일한 기

본 단위체에 의해서든, 다세포 유기체와 같은 더 큰 단위체를 함께 구성하는 수많은 단위체의 집적(이는 그 자체가 살아있는 체계이다)을 거치든, 심지어 더 높은 차원(곤충 사회, 국가)의 자기준거체계를 형성하는 복합단위체의 집적을 거치든 그러하다. 진화하는 것은 언제나 단위체의 동일성을 유지하는 방식에 의해 정의되는 상호작용들의 한 단위체다. 살아있는 체계들의 진화란 살아있는 체계들의 자기준거적 순환조직에 의해 정의된 상호작용 단위체의 적소가 진화하는 것이며, 그러므로 인지영역이 진화하는 것이다.

D. 인지과정

(1) 하나의 인지체계는 하나의 상호작용 영역을 정의하는 조직을 가진 체계이다. 이 영역에서 인지체계는 자체의 유지와 관련해서만 작용할 수 있다. 그리고 인지과정이란 이 영역에서 실제 (반응을 유발하는) 작용이 미치는 것acting이거나 행동하는 것behaving이다. 살아있는 체계들은 인지체계들이며, 하나의 과정으로서의 살아있음은 인지과정이다. 이러한 진술은 신경계의 유무와 관계없이 모든 유기체에 유효하다.

(2) 살아있는 체계가 인지적 상호작용에 진입하는 경우, 그것의 내적 상태는 스스로를 유지하는 일과 관련된 방식으로 변하게 된다. 그리고 살아있는 체계는 동일성을 잃지 않고도 하나

의 새로운 상호작용에 진입한다. 신경계가 없는 유기체(또는 그것의 기능적 등가물)의 경우, 상호작용은 (분자가 흡수되고 효소 과정이 개시되고 광자를 포착하여 광합성의 한 단계가 수행되는 것처럼) 화학적이거나 물리적인 본성을 띤다. 그러한 유기체에게 물리적 사건들 사이에 유지되는 관계는 상호작용 영역 외부에 있는 것이다. 신경계는 유기체의 상호작용 영역을 확대하여 물리적 사건뿐만 아니라 '순수한 관계'에 의해서도 유기체 내적 상태를 적절한 방식으로 수정할 수 있게 만든다. 관찰자는 어떤 동물(예를 들어, 고양이)의 감지기가 빛에 의해 변조되고 그 동물(고양이)이 가시적 실체(예를 들어, 새)에 의해 변조되는 것을 본다. 감지기는 광양자의 흡수와 같은 물리적 상호작용을 통해 바뀐다. 즉 [관찰자든 고양이든 새든] 동물은 감지기 표면surface에서 광양자를 흡수하여 활성화된 감지기들 사이를 유지하는 관계들과 상호작용하고, 자기 상호작용을 거쳐 변조된다. 신경계는 '순수관계들'과의 상호작용을 가능하게 만듦으로써 살아있는 체계의 인지영역을 확장한다. 신경계가 인지를 창조하는 것은 아니다.

(3) 신경계는 '순수관계들'과의 상호작용을 유기체의 상호작용 영역으로 가져오는 과정을 통해 유기체의 상호작용 영역을 확장한다. 그렇다고 하더라도 신경계의 기능은 살아있는 조직에 요구되는 순환성에 종속된다.

(4) 신경계는 유기체의 상호작용 영역을 넓히면서 상호작용

들의 단위체를 형질전환시켜 왔으며 '순수관계들'의 영역에서 행동하거나 상호작용하는 일을 진화의 과정에 종속시켜 왔다. 그 결과, 자신의 내부 상태(외적, 내적 상호작용으로 초래된 상태)가 가능한 상호작용의 하위 집합이기 때문에 자기 내부 상태와 상호작용하면서 이를 마치 실체인 것처럼 포함하는 유기체가 존재한다. 이는 유기체의 인지영역 내부에 인지영역을 포함시키는 외견상의 역설을 낳는다. 우리에게 이러한 역설은 '추상적 사고'라고 불리는 인지영역의 또 다른 확장으로 해결된다.

(5) 더욱이 신경계는 인지영역을 '순수관계들'의 영역으로 확장하는 일을 돕는다. 인지영역의 확장은 유기체 사이의 비물리적 상호작용들을 허용한다. 이로 인해 상호작용하는 유기체들이 자기 인지영역 내 상호작용 쪽으로 서로를 정향하는 일이 가능해진다. 여기에 의사소통의 기초가 놓여 있다. 즉 정향 행동은 정향 상호작용들의 표상이 되고, 그것 자체도 하나의 단위체가 된다. 그러나 바로 이 과정에서 다음과 같은 또 하나의 외견상의 역설이 발생한다. 자신들이 상호작용하는 실체들을 구체화함으로써 마치 그것들이 어떤 독립 영역에 속하는 것처럼, 자기 자신의 상호작용의 표상을 생성하는 유기체들이 있다. 그러나 표상으로서 이러한 것들은 자기 자신의 상호작용을 사상map하는 것일 뿐이다. 우리는 이 역설을 동시에 두 가지 방식으로 해소한다.

(a) 우리는 우리의 상호작용들에 대한 표상들을 재귀적으로 생성함으로써 관찰자가 된다. 그리고 여러 표상들과 동시에 상호작용함으로써 우리는 표상들과의 관계를 생성한다. 그런 다음 우리는 이 과정을 재귀적으로 상호작용하고 반복할 수 있다. 그리하여 우리는 언제나 표상들의 영역보다 더 큰 상호작용 영역에 머물게 된다.

(b) 우리는 자기 관찰을 통해 자기 의식적으로 된다. 우리 자신에 대한 기술(표상)을 만듦으로써, 그리고 자신의 기술과 상호작용함으로써, 우리는 끝없는 재귀적 과정 안에서, 우리 자신을 기술하는 우리 자신에 대해 기술할 수 있다.

4장

인지기능 각론

A. 신경세포

(1) 뉴런은 하나의 세포이기 때문에 신경계의 해부학적 단위체다. 따라서 뉴런은 스스로를 준거하는, 독립적으로 통합된 물질대사적이고 유전적인 단위체다(뉴런이야말로 살아있는 체계다).

(2) 해부학적으로 그리고 기능적으로 뉴런은 분배요소(축삭돌기, 그리고 때에 따라서는 세포체와 주요 가지돌기)를 통해 통합된 수집기 영역(가지돌기, 그리고 경우에 따라서는 세포체와 축삭돌기의 일부)에 의해 형성된다. 그리고 뉴런은 전파성 극파들을 축삭의 말단 분지에 의해 형성된 작용기effector 영역으로 전도할 수 있다. 수집기 영역의 기능상태는 자체의 내적 상태(준거 상태)와 이 영역에 시냅스하는 작용기 영역의 활동상태, 이 두 가지에 따라 달라진다. 이에 상응하여 작용기 영역의 활동상태는 다음 두 가지에 따라 달라진다. 하나는 해당 수집

기 영역에서 생성된 자극들의 연속train상태이다. 다른 하나는 전시냅스적pre-synaptic이고 비시냅스non-synaptic적으로 분배요소들 및 다른 작용기 영역들과 함께 상호작용하는 상태이다. 이 상호작용은 신경섬유망neuropil과 다음번 수집기 영역 바로 근처에서 벌어질 수 있다. 이는 수집기와 작용기 영역들이 뒤섞여 있는 무축삭세포의 경우에도 마찬가지다. 분배요소는 작용기가 영향을 미치는 위치를 결정한다.

(3) 두 갈래로 나뉘는 축삭의 한두 개의 분지가 축삭을 따라 전파되는 신경자극에 의해 침범되는지의 여부는 분지들의 상대적 직경과 갈라지는 구역의 개시 지점에 있는 분지들의 막의 분극화 상태에 달려있다. 그 결과 작용기 활동의 패턴은 곧 분지침입branch invasion의 패턴이다. 여기서 일련의 이어지는 자극이 뉴런의 분배요소와 작용기 영역의 분지에서 분지침입의 패턴을 결정한다. 작용기활동 패턴은, (i) 분지하는 구역에 위치한 축삭의 막이 다음 극파가 도착하기 전, 회복하기 위해 갖는 시간을 결정하는 자극의 연속의 극파 간격 분포에 따라 달라진다. 그리고 (ii) 인접요소들의 전기적 활동으로 야기된 국소적인 물·이온 운동의 형태로 있으면서 분기 구역에서 직경과 분극화 변이를 일으켜 도달하는 극파에 의해서 분지들의 침입성invasibility을 변조할 수 있는 비시냅스적 영향에 따라 달라진다.

(4) 신경세포의 활동상태는 신경세포의 분배요소를 따라 이동하는 자극의 패턴으로 표상된다. 따라서 어느 순간이든 신경

세포의 활동상태란 바로 신경세포의 입력을 시·공간적으로 배열configuration하는 기능이며 구심성 뉴런들 사이를 유지하는 상대적 활동에 의해 결정된다. 이는 적절하게 준거된 수집기 영역의 상태를 변조한다. 그러나 많은 뉴런에 있어서 주어진 구심성의 시·공간적 배열을 재귀적으로 반복하는 일은 동일한 활동상태의 재귀적 반복을 초래하는 것이며 그러한 시·공간적 배열이 발생되는 방식과는 독립적이라고 알려져 있다.[1] 〔주어진 세포에 있는 구심성의 시·공간적 배열의 활동상태와 재귀적 반복의 활동상태 양쪽이 만약 동일한 부류에 속하는 경우 '동일'(등가)한 활동상태라는 이해는 두 활동상태가 생성하는 자극패턴에 의해 정의된 바로서 그렇게 이해하는 것이지, 두 활동상태가 서로 1대1로 사상하기 때문에 그런 것은 아니다.〕 또한 시·공간적 배열이 하나의 뉴런에 입력되는 일은 뉴런에서 재귀적으로 주어진 활동상태의 재귀를 야기한다. 이는 한 부류의 구심성afferent 영향들이며, 능동적 구심성과 수집기 사이를 유지하는 관계들의 한 패턴이 규정하는 것이다. 즉 주어진 부류의 반응들은 주어진 부류의 구심성 영향들에 의해 도출된다.

---

1. H. R. Maturana, and S. Frenk, "Directional movement and horizontal edge detectors in the pigeon retina," *Science* vol. 142 (1963), pp. 977~979.; F. Morrell, "Electrical signs of sensory coding," in *The Neurosciences, A Study Program, Quarton*, ed. (New York : The Rockefeller University Press, 1967), pp. 452~468 참조.

(5) 모든 신경세포의 수집기 영역에서의 전달 기능은 어떤 순간에도, 잘 정의된 하나의 결정론적 과정이다.[2] 많은 뉴런에는 여러 전달 기능이 있다. 그리고 상이한 부류의 구심성 영향들은 뉴런들의 활동을 다양하게 바꾸면서 뉴런들이 작용기 영역에서 다양한 부류의 활동을 생성하도록 이끈다. 모든 신경세포는 다른 신경세포들에 대한 구심성 영향들의 시공간적 배열을 생성하는 데 참여하기 때문에, 신경세포들의 모든 활동상태는 반드시 다음 활동상태에 중요한 것으로 간주되어야 한다. 따라서 어떤 뉴런 활동이라도 이와 관련하여 고려해야 할 두 가지 측면이 있다. (i) 뉴런의 발생이다. 이는 반드시 뉴런 그 자체와 뉴런에 대한 구심성 영향과 관련해서 고려되어야 한다. (ii) 뉴런의 참여다. 뉴런은 구심성 영향을 미치기 때문에 다른 뉴런의 활동을 발생시킬 때 참여한다. 이는 반드시 다른 뉴런과의 관계에서 고려되어야 한다. 두 경우에서 모두, 연루된 뉴런들 사이의 상호작용들은 매우 엄격하게 결정론적이다. 그러나 한 뉴런에서 원인인 것이 다른 뉴런에서도 원인일 필요는 없다.

(6) 신경자극들은 분배요소를 따라 이동하며, 수집기 영역으로부터 분배요소가 출현하는 지점에서 시작한다. 어떤 주어진 순간에도 각 신경자극은 (각 신경자극에 작용하는 구심성

---

2. J. P. Segundo and H. D. Perkel, "The Nerve Cells as Analyzers of Spikes", in *The Interneuron*, M. A. B. Brazier, ed. (Berkeley and Los Angeles : University of California Press, 1969) 참조.

의 흥분과 억제 영향들의 시·공간적 배열에 의해, 그리고 신경 자극 고유의 내적 발생 기제가 있는 경우라면 이 기제에 따라 결정되는 바로서) 수집기 영역의 흥분상태의 결과이다. 수집기 영역의 흥분상태는 분배기의 출현 지점에 주어진 역치threshold 에 도달하기까지 확산한다. 그러나 흥분성 영향과 억제성 영향 은 선형으로 중첩되지 않는다. 두 영향이 신경자극의 생산을 결 정하는 데 미치는 상대적 참여에 따라서 뉴런의 활동상태는 수 집기 영역에 미치는 두 영향의 상대적 공간 분포에 따라 달라 진다. 억제는 흥분 과정의 확산을 차단하는 것으로 작용한다. 또한 결과적으로 신경자극 생성에서 흥분점과 억제점의 상대 적 기여도는 바로 수집기에서 흥분점과 억제점이 서로와 관련 하여 그리고 분배요소의 출현 지점과 관련하여 어느 지점에 위 치하는지에 따라 달라진다. 구심성 영향들의 시·공간적 배열을 정의할 때 흥분과 억제는 두 개의 독립적 과정이 아니라 통합적 부분들integral parts로 간주되어야 한다. 수집기 영역의 모양(기 하학적 구조)에 따라 세포가 반응하는, 구심성 영향들의 시·공 간적 배열의 부류를 비롯하여 여러 부류들이 결정된다.

(7) 신경섬유망은 수많은 다양한 뉴런의 분배요소들과 작용 기 영역이 서로 뒤섞여있고 시냅스 이후 세포post-synaptic cells의 수집기 영역과도 뒤섞여있는 부위다. 여기에서 비시냅스 상호작 용들은 인접요소들 사이에서 일어난다. 비시냅스 상호작용들 은 스스로의 독립적인 전기적 활동에 의해 생산된 물과 이온의

국소적 운동의 결과로, 자체의 분기점에서 서로에게 직경 및 분극polarization상의 변화들을 야기할 수 있다. 이러한 국소적 변화의 시간 상수와 새로운 값에서 자기 직경을 일정하게 유지하려는 축삭돌기의 수용능력에 기초해 분지 침입의 패턴은 주어진 연속 자극에 의해서 주어진 작용기 영역에서 생산된다. 분지 침입의 패턴은 정도의 차이는 있지만 비시냅스 상호작용에 의해서도 영구적인 방식으로 수정될 수 있다. 만약 시냅스들이 서로의 공간적 인접으로 인해 비시냅스적으로 서로에게 영향을 미치고, 시냅스들이 자신의 독립적인 전기 활동의 결과로 많든 적든 서로에게 (유효도effectiveness 내의 상응하는 변화와 함께) 크기(증가나 감소) 및 분극에서의 영구적 변화를 야기한다면, 유사한 일이 시냅스들이 병존하는 동안 수집기 영역에서도 발생할 수 있다. 따라서 신경섬유망은 가소적 체계를 구성하는 것으로 간주되어야 할지도 모른다. 신경섬유망을 거쳐 획득된 자기접속self-addressing 활동상태들은, 시냅스적·비시냅스적 병존이 자기접속 활동상태들을 특정하고 유기체의 상호작용이 시냅스적·비시냅스적 병존을 생성하게 되면서 기능적 중요성에 도달한다. 행동적 의미의 뉴런 변화는 유기체의 진화하는 상호작용 영역에 종속된다. 뉴런 변화를 유발할 수 있는 것은 동일한 활동상태의 반복이 아니라, 언뜻 관련이 없어 보이는 상호작용이 생산하는 국소적으로 병존하는 활동상태들의 발생이다. 활동상태들이 뉴런의 반응역량에 그와 같이 종속된 변화를 유발할 수 있다.

(8) 결국 상당수의 뉴런에 대해서 우리는 다음과 같이 예상해야 한다. 뉴런은 자체의 다양한 신경섬유망들의 조직에 따라, 즉 (수집기 영역으로부터 작용기 영역에로의) 뉴런 전달 기능에서 지속하는 변화나 뉴런들이 활성화된 상황들에서 지속하는 변화에 따라 유기체가 살아온 역사의 결과로 다양한 부류의 동물에서 다를 수 있다. 그러나 신경계의 기능적 조직을 이해하기 위해서는 다음과 같은 점을 고려할 필요가 있다. 신경세포는 언제라도 명확한 전달 기능을 사용하여 신경세포 입력에서의 구심성 시·공간 배열의 부류들에 반응하면서 작용기 활동의 명확한 상태들을 생성하는 것이지, 개별 구심성 상태들을 생성하는 것은 아니다. 나아가,

(a) 모든 상호작용은 신경계에서 상대적 뉴런 활동의 순차적 상태들로 표상되고, 상호작용이 생성하는 행위로 이어진다. 이러한 행위는 상호작용(상대적 뉴런 활동의 순차적 상태들)이 재생산 가능한 범위 내에서, 즉 신경계의 역사적 형질전환(학습)이 행위를 불가능하게 만들지 않는 한에서 반복될 수 있어야 한다.

(b) 신경계는 항상 현재 기능한다. 또 그것은 현재 기능하는 체계로만 이해될 수 있다. 현재란 하나의 상호작용이 일어나

기 위해 필요한 시간 간격이다. 과거와 미래, 시간은 관찰자에게만 존재한다. 많은 신경세포는 계속해서 변하지만 신경세포의 작동 방식과 과거 역사는 관찰자에게 신경세포가 현재의 작동 방식에 어떻게 도달했는지를 설명할 수 있다. 그러나 지금 현재의 작동 방식이 어떻게 실현되는지 또는 행동결정에 신경세포들의 현재적 참여가 무엇인지는 설명할 수 없다.

(c) 모든 행동은 (외적 및 내적) 수용체receptor 표면상의 순차적 상태들을 거쳐 규정된다. 이때 순차적 상태들은 살아있는 체계의 근본순환성의 유지에 대한 직·간접적 종속을 충족시킨다. 신경계가 경험을 통해 끊임없이 변하므로, 관찰자가 주어진 행동을 재시행된 것reenacted으로 볼 때 발생하는 것은 순차적 상호작용들이다. 순차적 상호작용들은 뉴런과정이 상호작용을 생성했더라도 뉴런과정과는 독립적으로 근본순환성의 유지에 대한 종속을 충족시킨다. 유기체의 상호작용 영역이 복잡할수록 이러한 종속(또 다른 행동에 종속된 하나의 적합한 행동방식)은 더 간접적이다. 그러나 그렇다고 해서 엄격함이 덜한 것은 아니다.

(d) 결과적으로 유기체의 행위가 근본순환성(따라서 동일성)의 유지로 이어지는 한, 유기체는 단위체이다. 그리고 [유기체의 상호작용 영역이면서 상호작용 자체를 발생시키는 뉴런과정으로

서의 행위의 두 양식은 순환성을 유지하기 위해 동일한 부류의 필요조건을 충족시키는 경우라면, 등가 관계이다. 이러한 이유로 자기 규제적인 항상성 조직으로서의 유기체는 구성요소들의 변화가 행위의 발생을 통해 구체화되는 경우라면 자체의 결정론적 구성요소들(이 경우 뉴런)의 항상적 행동a constant behavior을 필요로 하지 않으며, 행위의 같음sameness은 관찰자나 반드시 만족되어야 하는 어떤 기능과 관련지어 정의된다.

따라서 어떤 순간에도 모든 뉴런은 하나의 명확한 전달 기능과 함께 결정론적으로 기능하고 자체의 작용기 영역에서 명확한 활동 패턴을 생성한다. 그렇지만 많은 뉴런에서의 전달 기능과 작용기 활동의 패턴은 순간마다 바뀔 수 있다. 또 유기체는 관찰자가 '같은 행동'이라고 부를 행동을 여전히 일으킬 것이다. 반대의 경우도 마찬가지다. 유기체는 관찰자가 '다른 행동'이라고 부르는 행동을 통해 자체의 기본 순환성을 유지하는 같은 양상에 대한 종속성을 충족시킬 수 있다.

(9) 이러한 개념들로부터 뉴런을 신경계의 기능적 단위체로 간주할 수 없다는 점은 명백하다. 뉴런의 참여가 계속해서 변해야 한다면 어떤 뉴런도 행위의 발생에서 기능적으로 고정된 역할을 맡을 수 없다. 같은 이유로 어떤 고정된 세포 집합도 신경계의 기능적 단위체로서 고려될 수 없다. 오로지 행위 자체만이 신경계의 기능적 단위체로 고려될 수 있다.

(10) 신경세포들이 개별적인 구심성 상태들이 아니라 구심성 배열의 부류에 반응한다면, 신경세포들은 필연적으로 관찰자에게는 아무 관련이 없는 상호작용을 거쳐 발생하는 개별적인 구심성 배열들도 등가의 것으로 취급하는 것이 틀림없다.

B. 구축architecture

(1) 어떤 주어진 신경계에서 뉴런의 거의 대부분은 (그리고 아마도 전체는) 잘 정의된 형태학적 부류들에 할당될 수 있다. 그리고 각 부류는 신경계 요소들의 수집기 영역과 작용기 영역의 주어진 분배 패턴을 특징으로 한다. 그 결과 같은 부류의 요소들은 서로, 그리고 다른 부류의 뉴런들과도 유사한 관계를 유지한다. 즉 (수집기 영역과 분배요소, 작용기 영역 같은) 신경세포의 모양들shapes은 신경세포의 연결성을 구체화한다. 신경세포의 모양들은 유전적으로 결정되며 진화를 통해 획득된다. 예컨대 뇌의 전체 구조는 유전적으로 결정되며 진화를 통해 획득되었다. 신경계를 이해하려면 다음 두 가지 함의가 중요하다.

(a) 신경세포의 모양에는 필수적인 유전적 변이성variability이 있을 뿐만 아니라, 유기체가 발달하는 동안 독립적인 사건들과의 상호작용으로 초래되는 변이성이 있다. 신경계의 기능적 조직은 반드시 이 이중의 변이성을 견딜 수 있어야 한다.

(b) 유전적 변이성과 신체적somatic 변이성으로 인해, 같은 종의 동물(특히 세포 수가 많은 다세포 동물의 경우) 중에서도 신경계가 동일한 것은 없다. 그것들의 신경계는 같은 일반적인 패턴에 따라 조직되었다는 정도까지만 서로 닮았을 뿐이다. 어떤 주어진 종류의 신경계에서 기능하는 양식을 결정하는 것은 어떤 개개의 연결성이 아니라 부류를 정의하는 조직이다.

(2) 신경세포의 모양이나 묶음packing은 일반적으로 같은 부류의 뉴런 수집기 영역과 작용기 영역에서 매우 중첩된 그런 것이다. 또 서로 다른 종류의 뉴런 사이의 공간적 분포와 상호연결성이란 신경계의 어떤 개별적인 부분이 일반적으로 다른 많은 부분과 동시에 연결된 것이다. 그러나 상호 연결된 부분들은 종에 따라 다르며, 결과적으로 다른 종은 서로 다른 상호작용 역량을 가진다.

(3) 유기체는 유기체의 자기준거적 조직이 그 자신의 동일성을 유지하면서 정의하는 경계에서 끝이 난다. 이 경계에 감지기(감지기 표면)와 작용기(작용기 표면)가 있다. 감지기를 통해 유기체는 관계의 영역에서 상호작용한다. 그리고 작용기를 통해 신경계는 이러한 영역에서 유기체의 자세posture를 바꾼다. 일반적으로 감지기 요소(세포)들의 집합이 감지기 표면을 구성한다. 이때 감지기 요소들이 동일하지는 않더라도 유사한 속성(속성의 부류)을 지니기 때문에 감지기 표면은 바로 신경계와 상호작

용하는 양식으로 일반적인 뉴런의 특징들을 공유한다. 그 결과, 유기체가 감지기의 물리적 상호작용 영역 내에서 하나의 상호작용에 진입할 때마다, 원칙적으로 하나가 아니라 수많은 감지기 요소들이 흥분한다. 작용기 또한 다양한데, 상호작용하는 동안 유기체의 수용체 표면을 변화시키는 방식이 서로 다르다. 행동 action은 항상 수용체 표면의 활동상태에서의 변화로 이어진다.

(4) 신경계의 구축적 조직은 감지기 표면과 작용기 표면의 질서에 종속된다. 이러한 종속화에는 다음의 두 측면이 있다. (i) 수용체 표면과 작용기 표면은 중추 신경계에 투사되어 두 표면의 적절한 위상관계를 유지한다. (ii) 수용체 표면과 감지기 표면은 자기 투사에서 위상관계를 구체화하며, 위상관계는 중추 신경계의 모든 구축적 질서를 위한 기초를 구성한다. 결과적으로 이렇게 구축된 조직은 하나의 체계를 구성한다. 체계는 서로 다른 신경망에서 오직 일정한 활동의 병행만을 허용하는 방식으로, 따라서 두 표면 사이에 잘 규정된 기능적 관계들을 확보하여 표면들이 서로를 어떻게 변조하는지를 구체화하는 양식으로 두 표면을 상호 연결한다. 자명한 것truism : 신경계는 해부학적 근거가 없는 활동상태의 병존을 함축하는 행위를 일으킬 수 없다. 구축적 조직의 결과로, 중추 신경계에 있는 모든 지점은 어떤 기능적 병존을 확립할 수 있는 가능성과 관련하여 해부학적 국소화를 구성한다. 이로부터 신경계상의 모든 국소화된 손상lesion은 반드시 어떤 구체적인 행위(뉴런의 활동상태)를 종합

할 가능성을 국소화된 방식으로 저해한다는 결론이 나온다.

C. 기능

(1) 신경계가 기능하는 방식은 그 해부학적 조직과 결부되어 있다. 신경계 기능에는 다음 두 측면이 있다. 한 측면은 신경계에 의해 정의된 상호작용 영역(관계 일반)을 지시한다. 다른 측면은 어떤 주어진 종에 의해 사용되는 그 상호작용 영역의 특수한 부분(관계들의 특수한 부류들)을 지시한다. 서로 다른 종은 서로 다른 관계들의 집합과 상호작용한다(서로 다른 적소를 가진다).

(2) 신경계는 오로지 관계들과 상호작용할 뿐이다. 그러나 신경계 기능이 해부학적으로 구속되어 있으므로, 반드시 물리적 상호작용들이 이러한 상호작용들을 매개한다. 동물이 시각적으로 물체를 구별하기 위해서는 눈의 수용체가 광자를 흡수하고 활성화되어야만 한다. 그러나 동물이 보는 객체들은 흡수된 빛의 양이 결정하는 것이 아니다. 객체들을 결정하는 것은 망막 내 수용체에 의해 유도된 활동상태들 사이에 맺어진 관계들이며, 어떤 면에서는 망막의 다양한 유형의 세포들의 연결도connectivity이다. 그러한 이유로 신경계는 선천적이든 경험을 거친 후천적인 것이든 다양한 구성요소의 상호작용 패턴의 상대적 중요도relative weights에 따라 어떤 관계들이 주어진 상호작

용에서 신경계를 변조할 것인지를 정의한다.[3] 또는 일반적으로 (신경계가 포함된) 살아있는 체계의 조직과 구조는 '시점'point of view, 즉 살아있는 체계가 상호작용하는 관점에서 편향bias이나 자세를 살아있는 체계 안에서 정의하여, 그것의 신경계에 접근 가능한 관계를 매 순간 결정한다. 게다가 유기체의 상호작용 영역이 유기체의 구조에 의해 정의되고 이 구조가 적소에 대한 하나의 예측을 함축하기 때문에, 신경계가 상호작용하는 관계들은 이러한 예측에 의해 정의되고 유기체의 상호작용 영역에서 발생한다.

(3) 뉴런의 속성들로 인해 그리고 신경계의 구축으로 인해, 신경계 내부의 상호작용은 세포 응집체들aggregates에서의 활동을 일으킨다. 또한, 같은 이유에서, 어떤 주어진 세포라도 유기체의 상호작용의 매우 다양한 상황 아래에서 동일한 활동상태를 띠게 될 수도 있다. 따라서 어떤 상황에서도 개별 세포의 활동을 살아있는 체계의 개별 상호작용과 연관시키는 일은 불가능하다. 감지기 단계에서 어떤 개별 상호작용이 발생할 때, 신경계가 접근 가능한 관계들은 감지하는 요소들의 상대적 활동의 특정한 상태로 주어지는 것이지 어떤 개별 요소의 활동상태로 주어지는 것이 아니다.[4] 동시에 신경계에서는 작업적 국소화가

---

3. H. R. Maturana, "Especificidad versus Ambiguedad en la Retina de los Verte-brados," *Biologica* vol. 36 (1965), p. 69 이하.

4. Maturana, Uribe and Frenk, "A Biological Theory of Relativistic Color

확립될 수 있다고 하더라도[5] 이러한 국소화는 상호작용의 특정 양상들modalities이 수렴하는 영역의 관점에서 이해되어야지 능력이나 기능의 국소화로 간주되어서는 안 된다. 내가 이제까지 강조한 신경계의 조직 양식에 따르면, 국소화된 손상은 개개의 행위(활동상태)를 종합하는 데 필요한 활동들의 수렴을 방해함으로써 따로따로 분리된 기능 결손을 생산해야 한다. 신경계의 해부학적이고 기능적인 조직은 행동의 종합을 보장하는 것이지 세계에 대한 표상을 보장하는 것이 아니다. 그러므로 우리는 행동의 종합에 대해서만 개입을 할 수 있다. 신경계는 유기체의 상호작용 표면들의 측면에서 국소화된 것이지, 그것이 생성할 수 있는 상호작용에 대한 표상의 측면에서 국소화된 것은 아니다.

D. 표상

(1) 신경계의 근본적·해부학적·기능적 조직은 기본적으로 균일하다. 같은 기능과 작동들(흥분, 억제, 측면 상호작용, 재귀

Coding in the Primate Retina." 마뚜라나의 서문의 각주 2번을 참조하라.

5. N. Geschwind, "Disconnexion Syndromes in Animals and Man," *Brain* vol. 88 (1965), pp. 237~294과 585~644 ; 다음에 재출간되었다. *Selected Papers on Language and the Brain, Boston Studies in the Philosophy of Science* XVI, Robert S. Cohen and Marx W. Wartofsky, eds. (Dordrecht and Boston : D. Reidel Publishing Company, 1974), pp. 105~236.

적 억제 등)이 신경계의 다양한 부분에서 수행된다. 비록 서로 다른 맥락에서 서로 다른 방식으로 통합되지만 말이다. 신경계가 부분적으로 파괴된다 해도 이러한 기본적인 균일성uniformity은 바뀌지 않으며, 손상되지 않은 부분은 전체 신경계가 했던 일을 똑같이 할 수는 없지만 작업 양식에 있어서는 손상되기 전의 전체 신경계와 동일해 보인다. 관찰자의 입장에서는, 일단 감지기 경계를 지나면, 관찰자 자신이 고찰하기로 선택할 수 있는 임의의 지점에서 조직의 한 양식으로서의 신경계가 시작되는 것처럼 보인다. 이때 "신경계에 무엇이 입력input되는가?"라는 질문에 대한 대답은 전적으로 선택된 관찰 지점에 의해 좌우된다. 조직의 이러한 기본적인 균일성은 다음과 같은 말로 가장 잘 표현될 수 있다. 어느 관찰 지점에서든 신경계에 있어서 접근 가능한 모든 것은 신경세포 사이를 장악하는 상대적 활동상태이다. 그리고 주어진 어떤 상대적 활동상태가 일으킬 수 있는 모든 것이란 신경세포들이 상대적 활동상태들을 형성하여 다른 신경세포들이 여기에 반응함으로써 추가적으로 나타나는 다른 신경세포에서의 상대적 활동상태이다. 이러한 일에서는 작용기 뉴런들도 예외가 아니다. 왜냐하면 작용기 뉴런들은 작용기 활동을 유발하고 상호작용을 생성함으로써 수용체 표면에서 수용체 요소들의 상대적 활동상태에 변화를 일으키기 때문이다. 이는 근본적인 결과를 초래한다 : 상대적 활동상태들이 (동시에 발생하는concomitant 사태를 통해, 발생장소를 통해, 아니면 그것들이 발생시키는 새로운 상호작용의 결과를 통해) 스스로의 기원을 암시하지 않는 한, 신경 활동 상태가 내적으로 생성되었는지 아니면 외적으로 생성되었는지를 구별할 가능성은 전혀 없다.

(2) 신경계가 상호작용하는 관계들은 유기체가 물리적 상호작용을 함으로써 주어진 관계들이다. 따라서 그 관계들은 신경계의 해부학적 조직에 의존한다. 관찰자의 관점에서, 유기체는 관찰자 자신이 자기 인지영역에서 기술할 수 있는 하나의 주어진 실체와 상호작용한다. 그러나 관찰된 유기체에서 신경계를 변조시키는 것은 감지하는 요소들과 연계된 신경세포들의 활동에서의 변화들이다. 이 변화들이 이후 상호작용을 거쳐 발생한 관계들의 체화embodiment를 구성한다. 이 관계들은 관찰자가 자기 인지영역에서 구성요소적 속성들 사이에 맺어졌다고 기술할 수 있는 그러한 관계들이 아니다. 상호작용 그 자체에서 생성된 관계들이고, 유기체의 구조적 조직뿐만 아니라 이 조직이 정의하는 상호작용 영역과 부합하는 우주의 속성들에 의해서도 좌우되는 관계들이다. 작용기 표면에서 이러한 관계가 반복될 때마다, 감지하는 요소들과 접촉하는 뉴런들 사이에서 동일한 상대적 활동상태가 발생한다. 동일한 상대적 활동상태들을 생산하는 두 개의 상호작용은 관찰자의 인지영역에서는 얼마나 상이하든지 간에 신경계에서는 동일한 것이다.[6]

----

6. * 예컨대 우리가 실제로 사과를 맛볼 때와 다른 사람이 사과를 먹는 모습을

(3) 모든 관계는 신경세포들의 상대적 활동상태로 체화된다. 그뿐만 아니라 모든 상대적 활동상태가 다른 신경세포들의 상대적 활동을 변조하는 역할을 한다. 따라서 관계들은, 상대적 활동상태들로 체화되는 것을 거쳐서 내적 상호작용들의 단위체들이 되며, 다시 추가적인 관계들을 생성한다. 이 관계들은 또다시 상대적 활동상태들로 체화되며, 이는 또 차례로 내적 상호작용들의 단위체들이 될 수 있다. 이런 식으로 재귀적으로 이어진다.

(4) 외적 상호작용이 일어나면, 감지 요소들과의 긴밀한 연합 속에서 그 상호작용에서 주어지는 관계들을 체화하는 신경계의 활동상태는 뉴런들의 상대적 활동에서의 변화에 의해 변조된다. 따라서 이렇게 생성된 활동의 다양한 상태들이 표상한다고 언급될 수 있는 것은 유기체의 상호작용으로 작용기 표면에 주어지는 관계들일 뿐이지, 독립적인 매질이 아니다. 무엇보다도 환경에 대한 기술이 아닌데, 그러한 기술은 반드시 오로지 관찰자 인지영역에만 있는 실체들의 관점에서 만들어진다.

내적 상호작용이 벌어지면, 신경계의 활동상태는 하나의 관

볼 때, 그리고 꿈에서 사과를 맛볼 때는 모두 신경계의 동일한 부분이 활성화된다. 오로지 유기체의 안과 밖을 기술하는 관찰자에 의해서만 세 경우가 구별될 수 있다. H. Maturana, "The biological foundations of virtual realities and their implications for human existence", *Constructivist Foundations*, Vol.3 No.2 (Austria : University of Vienna, 2008), p. 109 참조.

계 집합을 체화하는, 상대적 활동의 (신경계 고유의) 하위상태 가운데 하나에 의해 변조된다. 그렇지만 새로운 상대적 활동상태가 표상하는 것은 내적 상호작용에 주어진 관계들이다. 이는 관찰자의 인지영역 내에만 놓인 생각과 같이 어떤 종류의 실체라는 측면에서의 독립적인 관계 집합이나 그것들에 대한 기술이 아니다.

(5) 체화될 수 있는 관계의 부류들이 다음을 통해서 정의되었다. (i) 유기체의 일반적인 구조적 조직의 진화를 통해서, 특히 신경계에 접근 가능한 관계의 부류들을 정의해온 감지기들의 진화를 통해서, 그리고 (ii) 신경계의 하나의 특수한 조직의 진화를 통해서다. 이 특수한 조직은 각 동물 부류(종)에게 있어서, 이러한 관계들이 자신들의 유지와 관련이 있는 행동을 생성하는 구체적인 양식들을 정의한다.

(6) 어떤 부류의 관계들에서도, 현재의 상호작용의 결과로 주어진 특수한 관계들은 현재 일어나는 특수한 활동상태들의 집합으로 체화된다. 이것은 체계의 역사와는 독립적으로 사실이다. 그렇지만 살아있는 체계의 유지를 위해 이러한 활동상태들이 발생시키는 행동의 유관성relevance은 역사의 기능이다. 그리고 이것은 종의 진화사와 개체로서의 유기체의 과거 경험, 두 가지에 모두 의존할 수 있다. 나는 첫 번째와 관련하여 본능적 행동을, 두 번째와 관련해서는 학습 행동을 말할 것이다. 과거와 현재 행동의 측면에서의 학습에 대한 기술은 관찰자의 인

지영역에 놓여 있다. 즉 유기체는 항상 현재에서만 행동한다. 그러나 관찰자는 자신이 생성한 기술들과 상호작용함으로써 반복되지 않는 상호작용을 마치 현재 있는 것처럼 다룰 수 있다. 이러한 명백한 역설은 상호작용 영역의 새로운 확장으로서 과거·현재·미래의 시간 개념을 생성함으로써 해결된다.[7] 처음으로 경험되는 부류의 요소인 상호작용이 일어날 때, 유기체가 그 동일한 부류의 상호작용의 재귀를 (불안의 부재가 명백하게 보여주듯이 그것이 어떤 확립된 행위를 생성할 수 있다는 의미에서) 새롭지 않은 것으로, 즉 알려진 것known으로 경험하기 위해서는 그 상호작용이 생성하는 활동상태에 뒤이어서 어떤 특이한 내적 활동상태의 병존(이는 관찰자가 불안이나 불확실성의 정서라고 부르는 것에서 명백하게 드러난다)이 억제되는 것으로 충분하다. 이때 그 동일한 부류의 상호작용의 재귀는 그러한 병존상태 없이 일어날 것이다. 불안이 없는 모든 경험은 알려진 것으로 기술될 수 있으며, 따라서 시간의 기능적 개념의 기초 역할을 한다.

(7) 외적 상호작용이나 내적 상호작용을 통해 생성된 관계들의 체화의 본성에는 차이가 없다. 둘 다 일련의 뉴런 활동상태들의 집합이며 상호작용을 표상한다고 말할 수 있다. 자기 고

---

7. * 시간에 대한 마뚜라나의 자세한 논의는 다음을 참조하라. H. R. Maturana, "The nature of time," *Chilean School of Biology of Cognition* (1995), pp. 1~5.

유의 내적 상태들 일부가 마치 독립체independent entity인 것처럼 그것들과 상호작용할 수 있는 신경계에서는 다음과 같은 두 가지 결과가 초래된다.

(a) 외적으로 생성된 상호작용과 내적으로 생성된 상호작용의 구별은 그 상호작용이 유발한 활동상태의 원천(감지기 표면인지 아닌지)을 지시하는 사건들의 병존을 통해서만, 혹은 그 상호작용들이 촉발하는 새로운 상호작용들의 결과를 통해서만 가능해진다. 내적으로 생성된 활동상태들을 외적으로 생성된 상태들과 다르게 취급할 수 있는 신경계는, 즉 그것들의 기원을 구별할 수 있는 신경계는 추상적 사고를 할 수 있다.

(b) 신경계는 끝없이 재귀적인 방식으로 자신의(따라서 유기체의) 상호작용들에 대한 표상들과 상호작용할 수 있다.

(8) 네 가지 논평:

(a) 표상의 체화와 같은 개념들은 관찰자가 관계들, 또는 관계들의 집합들, 그리고 신경계 활동의 상이한 상태들 사이에서 관측하는 상응을 표현한다. 따라서 이러한 것들은 관찰자의 인지영역에 놓여 있다. 그 개념들은 관찰자의 인지영역에 있는 신경계의 기능적 조직을 기술한다. 그리고 그 신경계가 자신의 상

태 중 일부를, 신경계 자신이 상호작용할 수 있는 독립체들로 여길 수 있는 능력을 가리킨다. 그러나 그러한 개념들은 신경계 고유의 상태들에 대한 신경계의 기능적 종속의 본성을 특징화 하지는 않는다. 이러한 종속은 기능적으로 폐쇄적이고 상태 결 정된, 초안정적 체계의 종속이고, 상호작용들에 의해 변조된 체 계의 종속이다.[8]

(b) 신경계의 기능적 조직의 폐쇄적 본성은 살아있는 조직 의 자기준거적 상호작용 영역의 결과이다. 유기체의 모든 상태 변화는 반드시 또 다른 상태변화를 재귀적으로 내어놓으면서, 언제나 유기체의 기본 순환성을 유지해야 한다. 해부학적으로 그리고 기능적으로, 신경계는 유기체의 수용체 표면과 작용기 표면 사이에 어떤 일정한 관계들을 유지하도록 조직되어 있다. 신경계는 자기 상호작용 영역을 거쳐 움직이면서 이러한 방식 으로써만 스스로의 동일성을 유지할 수 있다. 따라서 신경계를 통해 제어되는 것으로서의 모든 행위conduct는 (신경계의 구축 적 조직으로 인해 필연적으로) 작용기 표면의 변화를 통해 수 용체 표면의 구체적인 변화로 이어질 수밖에 없고, 수용체 표면 의 구체적 변화는 이어서 다시 작용기 표면의 변화를 생성해야

---

8. W. Ross Ashby, *Design for a Brain* (New York : John Wiley and Sons, Inc., 1960), Second Edition 참조.

하고, 다시 작용기 표면의 변화는⋯등등으로 재귀적으로 이어져야 한다. 따라서 행위란 유기체의 자기준거적 상호작용 영역에서의 형질전환을 통해서 유기체의 삶에 단위성unity을 부여하는 기능적 연속체continuum이다. 중추 신경계의 구축이 감지기 표면과 작용기 표면의 위상에 진화적으로 종속되는 일은 명백한 필요인 것처럼 보인다.

(c) 신경계는 고유의 내적 상태들이 마치 독립체인 것처럼 그것들과 상호작용할 수 있다. 이 같은 신경계의 능력은 조절인자modulating factors로서 행동의 연속체에 진입한다. 이를 위해서는 하나의 해부학적이고 기능적인 내적 반사reflection가 필요하다. 이로써 신경계 내부 조직이 그 자신의 형태학적, 기능성 위상관계를 유지하면서도 자기 자신을 스스로에게 투사할 수 있다. 이는 수용체 표면과 작용기 표면이 그들 자신의 투사에서 하는 바와 같다. 이러한 일은 포유류의 신피질의 발달과 함께 하나의 자율적 진화 경로를 획득한 것으로 보인다. 포유류의 신피질은 내적인 해부학적 투사의 중추로서 발달하기 시작한다. 그리고 이러한 계통에서 신피질의 진화는 유기체 자신의 신경 활동상태에 대한 의존도 증가를 수반한다.

(d) 신경계 기능조직의 폐쇄적 본성은 (상호작용을 통한 변조에만 열려 있으며) 행위가 수용체 표면과 작용기 표면 사이

에 있는 활동의 상관관계에 종속되어 있다는 점을 명시적으로 보여주는 체계적 관찰들에서 특히 분명하다.[9] 예컨대 하인과 헬드의 실험은 고양이가 태어나면서부터 어둠 속에서만 자라고, 빛 아래에서는 다른 고양이를 따라 오로지 수동적으로만 움직이는 경우라면, 고양이가 스스로 환경을 시각적으로 제어하는 법을 배우지 못한다는 사실을 보여준다. 이러한 관찰로 미루어 볼 때, 환경에 대한 '시각적 처리'란 환경에 대한 처리가 아니다. 시각적 처리는 작용기(근육) 표면과 수용체(고유수용체와 시각 정보visual) 표면 사이에서 벌어지는 일련의 상관관계들의 확립, 즉 수용체 표면상의 개별 상태는 작용기 표면상의 개별 상태를 유발하고 작용기 표면상의 개별 상태가 수용체 표면상의 새로운 상태를 앞으로 내놓는⋯등등이 되도록 상관관계들을 확립하는 것이라는 점은 분명하다. 행동behavior은 계기비행과 같다. 계기비행에서 작용기(엔진, 플랩 등)는 계기를 감지하는 판독을 일정하게 유지하거나 바꾸기 위해 변이의 구체화된 순서에 따라 작용기의 상태에 변화를 준다. 작용기 상태는 비행하는 동안 비행 상태(학습)의 결과로 고정(진화를 통해 구체화된다)되거나 다양해질 수 있다. 선천적인 깊이 지각에 대한 실험에서도 같은 사실이 분명하게 드러난다.[10] 이 실험은 수용체 표면과 작

---

9. R. Held and A. Hein, "Movement-Produced Stimulation in the Development of the Visual Guided Behavior," *Journal of comparative and physiological psychology* vol. 56, no. 5 (1963), pp. 872~876.

용기 표면의 어떤 상태 사이에 상관관계들의 선천적 체계가 있음을 보여준다. 선pre확립된 깊이 지각을 준거하는 것은 관찰자의 인지영역에 놓인 기술이기 때문에, 관찰자를 통해서 그의 인지영역에 놓인 요소들 사이의 관계들을 암시할 뿐이다. 그러나 하나의 과정으로서의 이러한 선천적 행동은 분명히 감지 상태의 최적화 가운데 하나에 해당한다.

E. 기술

(1) 살아있는 체계는 순환조직이 있기 때문에 귀납적 체계이다. 그리고 예측 가능한predictive 방식으로 항상 기능한다. 즉, 한번 일어났던 일은 반드시 다시 일어날 것이다. 그것의 조직은 (유전적 조직이든 아니든) 보수적이며, 효과적으로 작동하는 것만을 반복한다. 이와 동일한 이유에서 살아있는 체계는 역사적 체계들이다. 주어진 행위나 행동 양식의 유관성은 항상 과거에 결정된다. 유기체의 발달을 제어하는 (관찰자의 언어로 표현하자면) 목표 상태는 돌연변이를 제외하고는 부모 유기체의 게놈에 의해 결정된다. 일반적으로 행동도 마찬가지다. 현재 상태는 언제나 이전의 상태로부터 구체화된다. 그리고 이전의 상태는

---

10. J. J. Gibson, *The Perception of the Visual World* (London : Allen and Unwin, 1950).

독립적인 병존들로써 가능한 변조들의 장을 제약한다. 신경세포에서 어떤 주어진 상대적 활동이 어떤 주어진 행동을 초래하는 경우, 상대적 활동의 '동일한 상태'의 반복은 이 반복이 어떻게 시작되었는지에 관계없이 '동일한 행동'을 야기해야만 한다. 이러한 행동의 유관성은 행동이 살아있는 조직의 유지 때문에 갖는 중요성에 의거해서 결정된다. 그리고 이후의 행동이 모두 동일한 것은 이러한 유관성과 관련되어 있다. 인지영역이 진화 과정에서 확장됨에 따라 행동의 유형들은 그 유관성이 실행된 방식과 마찬가지로 변해 왔다. 서로 다른 종류의 행동들은 서로 다른 상호작용 영역을 통해서, 그러므로 서로 다른 분야의 인과관계들을 통해서, 살아있는 조직의 기본 순환성 유지와 관련된다.

(2) 유기체의 적소는 유기체가 진입할 수 있는 모든 종류의 상호작용의 집합이다. 그리고 관찰자는 그가 정의하는 어떤 환경 안에서 그 유기체를 주시한다. 그렇기 때문에 그에게는 유기체의 행동 중 어떤 것도 적소의 현실화actualization, 즉 환경에 대한 1차 등급의 기술(이하에서는 이 1차 등급의 기술을 두꺼운 글자로 **기술**로 표기하겠다)[11]로 나타난다. 그러나 이러한 **기술**은 관찰된 유기체의 행동(상호작용)의 측면에서의 기술이지, 환

---

11. * 영어판에서는 1차 등급의 기술을 일컬을 때 첫 글자를 대문자로 하여 De-scription으로 표기했다. 한국어판에서는 볼드체를 활용한다.

경 상태들에 대한 표상 측면에서의 기술이 아니다. 그리고 행동과 적소 사이의 관계는 배타적으로 관찰자의 인지영역에만 놓인다.

(3) 유기체가 또 다른 유기체의 행동을 변조할 수 있는 방법은 두 가지이다.

(a) 각 유기체의 후속행동이 엄격하게 상대 유기체의 다음 행동에 의존하는 식으로 양쪽 유기체가 서로에게 향하도록 안내하는 방식의 상호작용에 의해. 예컨대 구애와 싸움이 그러하다. 이런 식으로 서로 맞물리는interlocked 행동의 사슬이 두 유기체에 의해 생성될 수 있다.

(b) 상대 유기체의 행동을, 현재의 상호작용과는 다르면서도 지향하는 유기체의 방향성과 유사한, 상호작용 영역의 어떤 부분으로 정향하는 것에 의해. 이러한 일은 두 유기체의 상호작용 영역들이 광범위하게 일치하는 경우에만 일어날 수 있다. 이 경우, 서로 맞물리는 행동의 사슬이 유도되지는 않는다. 왜냐하면 독립적이지만 병렬을 이루는 상호작용의 결과에 따라 두 유기체의 후속 행위가 달라지기 때문이다.

첫 번째 경우에는 두 유기체가 상호작용을 한다고 말할 수 있다. 두 번째 경우에는 두 유기체가 의사소통을 한다고 말할 수 있다. 모든 언어 행동의 기초가 되는 것은 두 번째 경우다. 이 때 1번 유기체는 (관찰자에게 명백하듯이) 자기 적소에 대한 **기술**을 생성한다. 이 **기술**은 (1번 유기체의 인지영역 내부에 있으면서도 그것과는 독립적인) 행동으로서 그 자체로 중요성을 가질 뿐만 아니라, 2번 유기체를, 그것의 인지영역 내부에서 하나의 상호작용으로 정향하는데, 이 상호작용의 결과로 1번 유기체의 행동과 병렬적이지만 그것과는 무관한 하나의 행위가 뒤따라 발생한다. 이처럼 정향 행동에 의해 유도된 이 행위는 표시적denotative이다. 즉 그 행위는 2번 유기체가 그것의 적소에서 마주치고 적절한 행위로써 **기술**하는, 그리고 2번 유기체가 하나의 독립체로서 취급할 수 있는, 환경의 특성 중 하나를 표시한다. 정향 행동은, 관찰자에게는 2차 등급의 기술(이하에서는 이 2차 등급의 기술을 고딕 글자 기술로 표기하겠다)에 해당한다. 그것은 그것이 표시한다고 관찰자가 생각하는 것을 표상한다. 이와 대조적으로 1번 유기체의 정향 행동은 2번 유기체에게는 내포적connotative이며 2번 유기체에게는 그 자신의 인지 영역 내부의 어떤 상호작용을 의미한다. 이때 이 상호작용은 현실화될 경우, 그것의 적소의 어떤 특정한 양상을 **기술**하는 행위를 유발한다. 그리하여 정향 행동이 내포하는 것은 정향되는 자의 인지영역의 기능이지, 정향하는 자의 인지영역의 기능이 아니다.

(4) 정향 상호작용에 있어서 1번 유기체의 행동은, 의사소통적인 기술로써, 2번 유기체의 신경계에 어떤 구체적인 활동상태

를 야기한다. 이러한 활동상태는 상호작용에서 생성된 관계들을 체화하며, 1번 유기체의 정향 행동이 내포한 2차 유기체의 행동을 표상(그것의 적소에 대한 **기술**)한다. 하나의 뉴런 활동상태로서 이러한 표상은 원칙적으로는 신경계에 의해서 하나의 상호작용들의 단위체처럼 취급될 수 있다. 따라서 만약 2번 유기체에게 그러한 일이 가능하다면 2번 유기체는 자신의 적소에 대한 고유한 **기술**의 표상들과 상호작용할 때, 마치 표상들이 독립체들인 것처럼 다룰 수 있다. 이것은 또 다른 상호작용의 영역(따라서 인지영역의 또 다른 차원)을, 즉 행동(상호작용)의 표상과 상호작용하는 영역을 생성한다. 표상과 상호작용하는 영역은 마치 행동의 표상들이 적소 내의 독립체인 것처럼 정향하는 상호작용을 포함한다. 이 영역이 언어영역이다.

(5) 만약 유기체가 의사소통적인 기술을 생성할 수 있고, 그런 다음 이 기술을 표상하는 자기고유의 활동상태와 상호작용할 수 있어서 이 표상을 향해 정향하는 또 다른 기술을 생성할 수 있고, 그런 다음…등으로 생성할 수 있다면, 원칙적으로 그 과정이 무한 반복하는 방식으로 진행될 가능성이 있다. 그리고 유기체는 관찰자가 된다. 즉 유기체는 의사소통적 기술들(정향 행동들)의 표상과 상호작용하는 영역으로서의 담화discourse를 생성한다.

이뿐만이 아니다. 정향 행동을 거쳐 그와 같이 관찰자가 스스로를 정향해 자신을 향할 수 있고, 그런 다음 의사소통적 기술을 생성하여 이 기술이 그 사람을 정향하여 자기정향에 대한 자신의 기술들로 향할 수 있다. 이런 경우, 관찰자는 재귀적으로 정향함으로써 자신을 기술하는 자신을 기술하고⋯, 끝없이 스스로를 기술할 수 있다. 따라서 의사소통적 기술을 통한 담화는 자기기술이라는 외견상의 역설을 불러일으킨다. 그것은 바로 자기의식으로, 이는 상호작용의 새로운 영역이다.

(6) 신경계는 자기 고유의 상태들과 상호작용할 때 마치 이 상태들이 독립체들인 것처럼 재귀적 상호작용을 하는 것이 가능하다. 신경계는 저 상태들이 어떻게 생성되는지와 관계없이 그렇게 할 수 있으며, 원칙적으로 이러한 재귀적 상호작용을 끝없이 반복할 수 있다. 그와 같은 체계에서 행동 그 자체에 필수적으로 수반되는 실제적·잠재적 행동의 점진적인 전환은 반드시 살아있는 조직의 기본 순환성에 직·간접적으로 종속되어야만 한다. 신경계의 유일한 제약은 여기에 있다. 언어영역과 관찰자, 자기의식이 모두 가능한 이유는 그것들이 신경계 고유의 상태들이 유기체의 서로 다른 상호작용 양태들을 표상하는 상황에서 신경계가 자기 고유의 상태들modalities과 상호작용하는 서로 다른 영역으로서 나타나기 때문이다.

F. 사고

(1) 나는 상태-결정적 신경계에서 그것이 마치 신경계 고유

의 내적 상태들의 일부가 독립체인 것처럼 자신의 내적 상태들 일부와 상호작용하는 신경생리학적 과정이, 우리가 사고thinking 라고 부르는 것에 해당한다고 생각한다. 이러한 내적 신경 활동상태는 다른 점에서 보면 반사기제에 참여하는 것과 같이 행동의 특정화에 참여하는 다른 신경 활동상태와 유사하다. 이는 신경계에서의 특정된 상태 변화들을 결정하여 행위를 유발한다. 따라서 형성된 사고와 반사기제는 모두 신경생리학적 과정들이며 이 과정들을 통해 행동이 결정론적인 방식으로 출현한다. 그러나 사고와 반사기제는 서로 다르기도 하다. 반사작용에서 우리는 기술의 관점에서 감지기 표면에서 개시되는 연속적인 신경 상호작용들을 추적할 수 있다. 반면 사고에서는 주어진 행위(작용기 표면상의 변화)로 이어지는 연속적인 신경 상호작용들은 그것이 어떤 방식으로 시작되었든지 간에 신경계 자체의 구별 가능한 활동상태로 시작한다. 이에 부응한다면 사고란 신경계가 그 자체에 내적인 해부학적 투사(아마도 다중적인 투사)를 기능적으로 반영하는 신경계 작동의 한 양식이다.

(2) 위에서 특징지어진 것과 같은 사고 과정은 필연적으로 언어와 독립적이다. 인간에게서 '추상적 사고'라고 불리는 것에서조차 그러하다는 점은 분할 뇌를 가진 인간에 대한 관찰에서 분명히 드러난다.[12] 이 관찰은 다음과 같은 점을 보여준다. 비

---

12. M. S. Gazzaniga, J. E. Bogen, and R. W. Sperry, "Observations on Visual

구어적인non-speaking 뇌반구가 말을 하지 못하더라도 그 안에서 관찰자가 추상적 사고라고 부르는 작업이 일어나지 않는다고 볼 수 없으며, 언어의 결여는 다만 그것이 담론을 생성할 수 없음을 의미한다는 점을 보여준다.[13] 개념이나 관념에 대하여 이야기할 때, 우리는 우리 자신의 기술들에 대한 표상으로 우리의 상호작용들을 기술한다. 그리고 우리는 언어영역 내에서의 우리의 작업을 통해서 사고한다. 어려움은 우리가 사고를 고찰할 때 그러한 기술을 가능하게 하는 기능적 과정에 주의를 기울이지 않고, 마치 사고가 인간에게 특이한 어떤 것인 것처럼, 또 그것이 기술에 체화된 개념과 어떤 식으로든 동형적인 것처럼 용어나 개념으로 그것을 기술하는 데서 기인한다.

G. 자연언어

(1) 언어적 행동은 정향 행동이다. 정향 행동은 정향되는 자orientee를 자신의 인지영역 내에서 상호작용들로 향하게 만든다. 정향되는 자에게 초래된 상호작용들은 정향 상호작용의 본성과는 무관하다. 정향되는 자가 향하게 되는 지점은 자신의 인지영역의 일부이기 때문이다. 따라서 정향되는 자의 인지영역의

Perception After Disconnection of the Cerebral Hemispheres in Man," *Brain* 88, Part II (1965), pp. 221~236.

13. * 분할 뇌에 대한 자세한 설명은 『앎의 나무』, 249~264쪽을 참조하라.

일부가 유전적으로 결정되는 것이 아니라 상호작용들을 통해 구체화되는 것인 한, 하나의 유기체는 원칙적으로 또 다른 유기체를, 자기 인지영역의 어떤 부분으로든 정향시킬 수 있다. 역시 상호작용들을 통해 구체화된 임의적인 행위양식을 수단으로 해서 말이다. 그러나 두 유기체의 상호작용 영역이 어느 정도 비교될 수 있는 경우에만 이와 같이 교감적으로 정향하는 상호작용이 가능하다. 그리고 두 유기체는 서로에게 적절한 상호작용의 협력적 부류들로 향하게 하기 위해 어느 정도 관습적이지만 특정된 의사소통적 기술 체계를 개발할 수 있다.

(2) 자연언어의 진화론적 기원을 이해하기 위해서는 적합하게 선택된다면 자연언어의 기원이 될 수 있는 기본적인 생물학적 기능을 자연언어 속에서 재인식할 필요가 있다. 지금까지는 이러한 이해가 불가능했다. 언어가 정보를 전달하기 위한 표시적 상징체계로 간주되었기 때문이다. 사실, 언어의 생물학적 기능이 표시적 상징체계라면, 언어의 진화적 기원은 정보를 전달하는 상징체계를 발달시키기 위해 반드시 필요한 선 존재pre-existence하는 표시 기능을 요구할 것이다. 그러나 이 표시 기능의 진화론적 기원이야말로 설명되어야 하는 것이다. 반대로 언어가 표시적이 아니라 내포적이며, 언어의 기능이 독립체를 가리키는 것이 아니라 정향되는 자를 그의 인지영역 내로 향하게 만드는 작동임을 인정한다면, 학습된 정향 상호작용들은 비언어적 기원의 기능을 체화하는 것임이 분명해진다. 이때 비언어

적 기원의 기능은 재귀적 적용에 대한 선택적 압박 아래 진화를 거쳐 유기체들 사이에 서로 협력하는 교감적 상호작용 체계, 즉 자연언어를 발생시킬 수 있다. 정향하는 개별 상호작용들은 학습된 다른 모든 행위와 마찬가지로 주어진 행동의 원인으로 한 종류의 상호작용을 다른 종류의 상호작용으로 대체하는 것에서 발생한다. 그 정향하는 개별 상호작용들의 기원은 신경계의 일반적인 학습 능력의 기능이다. 이러한 신경계의 기능은 협력적 상호작용 체계의 복잡성과는 완전히 독립적이다. 상호작용들의 재귀적 적용이 협력적 상호작용 체계를 야기하는 것이기 때문이다. 정향 상호작용은 인간의 정향 상호작용 외에도 동물들 사이에 널리 퍼져 있으며, 영장류에서 특히 명백하다. 영장류의 경우, 한 개체의 청각적·시각적 행동이 어떻게 다른 개체를 그들 각각의 인지영역 내로 정향하는지 쉽게 알 수 있다.[14] 또한 돌고래의 경우는 청각적·협력적 상호작용들의 풍부하고 효율적인 체계를 진화시킨 것으로 보인다.[15] 이 모든 것에 따라 내가 주장하는 바는 다음과 같다. 학습된 정향 상호작용은 사회생활[16] 및/또는 도구의 제작과 사용처럼 일부 행동양식과 연

---

14. P. C. Jay (ed.), *Primates* (New York : Holt, Rinehart and Winston, 1968).

15. J. G. Lilly, *The Mind of the Dolphin* (New York : Doubleday and Company, 1967).

16. R. A. Gardner and B. T. Gardner, "Teaching Sign Language to a Chimpanzee," *Science* vol. 165 (1969), pp. 664~672.

동되어 재귀적으로 확장할 수 있다. 그러므로 학습된 정향 상호작용은 진화를 위한 기초를 제공했고, 인류의 조상에게 나타난 정향 행동이 우리의 오늘날 언어로 이어졌음이 틀림없다.

(3) 행동(기능)은 살아있는 체계의 해부학적 조직(구조)에 따라 달라진다. 따라서 해부학적 구조anatomy와 행위의 분리는 정당화될 수 없다. 그리고 행동의 진화는 해부학적 구조의 진화이며, 반대의 경우도 마찬가지다. 해부학적 구조는 행동에 기초를 제공한다. 그에 따라 행동의 변이성에도 기초를 제공한다. 행동은 자연선택의 작용을 위한 기반을 제공한다. 그에 따라 유기체의 역사적이고 해부학적인 형질전환들을 위한 기반을 제공한다. 그러나 구조와 기능은 모두, 체계의 상호작용이라는 관점에서 본다면 상대적이다. 구조와 기능은 체계를 상호작용들의 한 단위체로 정의하는 조건들과 독립적으로 간주될 수 없다. 한 관점에서는 상호작용들의 단위체인 것이 다른 관점에서는 더 큰 상호작용 단위체의 한 구성요소이거나 독립적인 여러 단위체일 수도 있기 때문이다. 이러한 개체화 과정의 동역학은 적절한 환경이 주어진다면, 변화하는 체계의 모든 상태가 상호작용들의 단위체가 될 수 있는 하나의 역사적 과정이다. 살아있는 체계의 진화를 필연적으로 복잡성을 증가시키는 결정론적 과정으로 만드는 것은 바로 이러한 개체화 과정의 동역학이다. 따라서 언어 진화의 측면에서 자연선택은 강화될 경우, 정향 행동에 영향을 미쳐 사회적 동물 간의 협력을 강력하게 증가시키

는 기능으로 작용한다. 이로 인해 자연선택은 이제까지 해부학적 형질전환으로 이어졌다. 해부학적 형질전환이 정향하는 행위의 늘어난 복잡성과 상호작용의 다양성을 위한 기초를 제공하여, 인간은 자신의 인지영역에서 정향하는 행위와 상호작용을 향해 정향될 수 있었다. 특히 발성이나 도구제작과 같은 운동 행동motor behavior의 복잡성과 다양성이 증가함에 따라, 정향하는 행위의 복잡성이 증가했다. 인간은 다양한 상호작용을 향해 정향될 수 있다.(다른 영장류에 비해) 인간 상호작용의 다양성이 증대될 수 있었던 이유는 뇌가 내적으로 자체에 투사하는 과정의 병존적 확장을 거쳐, 서로 다른 피질영역들 사이의, 그리고 피질 영역들과 피질하 핵subcortical nuclei 사이의 새로운 상호연결이,[17] 또한 아마도 피질 자체 내에 있는 서로 다른 피질 층과 세포 체계 사이의 새로운 상호연결이 가능했기 때문이다.

(4) 언어를 표시적인 것으로 간주하는 한 언어를 정보전달 수단으로 보아야 할 필요가 있다. 발신자의 구체적 특정화specification에 따라 수신자의 불확실성 영역이 축소되는 방식으로

---

17. N. Geschwind, "The Development of the Brain and the Evolution of Language," *Monograph Series on Languages and Linguistics* vol. 17, C. I. J. M. Stuart, eds. (Washington : Georgetown University Press, 1964), pp. 155~169 ; *Selected Papers on Language and the Brain, Boston Studies in the Philosophy of Science* XVI, Robert S. Cohen and Marx W. Wartofsky, eds. (Dordrecht and Boston : D. Reidel Publishing Company, 1974), pp. 86~104 에 재수록되었다.

유기체에서 유기체로 무언가가 전달된다는 듯이 말이다. 그렇지만 언어가 내포적인 것이지 표시적인 것이 아니라는 점, 그리고 언어의 작용이 정향하는 자의 인지영역과는 독립적으로, 오직 정향되는 자를 그의 인지영역 내로 향하게 만드는 과정이라는 점을 인정한다면, 언어를 통해서는 전달되는 정보가 없다는 점이 명백해진다. 당연하게도 정향되는 자는 자기 고유의 상태에 대한 독립적인 내적 작동의 결과로 자기 인지영역을 어디로 향하게 할지를 선택하는 사람이다. 정향되는 자의 선택은 '메시지'에 의해 야기되지만, 그에 따라 산출된 정향은 원래 '메시지'가 정향하는 자에게 표상하는 것과는 독립적이다. 엄밀한 의미에서 본다면 말하는 사람으로부터 자신의 대화 상대에게 생각이 전달되는 것은 아니다. 듣는 사람이야말로 자기 인지영역에서의 상호작용을 통해 자신이 가진 불확실성을 감소시키면서 정보를 창출하는 사람이다. 교감은 각 유기체에 초래된 결과적 행동이 두 유기체를 유지하는 데 종속되어 있는 협력적 상호작용들을 통해서만 발생한다. 관찰자는 이미 교감적 언어영역을 전개한 두 유기체 사이의 의사소통적 상호작용을 주시할 때, 상호작용을 표시적인 것으로 기술할 수 있다. 관찰자에게 메시지(기호)는 정향되는 자의 행위가 **기술**하는(구체화하는) 객체에 대한 표시로 나타나므로, 정향되는 자의 행위는 메시지에 의해 결정된 것으로 나타난다. 그러나 상호작용의 결과가 정향하는 자의 인지영역의 메시지가 갖는 의미와는 무관하게 정향되는 자의 인지영역에서 결정되는 것이기 때문에, 메시지의 표시적 기능이란 오직 관찰자의 인지영역에만 있을 뿐이지 의사소통적 상호작용의 작동적 효과에 있는 것이 아니다. 상호작용 중인 유기체 사이에서 이러한 의사소통적 상호작용으로부터 발전할 수 있는 협력적 행위는 상호작용의 작동적 효과와는 독립적인 부차적 과정이다. 일상적 어법으로 정보의 전달에 관해 이야기하는 것이 허락된다면, 화자는 은연중에 듣는 사람을 자신과 동일하다고 가정하고, 따라서 (절대 그렇지는 않음에도 불구하고) 자신의 인지영역과 동일한 인지영역이 듣는 사람에게 있다고 가정한다. 따라서 '오해'가 발생했을 때 화자는 놀라움을 금치 못하게 된다. 이 접근법은 사람이 창조한 다음과 같은 의사소통 체계들에서만 유효하다. 설계자는 발신자와 수신자의 정체성을 암묵적으로나 명시적으로 지정하며, 메시지가 전송 중에 방해를 받지 않는 한, 반드시 발신 당시의 메시지가 표상하는 것과 동일한 상태들의 집합이 수신될 때 선택되는 그러한 의사소통 체계 말이다. 하지만 자연언어에서 이 접근법은 유효하지 않다.

(5) 언어적 상호작용의 귀결로 자신의 인지영역에서 어느 쪽으로 향할지를 선택하는 일은 응당 대화 상대의 몫이다. 모든 뉴런 과정에서와 같이 선택 기제는 상태 의존적이다. 따라서 선택(뉴런 활동의 새로운 상태)이 발생하는 활동상태는 가능한 선택들을 제약하며, 정향되는 사람에게는 준거 배경을 구성한

다. 이는 화자에게도 마찬가지로 유효하다. 활동상태는 화자의 의사소통적 기술(언어적 발화)의 발생에서 비롯된다. 활동상태는 준거 배경을 구성하여 화자의 선택을 구체화한다. 모든 상호작용은 독립적으로 각 대화 상대의 준거 배경을 구체화하는 것이라서, 주어진 언어적 상호작용이 벌어지는 맥락을 구성한다. 따라서 모든 언어적 상호작용은 반드시 맥락 의존적이다. 그리고 이러한 의존성은 두 과정들의 다른 배경에도 불구하고 정향하는 자와 정향되는 자 양쪽에게 엄격하게 결정론적이다. 오로지 관찰자의 경우에만 관찰하는 언어적 상호작용에 대한 어떤 모호함이 있다. 왜냐하면, 상호작용 맥락이 발생하는 지점에는 관찰자가 전혀 접근할 수 없기 때문이다. 'They are flying planes'[18]라는 문장은 양쪽 대화자 모두에게는 이 문장이 그들 각자에게 어떤 후속 행동을 발생시키는지에 상관없이 전혀 모호하지 않다. 그러나 이어지는 상호작용들의 경로를 예측하고자 하는 관찰자에게는 이 문장이 모호하다.

(6) 우리가 언어적 상호작용을 정향적 상호작용이라고 간주한다면, 기능적으로는 의미론과 통사론의 분리가 불가능하다는 점이 분명하지만, 관찰자에 의한 기술에서는 의미론과 통사론이 분리 가능한 것처럼 보인다. 이는 두 가지 이유에서

---

18. * 이 영어 문장은 '그들은 비행기를 조종하고 있다/날리고 있다' 혹은 '저것은 날아가는 비행기들이다' 등 여러 해석이 가능하기 때문에 맥락을 모르는 관찰자에게는 의미가 모호하다.

사실이다.

(a) 의사소통적 기술들(우리 경우에는 낱말들)의 하나의 시퀀스는 반드시 정향되는 사람 안에서 그의 인지영역에서의 연속적인 정향의 시퀀스를 야기하면서, 각 정향은 직전 정향이 남긴 상태로부터 발생한다고 예상되어야 한다. 'They are flying planes'라는 기술은 이러한 점을 분명하게 예시한다. 연속되는 각 낱말은 듣는 사람이 자기 인지영역에서 하나의 개별적인 상호작용으로 향하게 한다. 그 상호작용은 직전의 정향에 의해 좌우되는 (이 낱말이 생성하는 행위에서 분명한) 하나의 개별적인 방식에 관련되어 있다. 관찰자는 낱말 'are'에 대해서 (또는 어떤 낱말이 되었든 그 낱말에 대해서), 낱말이 (행위나 상호작용의 측면에서) 야기하는 정향의 본성을 구체화함으로써 기술하기보다는 낱말의 문법적·어휘적 기능에 준거함으로써 더 쉽게 기술할 수 있는 것처럼 보인다. 그렇다고 이러한 사실이 문제 자체를 모호하게 해서는 안 된다. 관찰자가 말하는 것, 그리고 관찰자가 낱말 'are'에 부여할 수 있는 어떤 설명이라도 기술영역에 놓여 있다. 반면 낱말 그 자체에 의해 유발되는, 듣는 사람의 상태변화로서의 정향은, 그 사람의 인지영역에 내적인 상호작용이다.

(b) 의사소통적 기술들의 하나의 시리즈 전체가 그 자체로

하나의 의사소통적 기술일 수 있다. 일단 완성되면 시퀀스 전체는 시퀀스 자체가 듣는 사람을 이끈 상태가 되는 관점에서 듣는 사람을 정향할 수도 있다. 이 복잡화의 한계는 오로지 신경계가 자기 고유의 식별 가능한 내적 상태들 사이를 구별하고, 마치 독립체와 상호작용하는 것처럼 저 내적 상태들과 상호작용할 수 있는 역량에만 있다.

(7) 언어적 행동은 지속적 정향의 역사적 과정이다. 그렇다면 언어적 상호작용 이후에 체계가 스스로를 발견하는 새로운 상태는 언어적 행동으로부터 창발한다. 촘스키의 구문론이나 생성문법의 규칙들은[19] 관찰자가 언어적 행동에서 볼 수 있는 (그 사람이 모든 행동에서 보게 될would 바로서의) 규칙성regularities을 말한다. 이 규칙성이 체계의 기능적 조직으로부터 발생하면서 어떤 주어진 순간에 가능한 상호작용을 구체화하는 것이다. 이러한 규칙들은 오로지 관찰자 인지영역에만, 즉 기술영역에만 규칙들로서 놓여 있다. 모든 체계에서 내적 과정으로서 한 상태에서 다른 상태로 전환하는 일이 상호작용을 야기하더라도 상호작용의 본성과는 관련이 없기 때문에 이러한 규칙들은 오로지 관찰자 인지영역에만, 즉 기술영역에만 규칙들로서

---

19. N. Chomsky, *Language and Mind* (New York : Harcourt, Brace and World, 1968).

놓여 있다. 그에 따라 모든 상관관계는 관찰자가 동시에 두 영역과 상호작용하는 일로부터 출현한다.

(8) 뉴런 활동의 협응된 상태들coordinated states은 하나의 행위를 일련의 작용기와 수용체 상태들로 구체화하여 교감영역에서 그 의미가 발생하는 상태들이다. 그러나 신경생리적 발생에서 본다면 뉴런 활동의 협응된 상태들은 선천적이거나 후천적인 의미를 지닌 다른 행위들(걷기, 날기, 악기 연주하기)을 구체화할 때의 뉴런 활동들의 협응된 상태들과 다른 것이 아니다. 따라서 발화의 운동과 감지기의 협응 방식이 아무리 복잡하더라도 언어적 행동의 특이성이란 언어적 행동을 구성하는 일련의 작용기와 수용체 상태의 복잡성이나 본성에 있는 것이 아니라, 이 같은 행동이 상호작용하는 유기체의 기본 순환성을 유지하기 위해 정향 상호작용들의 교감영역을 발달시키는 과정에서 획득한 적합도relevance에 있다. 발화하거나, 걷거나, 음악을 만드는 일은 협응된 뉴런과정들이 그 일들을 구체화하는 본성에서는 차이가 없다. 하지만 그 일들이 적합도를 획득하는 상호작용의 하위영역에서는 차이가 있다.

(9) 유기체가 자기 상태들과 재귀적으로 상호작용할 수 있는 신경계 역량을 갖출 때, 유기체의 정향 행동은 유기체가 상호작용에 대한 기술과도 재귀적으로 상호작용할 수 있게 함으로써 자기 인지영역을 확장한다. 그 결과,

(a) 자연언어는, 유기체가 그 안에서 자신의 상호작용에 대한 자신의 기술에 의해 변조되는 새로운 상호작용 영역으로서 출현했다. 이는 유기체가 자신의 신경계의 활동상태로 구현 embodied in됨에 따라, 유기체 자신의 진화가 관찰영역과 자기의식 영역에서의 상호작용을 겪으면서 일어났다.

(b) 자연언어는 필연적으로 생성적이다. 왜냐하면 그것은 같은 작업을 재귀적으로 적용하는 것에서, 즉 그 적용의 결과에 같은 작업을 (신경생리학적 과정으로서) 재귀적으로 적용하는 것에서 기인하기 때문이다.

(c) 대화상대는 교감영역에서의 정향 상호작용들의 새로운 시퀀스들(새로운 문장들)을 반드시 이해할 수 있다(그것들은 그 사람을 정향한다). 그 시퀀스들의 각 구성요소들이, 자신이 정의하는 데 기여하는 교감영역의 일부로서 명확한 정향 기능을 갖고 있기 때문이다.

H. 기억과 학습

(1) 과정으로서의 학습은 유기체의 기본 순환성 유지에 직·간접적으로 종속되는 방식으로, 경험을 통해 유기체의 행동을 바꾸는 형질전환으로 이루어진다. 일반적으로는 살아있는 체

계의 상태 결정된 조직으로 인해, 그리고 특수하게는 신경계의 상태 결정된 조직으로 인해, 이러한 형질전환은 역사적 과정이다. 즉 각각의 행동양식은 새로운 행동이 그로부터 전개되는 기초를 구성한다. 각 행동 양식이 기초를 구성하여 이로부터 새로운 행동이 전개될 때 이 형질전환은 상호작용의 결과로 각 행동 양식에서 발생할 수 있는 가능 상태의 변화를 통하거나, 아니면 한 상태에서 다른 상태로 이행하는 규칙의 변화를 통하는 역사적 과정이다. 따라서 유기체는 지속적인 생성 과정 속에 있다. 그 생성 과정은 자신의 상태 변화를 선택하지만 구체화하지는 않는 독립체들과의 끝없는 상호작용의 연쇄를 통해서 구체화된다.

(2) 학습은 다음과 같은 방식으로 발생한다. 관찰자에게 유기체의 학습된 행동은 효과적으로 작용하는 환경의 표상을 통합하는 과정을 통해, 회상recall에 의해 현재 행동을 변조함으로써 과거로부터 정당화되는 것처럼 나타난다. 그렇지만 체계 자체는 현재에 기능하며 이를 위한 학습은 비시간적인atemporal 형질전환의 과정으로 발생한다. 그럼에도 불구하고 체계 자체는 현재에 기능하며, 체계에게 학습은 비시간적인 형질전환의 과정으로 발생한다. 유기체는 경험의 흐름 동안 자신이 언제 변하고 언제 변하지 않을지 그 시기를 미리 결정할 수 없다. 그리고 어떤 상태가 반드시 도달해야 할 최적의 기능적 상태인지도 미리 결정할 수 없다. 개별 행동의 장점이나 행동 양식 자체는 모

두 유기체의 실제 행동이 자신의 근본 순환성 유지에 종속되는 결과로 후험적ᵃ ᵖᵒˢᵗᵉʳⁱᵒʳⁱ으로만 결정될 수 있을 뿐이다.

(3) 학습하는 신경계는 상대론적인 자기조절 조직을 갖춘 결정론적 체계다. 그것은 내부적으로 그리고 자신의 감지기 표면들에서, 스스로가 일정하게 유지하는 뉴런 활동상태의 측면에서 자신의 상호작용 영역을 정의하며, 어떤 순간에도 자신의 기능을 통해서, 그리고 학습(역사적 형질전환) 그 자체를 통해서 이러한 상태들을 구체화한다. 결과적으로 학습하는 신경계는 일정하게 유지하는 상태와 상태에 도달하는 방식 모두에서 지속적인 형질전환을 겪을 수 있어야만 한다. 그로 인해 모든 상호작용에서 새로운 부류의 병존이 벌어지고, 모든 상호작용이 효과적으로 신경계(학습곡선)를 한 방향이나 다른 방향으로 수정할 수 있도록 해야 한다. 이러한 형질전환은 최종 상태를 미리 지정하지 않으면서도 반드시 생성의 연속적 과정으로 발생해야 한다. 그러므로 동일하게 정향된 수많은 상호작용의 누적 효과를 통해서만 새로운 행동의 최종적 지정과 최적화가 일어날 수 있다. 그리고 이때 각각의 상호작용은 신경계 자체의 구조적 동역학 속에서 가능한 신경계의 구조적 변화의 영역으로부터, 그 순간 그 유기체의 기본 순환성에 종속되는 행동의 연속적 작업과 일치하는 것을 선택한다. 그렇지 않으면 유기체는 붕괴한다.

(4) 앞서 수행한 신경계 분석은 다음을 가리킨다. 각 상호작

용을 통해 신경계에서 발생하는 뉴런 활동상태들은 상호작용에서 주어진 관계를 체화하는 것이지, 관찰자가 관계에 대해 기술할 때처럼 적소나 환경의 표상을 체화하는 것은 아니다. 또한 이 분석이 가리키는 것은 다음과 같다. 기능적으로도 그와 같은 체화는 추가적 상호작용을 변조하는 영향에 대한 신경계 반응도reactivity에서의 변화를 그 자체로 폐쇄된 체계로 구성한다. 결과적으로 관찰자가 '회상'과 '기억'이라고 부르는 것은 유기체가 결정을 내리기 전에 각각의 새로운 경험을 적소에 대한 저장된 표상과 대조하는 과정이 아니라, 유기체의 현재 활동상태와 관련된 새로운 행동을 종합할 수 있는 역량을 지닌 변조된 체계에 대한 표현일 수 있다.

(5) 많은 뉴런은 수집기 영역과 작용기 영역의 신경섬유망에서 발생하는 서로 다른 활동의 병존으로 인해 자기 전달 기능을 바꾼다고 알려져 있다. 반면 이러한 변화(새로운 시냅스의 발달이나 크기의 변화, 세포막의 변화, 신경축삭돌기의 분기 지점에서의 극파 침입 패턴의 변화)가 무엇인지는 아직 알려지지 않았다. 그렇지만 신경계의 상대주의적 조직으로부터 우리는 저 변화들이 어떤 개별적 상호작용을 표상하지는 않지만, 그 체계의 반응도를 영구적으로 바꾸는 국소적인 형태적이고 기능적인 변화를 초래할 것임을 예측할 수 있다. 신경계의 이러한 해부학적·기능적 형질전환은 세포가 다음 변조까지 지속되는 항상성으로 안정화할 수 있는 변화로서 계속해서 발생해야 한

다. 세포가 다음 변조 때까지 지속되는 항상성과 함께 변화들을 안정화시킬 수 있기 때문에 이 변화는 이전 변화와 관련하여 어느 방향으로든 발생할 수도 있고 일정 수의 상호작용 이후에는 스스로 진정될 수도 있다. 하지만 이 변화는 국소적으로 촉발되고 선택되어 신경섬유망 자체에서 벌어지는 실제 활동의 병존상태들을 거친다.

(6) 학습하는 동안 신경계에서 벌어지는 모든 변화는 반드시 연속적으로 기능하는 자기조절체계를 저해하지 않고 일어나야 한다. 관찰자가 살아있는 체계에서 이것의 지속적인 형질전환을 통해 보는 단위체는 엄밀히 말해서 기능적 단위체이다. 따라서 동일한 행동이 다른 경우에 재시행된다는 것을 관찰자가 확인할 때, 관찰자에게 상수로 나타나는 것은 일련의 관계들이다. 이 관계들은 획득된 신경생리학적 과정상의 변화나, 행위 자체의 고찰되지 않은 여타의 양상들과도 관계가 없다. 학습은 유기체 행위의 연속적인 다양한 양식들 사이에 있는 하나의 관계로서 현재의 행위가 구체화할 수 있는 과거 사건의 회상으로부터 발생하여 과거행위의 형질전환으로 나타나는 것이다. 학습은 관찰자의 인지 영역에서 그의 질서정연한ordered 경험에 대한 하나의 기술로서 있다. 마찬가지로 기억이란 학습하는 유기체에 있어서 과거 경험의 표상에 대한 암시이다. 기억은 관찰된 유기체와 질서정연하게 상호작용하는 일에 대한 관찰자의 기술이기도 하다. 한편 환경 표상의 저장으로서의 기억이란 회

상할 때 다른 경우에 사용되며 신경생리학적 기능으로는 존재하지 않는다.

(7) 하나의 체계는 하나의 상호작용 이후에 유사한 상호작용이 반복될 때마다, 내부적으로 결정된 일부 병존하는 상태들이 반복되지 않는 식으로 자체의 상태를 바꾸는 것만으로도 충분하다. 그러나 동일하고 명백한 행동이 체계에게 재시행되어 다른 점에서는 동등한 두 상호작용을 동일 부류의 다른 요소들로 취급할 수 있다. 이런 특이한 상태는 불확실성의 감정적 함의를 표상하는 것으로 기술될 수 있다. 불확실성은 한 부류의 상호작용들이 처음 경험될 때마다 현전하고 이러한 경험 이후에는 억제된다. 이러한 병존상태들의 부재는 이후로 똑같은 부류의 모든 재귀적 상호작용을 (알려진 대로) 다르게 충분히 취급할 수 있다. 나는 신경계 반응도에서 이러한 종류의 변조가 적소의 표상들에 대한 보관storage 없이도 '재인식'을 거쳐 살아 있는 체계에서 경험에 단방향적 질서를 부여하기 위한 기초를 구성한다고 주장한다. 체계의 착오error로 인해 위에서 언급된 병존하는 내적 상태(불확실성의 감정적 함의)는 최초의 상호작용을 동반하지 않는다. 따라서 최초의 상호작용은 마치 기시감déjà vu에서 발생하는 것처럼 이미 알려진 것처럼 취급될 것이다. 반대로 활동의 병존상태를 억제하는 간섭은 [불확실성의] 감정적 함의에 해당한다. 간섭은 어떤 재귀적 상호작용을 마치 새로운 상호작용(최근 기억의 상실)처럼 취급하는 결과를 초래할

것이다.

(8) 그러한 체계에 담화의 역량이 있다면, 체계는 자기 경험에 단방향적 질서를 부여함으로써 이 경험들이 감정적 함의가 다른 것처럼 시간적 영역을 생성할 것이다. 그리고 체계가 현재에서는 계속 비시간적 체계로서 기능하겠지만 그것의 기술을 통해서는 시간적 영역에서 상호작용할 것이다. 과거, 현재, 미래, 그리고 시간 일반은 오로지 관찰자의 인지영역에만 속한다.

I. 관찰자 : 인식론적 함의와 존재론적 함의

(1) 인지영역은 유기체 상호작용들의 전체 영역이다. 새로운 유기체 상호작용 양식들이 생성되는 경우, 인지영역은 확대될 수 있다. 도구들은 우리 인지영역을 확대한다.

(2) 인지영역의 확장 가능성에는 제한이 없다. 이는 역사적 과정이다. 관찰자의 두뇌인 우리의 두뇌는 진화하는 동안 내·외부 모두에서 생성된 관계들을 변별하기 위한 도구로 특화되었다. 그러나 이때 관계들은 상호작용을 통해서 그리고 상호작용에 의해서 주어진 것이거나 뇌의 뉴런들의 상대적 활동상태로 체화된 것이다. 더욱이 이러한 상황은 다음과 같은 상황 아래 발생한다. 상대적 활동상태들 사이의 변별discriminations이란 관찰자에게는 유기체의 상호작용을 표상하는 것이고 신경계에서는 하나의 폐쇄적 연결망으로 작동하는 것이다. 상대적 활동

의 여러 상태들 사이의 변별은 오로지 해당 구성요소들 사이에서 발생하는 상대적 활동의 여러 관계의 변화들만을 구성한다. 그와 동시에 이 변별은 내적 상관관계와 감각운동적 상관관계를 생성하고, 유기체의 상태들이 내적 상관관계와 감각운동적 상관관계를 선택한다. 여기에는 다음과 같은 두 측면이 있다. 한 측면은 신경세포의 기능적 조직을 지시한다. 신경세포는 자체의 반응들로써 스스로에 영향을 미치는 상대적 활동의 다양한 상태들을 변별한다. 다른 측면은 신경계의 능력을 지시한다. 신경계는 뉴런조직으로서, 자기 고유의 상태들을 변별한다. 이때 신경계 고유의 상태들을 구별하고 구체화하는 것은 그것들에 의해 생성된 활동의 더 나아간 상태들이다. 신경계는 자기 변형의 연속적 과정에서 저 상태들이 어떻게 생성되는지와는 관계없이 자기 고유 상태와 변별적으로 상호작용하는 역량이 있다. 이러한 신경계 역량의 관점에서 본다면 행동은 자기준거된 기능적 변형의 연속체로 출현한다. 우리는 무엇이 우리 신경계(관찰자의 신경계)에 입력을 구성하는지에 관해 어떤 절대적인 용어로는 말할 수 없다. 왜냐하면 모든 신경계 상태가 입력이 될 수도 있고, 상호작용하는 단위체가 되어 신경계를 바꿀 수도 있기 때문이다. [다만] 우리는 다음과 같이 말할 수 있다. 모든 내적 상호작용이 우리의 내적 상태를 변조시키기 때문에 우리를 바꾸고 (기능적 상태로서의) 우리의 자세나 관점을 바꾼다. 그리고 이로부터 우리가 새로운 상호작용에 진입한다. 결과적으로 새로운 관계들이 각 상호작용에서 필수적으로 창출되며, 활동의 새로운 상태들로 체화된다. 그리고 우리는, 역사적이고 무제한적인 변형으로서 자신을 반복하는 하나의 과정 속에서 그것들과 상호작용한다.

(3) 관찰자는 자신의 인지영역에 대한 구어적 기술을 생성한다(여기에는 도구와의 상호작용이나 도구를 통한 상호작용이 포함된다). 그러나 관찰자가 어떤 기술을 하든 그 기술은 자신의 상호작용에 주어진 관계들을 체화한 것이라서 자기 신경계에서 허용된 상대적 활동의 상태들의 집합에 해당한다. 이 허용된 상대적 활동상태들과 이것들에 의해 재귀적으로 생성된 상태들은 신경계의 해부학적·기능적 조직이 자기 고유의 상태와 상호작용할 수 있는 역량을 통해 가능해진다. 결국 신경계는 구조적·기능적으로 살아있는 조직의 기본 순환성에 종속되는 체계로 진화했으며, 그런 이유로 하나의 불가피한 논리를 체화한다. 그 논리가 살아있는 체계의 조직과, 살아있는 체계가 동일성을 잃지 않고 상호작용에 진입할 수 있는 상호작용들 사이의 일치match를 허용하는 것이다.

(4) 관찰자는 기술describe을(즉 관찰자를 대상으로 기술을) 할 수 있는 체계를 발생시키는 체계를 기술할 수 있다. 구어적 설명이란 환언paraphrase하는 것, 설명되어야 할 것의 종합에 대한 기술description이다 ; 관찰자가 관찰자를 설명한다. 그러나 구어적 설명은 담화의 영역에 놓여있다. 완전한 재생산만이 완전

한 설명이다.

(5) 담화의 영역은 닫힌 영역이며, 담화를 통해 그 영역을 벗어나는 일은 불가능하다. 담화의 영역이 닫힌 영역이기 때문에 다음과 같은 존재론적 진술이 가능하다 : 기술의 논리는 기술하는 (살아있는) 체계(및 그것의 인지영역)의 논리다.

(6) 이러한 논리는 담화가 발생하기 위한 기층substratum을 필요로 한다. 그러나 우리가 이 기층을 절대적인 용어로 이야기할 수는 없다. 그렇게 하려면 이 기층에 대해 기술을 해야 할 것이고, 하나의 기술은 기술하는 자와 듣는 자가 진입할 수 있는 일련의 상호작용들이기 때문이다. 그리고 이러한 상호작용들에 관한 담화란 결국 같은 영역에 남게 될 또 다른 일련의 기술적 상호작용들일 것이기 때문이다. 이처럼 인식론적 이유로 기층이 필요하다 하더라도 위의 존재론적 진술이 의미하는 바 외에는 어떤 것도 기층에 대해 말할 수 없다.

(7) 관찰자로서의 우리는 담화의 영역에 살면서 재귀적 방식으로 우리의 기술들에 대한 기술들과 상호작용한다. 따라서 계속해서 상호작용의 새로운 요소들을 생성한다. 그러나 살아있는 체계로서의 우리는 상호작용에 의해 변조되는 폐쇄된 체계이다. 우리는 상호작용을 통해 독립체들을 정의하는데, 그 독립체들의 유일한 실재는 오직 그것들을 구체화하는 상호작용(그것들에 대한 **기술**) 속에 놓여 있다.

(8) 인식론적인 이유에서 우리는 다음과 같이 말할 수 있

다 : 다양한 속성들이 있고 상호작용을 거치는 동안에도 일정하게 유지되는 속성들이 있다. 상호작용을 통해서도 변하지 않는 속성들의 불변성은 실체나 상호작용들의 단위체에 기능적 기원을 제공한다 ; 그것(속성)들을 정의하는 상호작용을 통해 실체가 생성되므로, 서로 다른 부류의 속성을 지닌 실체들은 독립적인 상호작용 영역들을 생성한다. 일체의 환원주의는 불가능하다.[20]

20. * 다음 논문을 참조하라. H. R. Maturana, "Scientific and Philosophical theories," In : *Die Gedankenwelt Sir Karl Poppers. Kritischer Rationalismus in Dialog,* N. Leser, J. Serfert and K. Plitzner. eds. (Heidelberg : Carl Winter Universitats Verlag. 1991), pp. 358~368.

5장

인지 신경생리학의 제 문제

(1) 관찰자는 언제나 자기 고유의 상호작용을 포괄하는 상호작용 영역에 머물 수 있다. 그리고 관찰자는 자기의 상태들과 상호작용할 수 있는 신경계를 갖고 있다. 신경계는, 이러한 상태들을 그것들을 유발시킨 상호작용들의 표상들로서 정의하는 하나의 기능적 맥락에서 자기의 상태들과 상호작용함으로써, 관찰자가 자신의 상호작용들의 표상들과 재귀적으로 상호작용할 수 있도록 허용한다. 이러한 일이 가능한 이유는 신경계 조직의 일반적인 양식으로 인해 내부적으로 생성된 활동상태와 외부적으로 생성된 활동상태 사이에 어떠한 본질적인 차이도 없기 때문이다. 그리고 각각의 구체적인 신경계 활동상태란 오직 체계 자체의 다른 활동상태들을 준거해서만 구체화될 수 있기 때문이다.

(2) 자기 고유의 상태들과 상호작용할 수 있는 신경계를 갖춘 유기체는 기술의 역량이 있으며 관찰자가 될 역량이 있다. 그 유기체의 상태들이 교감영역에서, 학습된 정향 상호작용으로부

터 유발된다면 말이다. 즉 그 유기체는 자신의 기술하기describ-ing를 기술할 수 있다.[1] 재귀적인 방식으로 스스로에 대해 기술하는 과정을 거치는 그런 유기체는 자기-관찰을 하는 체계가 되어, 자기관찰의 영역으로서 자기의식 영역을 생성한다. 그렇다면 자기의식은 신경생리학적 현상이 아니다. 오히려 하나의 독립적인 상호작용 영역에서 자기-정향적 행동으로부터 출현하는 교감적 현상이며 전적으로 언어영역에 놓여 있다. 이것의 함의는 다음 두 가지다.

(a) 정향 행동의 영역으로서의 언어영역은 유사한 상호작용 영역을 지닌 적어도 둘 이상의 상호작용하는 유기체를 요구한다. 교감적 상호작용들의 협력 체계가 발전될 수 있도록 하기 위해서이다. 그 체계 안에서는 두 유기체의 창발 행위가 양쪽 모두에게 적합할 것이다. 정향 상호작용의 학습을 통한 구체화 가능성specifiability은 언어영역에서의 순전히 교감적(문화적)인 진화를 허용하며, 추가적으로 신경계의 진화를 수반할 필요가 없다. 이러한 이유에서 일반적으로 언어영역은 그리고 특수하게는 자기의식 영역은 원리적으로, 그것들을 생성하는 생물학적 기층으로부터 독립적이다. 그렇지만 살아있는 체계의 실

---

1. Gardner and Gardner, "Teaching Sign Language to a Chimpanzee." [* 『앎의 나무』 240~243쪽에도 동일한 실험이 소개되어 있다.]

제적인 생성에서 이러한 독립성은 불완전하다. 왜냐하면 한편으로 뇌의 해부학적·신경생리학적 조직이, 그 내부에서 다양한 활동상태들이 합류confluence할 실제적 가능성들을 결정함으로써, 다음 두 가지를 모두 구체화하기 때문이다. 하나는 그 유기체의, 관계들과의 가능한 상호작용의 영역이고, 다른 하나는 그것이 구별할 수 있는, 정향 상호작용들의 패턴들의 복잡성이다. 다른 한편으로, 그 유기체의 기본 순환성의 유지에 대한 언어영역의 필연적인 종속은 그 기본 순환성을 직접적으로나 간접적으로 충족시키는 행동 양식들을 생성하는 것을 통해서 이루어지는데, 이 점이 그 유기체의 즉각적이거나 궁극적인 분해를 초래하지 않고도 혹은 그 유기체의 재생산율을 감소시키지 않고도 그 유기체가 가질 수 있는 행위의 유형을 제한하기 때문이다. 그렇다면 결과적으로 문화적 진화의 순전히 교감적인 양상들은 신경계의 동시진화와는 독립적이라고 할지라도, 신경계 활동들의 병존의 새로운 부류들을 확립할 가능성에 의존하는, 그리고 다른 상황 아래에서는 독립적일 영역들 사이에서 새로운 관계들을 생성하는, 문화적 진화의 양상들은 독립적이지 않다. 따라서 하나의 문화적 영역이 확립되면, 신경계의 후속 진화는 필연적으로 그것에 종속된다. 그 문화적 영역이, 유전적 변이성을 통해서 신경계에서 발생할 수 있는, 새로운 종류의 활동 병존들의 기능적 유효성을 결정하는 한에서 말이다.

(b) 일반적으로 자기의식과 언어영역은 신경생리학적 현상이 아니다. 그렇기 때문에 흥분, 억제, 연결망, 부호화 등 그 무엇이 되었든 신경생리학적 용어로 자기의식과 언어영역에 대해 설명하는 것은 불가능하다. 사실 언어영역을 완전히 설명할 수 있는 유일한 방법은 그것이 신경생리학적 기층에 의해 하나의 영역으로 제약되지 않고, 정향 상호작용을 적용한 결과에 정향 상호작용을 재귀적으로 적용하는 것으로부터 언어영역이 어떻게 출현하는지를 보여주는 것이다. 실제로 문제는 일반적으로는 행동을 종합하고, 특수하게는 정향 행동을 종합하기 위해서, 의미에 대한 참조 없이 순전히 생리학적 용어로 설명해야 할 필요가 있다는 점이다. 따라서 이 점과 관련해서 아래의 네 가지 근본 과제를 이해하고 설명해야만 한다.

(i) 신경계는 어떻게 자기 상태들과 상호작용하면서, 마치 그것들이 독립체들인 것처럼 그것들에 의해서 변조되는가?

(ii) 이런 상태들이 체계에서 어떤 내적 상태나 감각 상태를 앞에 내놓는bringing forth 것의 효과적 작용에 의해 정의된다면 이런 상태들은 어떻게 신경생리학적으로 구체화되는가?

(iii) 활동의 상대적 상태들이 정의하는 주어진 작용기 수행이 있다고 하자. 그리고 활동의 상대적 상태들은 작용기 수행이 감

지기 표면과 체계 자체에서 생성하는 것이다. 그렇다면 그 주어진 작용기 수행은 어떻게 종합되는가? 그리고

(iv) 신경계의 스스로에 대한 이중 또는 삼중의 내적·해부학적 투사는, 어떻게 자기 고유의 상태들 가운데 일부만을 선별하여 이 상태들과 독립적으로 상호작용하는 그것의 역량을 결정하는가?

(3) 어떤 순간에도 각 신경세포는 결정론적 방식으로 반응하며, 잘 정의된 전달 기능에 따라 각 신경세포에 부딪히는 구심성 영향들이 신경세포의 수집기 영역에 야기하는 시·공간적 활동의 부류들과 반응한다. 이러한 일은 구심성 영향들이 일어나는 방식과 독립적으로 발생한다. 이 세포 작동의 양식은 연합과정associative process의 기초를 구성한다. 연합과정에서는 신경계에서 하나의 주어진 활동상태가 생산될 때마다, 이 상태는 뉴런들을 위해서 적합한 부류의 구심성 영향들을 생성하며, 이 때 이 생성의 대상이 되는 모든 뉴런들이 활동에 진입하게 된다. 따라서 신경생리학적으로 개념화된conceived 연합이란 주어진 신경계 상태에 맞춰 언제든지 활성화될 수 있는 모든 세포를 활동으로 불러들이는 불가피한 과정이다. 의미에 대한 어떤 고려도 그와 같은 개념에 포함되지 않는다. 관찰자에 의한 기술로서의 의미란 하나의 행동양식이 자기 제어의 결과로서 유기

체의 기본 순환성을 유지하는 데 갖는 유관성에 준거하는 것이지, 행위 발생 기제에 갖는 유관성에 준거하는 것이 아니기 때문이다. 의미와 연결된 표상의 관점에서 연합은 오로지 관찰자의 인지영역에만 놓여있다. 신경계는 내적으로 그리고 감지기 표면에서 모두, 다른 상대적 활동의 일부 상태들에 준거하여 상대적 활동의 특정한 상태들을 일정하게 유지하면서 기능하는 체계다. 이러한 맥락에서 신경계의 기능적 조직에 대한 다음의 고려 사항들이 중요하다.

(a) 신경계는 (특히 인간에게 있어서는) 뉴런의 상대적 활동상태들 사이를 변별하는 데 특화하도록 진화한 하나의 체계로 기술될 수 있다. 이때 각 상태는 신경계가 생성하는 행동에 의해 정의된다. 이러한 체계는 모든 행동이 내적으로뿐만 아니라 감지기 표면에서도 일정하게 유지되는 활동상태들의 집합에 의해서 정의되거나, 그것들의 변이 경로에 의해서 정의되는 상황에서, 선천적 행동과 학습된 행동에 유효하다.

(b) 신경계의 기본적인 연결성과 모든 동물이 발달에 의해 부여받는 신경세포 본래의 반응 역량은 신경계의 어느 지점에서든 신경계 안에서 시작하는 신경 활동을 위한 기본 흐름^{flow}의 패턴을 보장한다. 따라서 발달은 역사적 형질전환 과정에서 모든 새로운 행위가 구축되는 초기 행동목록과, 행동의 역사적

형질전환에 통합된 양식으로 변화하는 구조적으로 구체화된 일련의 가능한 초기 연합들 모두를 구체화하고 결정한다.[2]

    (c) 활동의 새로운 병존들로 인한, 신경세포의 전달 기능의 모든 변조는 자신의 정의적인 내적 관계들을 불변으로 유지함으로써 작동하는 체계 안에서 기존의 어떤 행동을 변조함으로써 일어난다. 사실, 유기체가 하나의 변조된 행위를 종합하는 것으로 이어지는 모든 국소적 변화는 즉각 다른 변화들을 수반해야 한다. 이 다른 변화들은 그 유기체가 자신의 변화된 행동 아래에서 내적 관계들을 일정하게 유지하는 과정에서 겪어야만 하는 조정들을 통해서 발생한다. 그렇기 때문에 학습 중에 벌어지는 변화들을 선택하는 것은 언제나 어떤 행위가 현재 그 유기체의 유지에 갖는 즉각적 유관성이지, 미래 행동에 대해서 그 행위가 갖는 가능한 가치가 아니다.

    (d) 신경계가, 그 자신을 어떤 영구적인 방식으로 변화시킬 활동의 병존들을 사전에 결정할 수 없다는 점은 분명하다. 유기체의 미래의 필요들을 충족하기 위해서 신경계는, 그 안에서 발생하는 활동의 병존에 의해서 지속적으로 선택되는 비예측

---

2. K. Lorenz, *Evolution and Modification of Behavior* (London : Methuen and Co., Ltd., 1966).

    ·

적 변화들 아래에서 작동해야 한다. 이를 위해 신경계는 행동을 종합할 수 있는 자체 역량의 연속적인 형질전환 아래에서 성공적으로 작동할 수 있는 역량이 있어야 한다. 이러한 형질전환은, 신경계의 구성요소 뉴런들의 수집기 영역을 침범하는 활동들의 효과적인 시공간 배열을 결정하는 것인 신경생리학적 병존상태들의 지속적인 변화로부터 필연적으로 기인한다. 따라서 체계의 기능적 형질전환에 있어서 근본적으로 중요한 점은 다음과 같다. 많은 뉴런이 행동의 종합에 참여할 때, 상대적인 뉴런 활동의 다양한 상태들의 요소로서의 스스로의 상대적인 참여를 바꿀 수 있어야 한다. 그리고 이러한 일은 뉴런 전달 기능에서 변화를 동반하는지 여부와는 독립적으로 이루어져야 한다. 이러한 상황에서 신경계의 성공적인 작동을 위한 실제적인 문제는 하나의 주어진 행동을 종합하는 데 필요한 최적의 활동 배열이 언제라도 생성되는 것이다. 그러나 이러한 신경계의 기능적 역량의 지속적인 형질전환은 필연적으로 성공적인 행동의 지속 아래에서 일어나기 때문에, 이러한 최적화는 수렴적 converging 형질전환을 통해서 행동 그 자체를 획득하는 것 이외에 다른 어떤 특정화specification도 요구하지 않는다.

(e) 신경계는 추론적inferential 체계이기 때문에, 다시 말해서 한 번 발생한 상태가 다시 발생할 것처럼 기능하기 때문에, 신경계 조직의 중요한 특성 중 하나는 그 안에서 발생하는 새

로운 활동 병존들의 기능으로서 그것이 필연적이고 지속적인 형질전환을 겪는 것이어야만 한다. 예를 들어, 다음과 같은 경우에 이 기능적 필요조건이 충족될 수 있다. 신경섬유망에 있는 어떤 새로운 국소적 병존상태가, 어떤 실체나 사태를 표상하지 않고 오히려 상응하는 후시냅스 뉴런들이 활성화되는 신경생리학적 상황을 변조하는, 결정론적이고 구체적인 방식으로 신경세포를 변화시키는 경우에 말이다. 이러한 일은 신경섬유망에 있는 구심성 축삭의 분지점들에서 자극 침입의 개연성 probability이 인접 구조에서 일어나는 동시적인 새로운 활동에 의해서 어느 쪽이든 한쪽 방향으로 영구적으로 변조될 때 발생할 수 있다. 이는 시냅스 상호작용이 없을 때 국소 전류local current를 통해 이러한 축삭의 분지 영역에서 국소적인 성장 과정이나 비성장 과정들을 유발한다. 이 경우 다음과 같은 네 가지가 발생한다.

(i) 신경계의 다양한 상호작용들을 통해 신경섬유망에서 생산되는 새로운 활동의 병존들에 따라 신경계의 상태가 변한다. 따라서 신경계의 행위도 변한다.

(ii) (상대적 뉴런 활동상태로서의) 체계의 각 활동상태는 이 활동상태를 생성하는 신경섬유망에 있는 활동의 병존들에 의해 정의될 것이다. 만약 활동의 병존들이 반복되면 이 활

동상태가 반복된다.

(iii) 신경섬유망의 각각의 새로운 기능 상태는, 신경섬유망의 형태학적·기능적 조직이 지속적인 역사적 형질전환 아래에 놓이는 식으로, 필연적으로 이후의 변조를 위한 기초를 구성할 것이다.

(iv) 신경섬유망에서의 이러한 변화들은 뉴런들이 활성화되는 상황들을 변화시킴으로써, 뉴런들의 전달 기능에서 변화가 일어나는지 여부와는 독립적으로, 행동의 종합에 대한 다양한 뉴런들의 참여를 변화시킨다. 따라서 (관찰자가 기술하는 대로) 하나의 상호작용이 반복되는 경우, 그것은 유기체가 어떤 과거 행위를 엄격하게 재시행하는 것일 수는 없다. 오히려 그것은 그 유기체의 현재의 상호작용의 맥락 안에서 그리고 그 유기체가 상호작용의 역사 동안 경험한 구조적 형질전환을 통해서 구체화된 방식으로, 그 유기체의 동일성을 유지하는 내적 상관관계와 감각운동 상관관계를 생성시키는 하나의 새로운 적절한 행동을 종합하는 것이어야 한다.

(4) 학습은 환경의 표상들을 축적하는 과정이 아니다. 학습은 이를 종합하는 신경계 역량에서의 지속적인 변화를 통해 행동이 형질전환하는 지속적인 과정이다. 회상은 실체(관념이나,

이미지, 상징)를 표상하는 구조적 불변자invariant를 무기한 보유하는 일에 달려 있지 않다. 오히려 어떤 재귀적인 조건이 주어졌을 때 하나의 행동을 창조할 수 있는 체계의 기능적 능력ability에 의존한다. 이때 창조된 행동은 재귀적인 요구를 만족시키거나 관찰자가 직전의 요구에 대한 재시행으로 분류할 수 있는 행동이어야 한다. 결론적으로 학습과정을 연구할 때는 반드시 다음 두 가지 근본 질문에 대해서 답해야 한다.

"뉴런이 (그것의 어떤 구성요소 부분에서든) 겪을 수 있는 변화들 가운데 뉴런이 어느 정도의 시간 동안 일정하게 유지할 수 있고, 상대적 뉴런 활동의 다양한 배열들에 대한 뉴런의 가능한 참여를 확정적 방식으로 변조하는 변화들은 어떤 것들인가?" 그리고

"신경계의 해부학적 구성요소들의 다양한 병존상태들의 결과로 일어나는 그 해부학적 구성요소들의 상대적 활동에서의 지속적인 변화를 허용하면서도, 사용된 구성요소들에 의해서가 아니라 신경계가 생성하는 상대적 신경 활동상태들에 의해서만 정의되는 어떤 행위의 종합을 여전히 허용하는, 그러한 신경계의 조직은 무엇인가?"

(5) 신경계는 엄격한 결정론적 체계다. 이 체계의 구조는 종에 부응해 다양한 양식으로 신경계 기능에서 출현할(종합될) 수도 있는 행위의 가능 양식과 이런 행위양식이 출현할 수도 있

는 반응적 관점reactive perspective을 구체화한다. 반응적 관점을 관찰자는 감정적 어조emotional tone라고 부를 것이다. 반응적 관점은 개개의 행위를 구체화하지는 않으며, 상호작용 경로의 (공격적인, 걱정스러운, 소심한 등의) 본성을 결정한다.[3] 발달, 성숙, 호르몬 작용, 약물 복용, 학습 등의 와중에 일어나는 변화들은 이러한 조직의 결정론적 특징들을 변조하지 않으며, 언제든 행동을 종합할 수 있는 체계의 역량을 변화시킨다. 나아가 어떤 행위나 기능적 상태는 언제나 기존 행위 양식이나 기능적 상태로부터 비롯해 역사적 형질전환 과정을 거쳐 발생한다. 그렇다고 해도 신경계는 현재에만 기능한다. 그리고 과거의 역사는 하나의 조작적인 신경생리학적 유효인자들effective factors로서 행동의 종합에 관여하지 않는다. 하나의 특수한 행위양식이 갖는 유관성인 의미 또한 행동의 종합에 참여하지 않는다. 시간과 의미는 언어영역에서는 유효인자들이지만, 관계적 실체들로서는 신경계 작동에서의 신경생리학적 상관관계들을 갖지 않는다. 신경계의 기능적 단위체 역시 그것의 조직의 하나의 구체적인 특성을 통해서 획득되는 것이 아니다. 오히려 그것은 (무엇이 되었든) 자신의 구성요소들 각각이 나름의 기능을 하는 것으로부터, 그 앙상블ensemble을 상호작용 단위체로서 정의하는 상

---

3. W. L. Kilmer, W. S. McCulloch, and J. Blum, "Towards a Theory of Reticular Formation," in *The Mind : Biological Approaches to Its Function*, W. C. Coming and John Balaban, eds. (New York : John Wiley and Sons, Inc., 1968).

황들에 따라 출현한다(사회적 유기체가 이 사례다).[4] 그리고 신경계의 기능적 단위체는 이러한 상황들로부터 독립적인 실재를 갖지 않는다. 따라서 이 단위체를 초래하는 것으로 설명할 수 있는 특유의 신경생리학적 과정은 없다. 게다가 엄밀한 의미에서 본다면, 신경계는 해부학적 구성요소들을 갖고 있지만 기능적 부분들은 갖고 있지 않다. [신경계가 겪는] 어떤 절단이라도 자신의 가능한 상호작용에 의해 표현되는 다양한 속성을 갖춘 하나의 기능하는 단위를 남기기 때문에 신경계에는 상응하는 영역상의 단위가 있다. 신경계는 어떠해야만 한다고 생각하는 관점에서 신경계를 하나의 실체로 주시하는 관찰자에게만 신경계가 불완전하게 나타난다. 관찰자가 기술하는 신경계의 각 구성요소는 그가 자신의 관찰의 상호작용 영역 안에서 정의한 것이다. 따라서 그것은 신경계가 통합하는 것으로 여겨지는 체계와 이질적인 것이다. 모든 기능에는 기능을 체화하고 가능하게 만드는 구조가 있지만, 이 구조는 그것의 작동 영역 안에서 기능에 의해서 정의된 것이며, 역시나 동일한 영역 안에서 정의된 요소들 사이의 관계들의 집합으로서 정의된 것이다. 뉴런은 신경계의 해부학적 단위체이지만 그렇다고 신경계 기능의 구조적 요소는 아니다. 기능하는 신경계의 구조적 요소들은 아직 정

---

4. M. Lindauer, *Communication Among Social Bees* (Cambridge, MA : Harvard University Press, 1967).

의되지 않았다. 만약 정의된다면, 아마도 다음과 같은 점이 명백해질 것이다. 기능하는 신경계의 구조적 요소들은 반드시 뉴런들 간의 상대적 활동의 불변성invariants의 용어로 표현되어야 하며, 어떤 방식으로든 상호연결 관계들의 불변성에 체화되어야만 한다. 서로 분리된 해부학적 실체들의 용어로 표현해서는 안 된다. 사람이 만든 체계에서는 이러한 개념적 어려움이 그다지 명백하지 않다. 왜냐하면 기술하는 사람(관찰자)이 정의하는 부분들을 통합하는 관계들의 체계(이론)가 기술하는 사람(관찰자) 자신에 의해 제공되고, 그의 상호작용 영역 안에서 구체화되기 때문이다. 그 결과, 이러한 관계들은 관찰자에게 너무 자명하게 나타나기 때문에, 그는 부분들에 대한 자기 관찰로부터 관계들이 발생하는 것처럼 취급한다. 그리고 스스로를 현혹하여 자신이야말로 정식화되지 않은 이론을 제공하고, 그 이론이 체계구조를 체화하도록 관계들에 체계구조를 투사하는 사람이라는 점을 부인한다. 그러나 살아있는 체계와 같이 자기준거하는 체계에서는 상황이 다르다. 관찰자는 자신이 상호작용들을 거쳐 정의하고 있는 부분들과의 상호작용에 대해서만 기술할 수 있을 뿐이다. 그러나 이 부분들은 오로지 관찰자의 인지영역에만 놓여있다. 그가 그 체계의 관계 구조를 체화하는, 그리고 그 구성요소들에 대한 자신의 기술을 대체하는 이론을 명시적으로든 암묵적으로든 제시하지 않는 한, 그는 결코 체계를 이해할 수 없다. 따라서 신경계(와 유기체)의 조직에 대한 완전한 설명은 어떤 개개의 관찰이나 체계의 부분들에 대한 상세한 기술과 열거에서 발생하지 않을 것이다. 오히려 그것은 모든 설명이 그렇듯이, 신경계(나 유기체)가 하는 바로 그 일을 하는 어떤 하나의 체계에 대한, 개념적인 종합이나 구체적인 종합으로부터 발생할 것이다.

6장

결론

서론에서 제시한 목표는 달성되었다. 나는 살아있는 체계의 자기준거적 순환조직에 대한 기술을 통해, 그리고 그와 같은 순환조직이 구체화하는 상호작용 영역에 대한 분석을 통해, 자기준거체계의 출현을 보여주었다. 나는 유사한 다른 체계 및 스스로와의 정향 상호작용을 통해, 교감적 언어영역과 자기의식 영역 모두를 기술할 수 있고 생성할 수 있는 역량을 지닌 자기준거체계의 출현을 보여주었다. 즉 나는 관찰자의 출현을 보여주었다. 이러한 결과만으로도 '관찰자는 하나의 살아있는 체계이며, 생물학적 현상으로서 인지를 이해하기 위해서는 반드시 인지에서 관찰자와 관찰자의 역할을 설명해야 한다'는 처음에 제시한 근본 요청을 충족시키고, 이 분석의 타당성을 입증하였다.

이론이 전체 전개에 적절하게 기반하는 한, 서문에 상정된 다양한 질문에 대한 답변과 분석의 근본적 함의란 텍스트 그 자체에서 발견된다. 그렇다고 해도 내가 다음과 같이 명시적으로 말하고 싶은 몇몇 결론이 있다.

(i) 살아있는 조직은 순환조직이다. 그것은 그 조직을 구체화하는 구성요소들의 생산이나 유지를 다음과 같은 방식으로 보장한다. 그 구성요소들의 기능의 생산물이 그 구성요소들을 생산하는 바로 그 조직과 동일한 것이 되게끔 하는 방식으로 말이다. 이에 따라 살아있는 체계는 항상성 체계이다. 그 체계의 항상적 조직은 자기 고유의 조직을 갖추고 있다. 그것은 이 조직을 구체화하는 구성요소들의 생산과 기능을 통해 상수로 유지되며, 바로 이 조직에 의해서 상호작용들의 단위체로 정의된다. 이를 통해 살아있는 체계는 순환적·항상적 체계라는 분류의 하위분류라는 점을 알 수 있다. 또한 위에서 언급된 구성요소들이 관찰자에 의해서는 결코 살아있는 체계의 일부로 구체화될 수 없다는 점은 분명하다. 관찰자는 하나의 체계를, 자신이 상호작용을 통해서 정의하는 부분들로만 세분화할 수 있다. 그리고 배타적으로 그의 인지영역에만 놓여 있고 그의 분석 양식에 의해서만 작업적으로 결정되는 그러한 부분들로만 세분화할 수 있다. 나아가 관찰자는 이러한 부분들이 관계들을 통해 하나의 단일한 체계를 구성한다고 주장할 수 있겠지만, 그 관계들은 부분들과의 그리고 온전한 체계와의 그의 동시적 상호작용으로써 그를 통해서만 발생하는 것이기에, 배타적으로 그의 인지영역에만 속한다. 따라서 관찰자는 살아있는 체계를 자신이 정의하는 부분들로 분해할 수 있지만, 이러한 부분들에 대한 기술이 살아있는 체계를 표상하는 것도 아니고 표상

할 수 있는 것도 아니다. 원칙적으로 하나의 부분은, 그것이 자신의 작업으로써 그리고 다른 부분들과의 상호작용으로써 형성하는 데 기여하는 단위체 내에서 맺는 그것의 관계들을 통해서 정의될 수 있어야 한다. 그렇지만 이 일은 달성될 수 없다. 왜냐하면 관찰자가 하나의 단위체를 부분들로 분해하는 일 자체가 효과적으로 작동하는 단위체의 구성요소들을 특성화할 때 반드시 필요한 중요한 관계들을 파괴하기 때문이다. 나아가 파괴된 관계들은, 관찰자의 인지영역에 놓여 있으며, 관찰자가 분석을 통해 창조한 새로운 단위체와의 상호작용만을 반영할 뿐인 기술을 통해서는 회복할 수 없다. 따라서 엄격한 의미에서 단위체에 부분이란 없다. 단위체는, 그 단위체가 관련해서 하나의 단위체가 되는 바로 그것과 그 단위체를 다른 것으로 정의하는 하나의 상호작용 영역을 갖춘 한에서만 단위체이다. 또 단위체가 단위체라고 언급될 수 있는 것은 앞서 살펴본 살아있는 체계와 마찬가지로, 이러한 구별을 구체화하는 상호작용 영역을 통해서 단위체의 조직을 특징지음으로써만 가능하다. 이 맥락에서 구성요소라는 개념은 오로지 인식론적 이유에서 우리의 기술을 통해 단위체 조직의 발생genesis을 언급하기 위해서만 필요하다. 하지만 이러한 개념 사용이 그것의 구성의 본성을 반영하는 것은 아니다.

(ii) 모든 살아있는 체계는 자신에게 특수한 하나의 자기준

거적 순환조직을 가지며, 이 순환조직이 하나의 폐쇄된 상호작용 영역을 구체화한다. 그것이 그 체계의 인지영역이며 그 체계는 이 조직에 의해 사전에 규정되지 않은 상호작용을 할 수 없다. 이에 따라 모든 살아있는 체계에서 인지과정은 살아있는 체계가 자체의 폐쇄적 상호작용 영역에서 실제 행위를 거쳐 행동의 장을 창조하는 것으로 이루어져 있지, 하나의 독립적 우주에 대한 이해나 기술로 이루어져 있지 않다. 우리 인지과정(관찰자의 인지과정)은 언어적 상호작용과 같이 우리가 진입할 수 있는 상호작용의 종류에서만 다른 유기체의 인지과정과 다른 것이지, 인지과정 그 자체의 본성에서 다른 것은 아니다. 이처럼 엄격하게 주관 의존적인 창조 과정에서 귀납적 추론은 자기준거하는 순환조직의 결과로 출현하는 하나의 필수 기능(행위 양식)이다. 이때 자기준거하는 순환조직은 모든 상호작용과 그것이 생성하는 내적 상태를 마치 반복될 것처럼 그리고 그것이 한 부류의 요소인 것처럼 취급한다. 그러므로 기능적으로는, 살아있는 체계에게 모든 경험은 일반적인 경험이다. 그리고 다양한 부류의 상호작용들의 교차를 통해 경험을 구체화하기 위해서 살아있는 체계에게 많은 독립적 경험들을 요구하는 것은 개별적인 경험이지, 일반적인 경험이 아니다. 결과적으로 과거의 상호작용들은 그것들이 유기체 내에 혹은 유기체의 신경계 내에 야기한 역사적 형질전환으로 인해서 현재의 귀납적 추론을 결정하기는 하지만, 그 귀납적 과정 자체에 참여하지는 않는다. 살아있는 조직과 사고과정의 구조적 속성으로서의 귀납적 추론은 역사와 독립적이거나 관찰자의 영역에만 속하는, 과거와 현재 사이의 관계들과 독립적이다.

(iii) 언어적 상호작용은 듣는 사람을 그 사람의 인지영역 내로 정향하지만, 그 사람의 뒤이은 행위의 경로를 구체화하지는 않는다. 정향 행동 체계로서의 언어의 기본적인 기능이란 정보의 전달이나 우리가 그에 관해 말할 수 있는 어떤 독립적인 우주에 대한 기술이 아니다. 오히려 상호작용의 협력적 영역을 발전시킴으로써 언어적으로 상호작용하는 체계들 사이에서 행동의 교감적 영역을 창조하는 것이다.

(iv) 언어를 통해 우리는 하나의 기술영역에서 상호작용한다. 우리는, 우리가 우주에 대해서 혹은 우주에 대한 우리의 지식에 대해서 주장을 할 때조차도, 그 기술영역 안에 머문다. 이 영역은 경계 지어진 것이기도 하고 무한한 것이기도 하다. 그것이 경계 지어진 이유는 우리가 말하는 모든 것이 기술이기 때문이다. 그것이 무한한 이유는 모든 기술이 우리에게서 정향하는 새로운 상호작용을 위한 기초를 구성하고, 따라서 새로운 기술을 위한 기초를 구성하기 때문이다. 이러한 기술의 재귀적 적용 과정으로부터 자기의식이 자기기술의 영역에 있는 새로운 현상으로서 창발한다. 이때 자기의식에는 정향 행동 자체의 신경생리

학적 기층 외에는 다른 어떤 신경생리학적 기층도 없다. 따라서 재귀적 자기기술의 영역으로서의 자기의식 영역 또한 경계가 있으면서도 무한하다.

(v) 살아있는 체계는 목표 지향적goal-directed 체계가 아니다. 살아있는 체계는 신경계와 마찬가지로, 하나의 안정적인 상태–결정된state-determined 체계이고 엄격하게 결정론적인 체계이다. 살아있는 체계는 스스로 닫혀 있으며, 상호작용들에 의해서 변조되지만 체계 자신의 행위를 통해서는 구체화되지 않는다. 그러나 이러한 변조들은, 자기 고유의 개념적(기술적) 관점에 서서, 그 유기체 혹은 신경계를 외부적으로 주시하거나, 그것을 어떤 환경 속에 놓인 것으로 혹은 그의 상호작용 영역의 요소인 것으로 주시하는 관찰자에게만 변조로서 나타난다. 반면 자기준거하는 체계 자체의 기능을 위해서 있는 것은 그 체계 고유의 자기종속적 상태들의 시퀀스뿐이다. 이러한 구별을 하지 않으면 우리는 관찰자의 인지영역에만 속하는 상호작용들의 특성들(기술들)을 유기체와 신경계에 관한 설명에 포함시키는 오류에 빠지게 된다.

(vi) 신경계에 관해서, 입력이 있는 안정적인 체계에 관해 말하듯이 이야기하고 싶은 유혹에 빠지기 쉽다. 하지만 나는 그렇게 하기를 거부한다. 왜냐하면, 전적으로 자기준거적인 것으로

이해되어야 하는 조직을 갖춘 체계를 설명하면서, 거기에 관찰자로서의 우리의 참여라는 왜곡을 도입하고, 그럼으로써 논점이 완전히 빗나가게 되기 때문이다. 살아있는 체계에서 일어나는 일은 조종사의 외부 세계와의 접근이 단절되어 있고 조종사는 자신의 비행 계기판이 보여주는 값을 통제하는 사람으로서만 기능해야 하는 계기비행에서 발생하는 일과 유사하다. 미리 정해진 계획을 따르든 혹은 판독에 의해 구체화되는 계획을 따르든, 자신의 계기를 판독하는 데 있어서 편차들의 경로를 확보하는 것이 조종사의 임무이다. 비행을 마치고 조종사가 비행기 바깥으로 걸어 나왔을 때 칠흑 같은 어둠 속에서 그가 수행한 비행과 착륙이 얼마나 완벽했는지에 대해 친구들로부터 칭찬을 받게 되면 조종사는 당황한다. 그가 당황하는 이유는, 그가 아는 한, 매 순간에 자신이 한 일이라고는 구체화된 허용치 내에서 계기판 수치의 판독을 유지하는 것이었고, 이 임무는 친구(관찰자)들이 파일럿의 행위에 관해 기술하는 일로는 결코 표상될 수가 없기 때문이다.

기능적 조직의 측면에서 살아있는 체계에는 입력과 출력이 없다. 섭동의 영향 아래에서 그것들이 스스로의 설정 상태를 일정하게 유지할지라도 말이다. 그리고 우리가 더 큰 체계를 정의하여 그 더 큰 체계의 일부에 살아있는 체계들을 포함시킬 때, 우리의 기술 안에서만 살아있는 체계들이 입력과 출력을 갖는다고 말할 수 있다. 살아있는 조직을 분석할 때 우리가 이 기술적 접근방식을 채택한다면, 우리는 살아있는 조직에 대한 우리의 이해를 인간이 만든 체계(이종준거체계allo-referring systems)에 유효한 개념들에만 종속시킬 수밖에 없다. 그런 체계들에서는 실제로 입력과 출력 기능들은 이것들이 포함된 더 큰 체계에서의 그 기능들의 역할에 대한 합목적적 설계를 통해 지극히 중요해진다. 그리고 이러한 이해는 오해를 불러일으키는 것이다. 살아있는 체계의 조직에서 작용기 표면들의 역할은 수용체 표면의 설정 상태들을 일정하게 유지하는 것일 뿐이지, 어떤 환경에 작용하는 것이 아니다. 그와 같은 기술이 적응을 비롯하여 다른 여러 과정들을 분석하는 데 아무리 적절해 보일지라도 말이다. 이 점을 파악하는 것은 살아있는 체계의 조직을 이해하기 위해서 근본적이다.

(vii) 관찰자의 인지영역은 경계가 있지만 무한하다. 관찰자는 끝없이 재귀적인 방식으로 자신의 상호작용의 표상들과 상호작용할 수 있으며, 다른 상황에서라면 독립적일 영역들 사이의 관계들을 스스로를 통해 생성할 수 있다. 이러한 관계들은 관찰자를 통해 발생하는 새로 만든 것들novelties이며, 관찰자 행동이 그것들에 부여하는 실효성effectiveness 외에는 어떤 다른 실효성도(또는 그보다 적은 실효성도) 갖고 있지 않다. 따라서 관찰자는 관계들을 창조(발명)할 뿐만 아니라 세계(상호작용의 영역)를 생성(구체화)한다. 그는 자신이 생성(구체화)하는 세

계 속에서, 자신의 상호작용에 대해 재귀적으로 기술하고 표상하는 것을 통해 자기 인지영역을 계속 확장함으로써 살아간다. 그렇다면 새로움이란 관찰자의 역사적 조직의 필연적 결과이다. 관찰자의 역사적 조직은 모든 획득된 상태를 다음 상태의 구체화를 위한 시작점으로 만들기 때문에, 어떤 이전 상태의 엄격한 반복이 일어난다고 볼 수 없다. 창조성은 이런 불가피한 특성에 대한 문화적 표현이다.

(viii) 기술의 논리 및 그러므로 행동 일반의 논리란 필연적으로 기술하는 체계의 논리다. 즉 신경활동의 각 상태가 동일한 준거프레임frame of reference 내에서 다음 상태를 결정하는 식으로 행동이 신경 활동상태들의 지시적이고 결정론적인 순서로 주어질 때, 중간에 발생한 상호작용에 의해 행동 일반의 논리가 바뀌지 않는 한, 기술의 논리에는 어떤 모순도 생길 수 없다. 어떤 주어진 행동이 전개되는 동안 준거프레임에 변화가 일어난다면, 새로운 행동이 나타나고 그 변화를 뒤따르는 상태들이 그에 따라 결정된다. 만일 관찰자에게 새로운 상태들의 시퀀스(행동)가 이전의 것들과 모순되는 것처럼 보인다면, 이는 관찰자가 하나의 독립적이고 항상적인 준거프레임을 제공하기 때문이고, 그것이 그 연속적인 상태 시퀀스들(행동들)과 모순 관계에 있기 때문이다. 그러나 이와 같은 모순은 오로지 관찰자의 인지영역에만 있거나, 무엇이든 독립적이고 항상적인 준거프레임을 제공하는 것의 인

지영역에만 있다. 그렇다면 모순(불일치)은 행동의 생성에서 일어나는 것이 아니다. 오히려 모순은 다음과 같은 하나의 영역과 연관된다. 그 영역 속에서 그 상이한 행동들은 유기체의 상호작용을 통해서 하나의 포괄적인 준거프레임과 대립함으로써 자신들의 의의를 획득한다. 따라서 행동양식으로서의 사고와 담화는 그 생성에 있어서는 필연적으로 논리적 일관성이 있다. 관찰자가 사고와 담화 속에서 합리적이라고 부르는 그것은 이 필연적인 논리적 일관성의 표현이다. 관찰자는 그것들이 비모순적인 시퀀스 의존적 기술들의 연속으로 나타나기 때문에 그것을 합리적이라고 부른다. 그렇다면 관찰자에게 보이는 사고와 담화에서의 비일관성(비합리성)은 그것들을 생성하는 상황들의 맥락적 변화에서 기인한다. 이때 관찰자가 제공하는 독립적 준거프레임은 변하지 않은 채로 있다.

(ix) 인지과정의 본성과 언어적 상호작용의 기능으로 인해, 우리는 우리와 독립적으로 있는 것에 대해서는, 그리고 우리가 상호작용할 수 없는 것에 대해서는 어떤 것도 말할 수 없다. 그렇게 하는 것은 기술을 함의할 것이며, 행위양식으로서의 기술은 상호작용에서 주어진 관계들만을 표상하기 때문이다. 기술의 논리가 기술하는 체계의 논리와 같기 때문에 우리는 상호작용이 발생하기 위한 기층에 대한 인식론적 필요성을 주장할 수는 있지만 관찰자와 독립적인 속성의 측면에서 이 기층을 특징

지을 수는 없다. 이로부터 두 가지가 도출된다. 우리가 그것에 관해 말할 수 있는 독립체들의 우주로서의 실재는 필연적으로 기술영역의 순전한 허구fiction에 지나지 않는다. 그리고 사실 우리는, 우리라는 기술하는 체계가 그 속에서 우리의 기술로서 상호작용하고, 독립체들과 하듯이 상호작용하는 이 기술영역 자체에 실재 개념을 적용해야 한다. 실재 개념에서의 이 변화는 정확하게 이해되어야만 한다. 우리는 실재에 관해서 이렇게 이야기하는 데 익숙하다. 즉 실재에서는 우리가 구체적 실체들의 감각 경험으로 여기는 것을 향해서, 서로를 언어적 상호작용을 통해서 정향한다고 말한다. 그러나 우리가 구체적 실체들의 감각 경험으로 여기는 것은, 생각과 기술이 그런 것처럼, 새로운 기술들을 생성하는 뉴런들 간의 상대적 활동상태들인 것으로 밝혀졌다. 그렇다면 '지식의 대상object of knowledge은 무엇인가?'라는 질문은 무의미해진다. 지식의 대상이란 없다. 안다는 것은 다만 하나의 개별적 상황이나 협력적 상황에서 적절하게 작업할 수 있다는 것이다. 우리는 우리의 인지 행동이 그 속에 주어지는 기층에 관해서는 말할 수 없다. 그리고 비트겐슈타인이 지적하듯이, 말할 수 없는 것에 관해서는 반드시 침묵해야 한다. 그러나 이러한 침묵이 유아론solipsism이나 어떤 형이상학적 관념론에 빠져드는 것을 의미하지 않는다. 이 침묵은 버클리가 이미 지적했듯이 우리가 사고하는 체계로서 기술영역에 살고 있다는 것을, 그리고 우리가 기술을 통해 우리 인지영역의 복잡성을 무한히 증대시킬 수 있다는 점을 인정한다는 것을 의미한다. 이에 따라 우주에 대한 관점과 우리의 질문들도 바뀔 수밖에 없다. 나아가 실재가 이처럼 기술영역으로서 재창발하는 것은 상이한 상호작용 영역들에서의 결정론 및 예측가능성과 모순되지 않는다. 그와는 반대로 이 재출현은 그것들에 토대를 제공한다. 그것들이 기술의 논리와 기술하는 체계의 논리 사이의 동형성의 필연적 결과임을 보여줌으로써 말이다. 또한 실재의 재창발은 결정론과 예측가능성이 오로지 이러한 동형성의 장field 내에서만 타당하다는 것을 보여준다. 즉 하나의 영역을 정의하는 상호작용에 대해서만 타당하다는 점을 보여준다.

(x) 유전체계와 신경계는 환경에 대한 정보를 부호화하고, 체계들의 기능적 조직 안에서 그 정보를 표상한다고 알려져 있다. 이는 다음과 같은 점에서 결코 옹호될 수 없다. 유전체계와 신경계는 초기 상태에서부터 일련의 형질전환들을 구체화하고 있는 과정들을 부호화한다. 그 과정은 그것들의 실제 실행imple-mentation을 통해서만 해독될 수 있다. 그리고 유전체계와 신경계는 관찰자 자신의 인지영역에 배타적으로 놓여 있는 어떤 환경에 대해서 관찰자가 만드는 기술을 부호화하는 것이 아니다.[1]

1. J. D. Bernal, "Molecular Matrices for Living Systems," in *The Origins of Pre-biological Systems and of Their Molecular Matrices* (New York and London : Academic Press, 1965), pp. 65~88.

다음은 이 문제를 예시한다.

우리가 두 채의 집을 짓고 싶어 한다고 가정해 보자. 이와 같은 목적을 위해 우리는 각 13명으로 이루어진 두 그룹의 일꾼을 고용한다. 첫 번째 그룹은 일꾼 가운데 한 사람을 리더로 지명하고, 한 권의 책을 리더에게 준다. 이 책에는 집을 짓기 위한 표준방식의 모든 계획이 수록되어 있고 벽, 수도관, 전기 연결부, 창문 등의 배치도와 함께 완성된 집을 조망할 수 있는 몇 가지 전망도가 추가로 실려 있다. 일꾼들은 건축계획을 숙지하여, 리더의 지도 아래 집을 건설하면서 배치도와 전망도라는 기술에 의해 미리 규정된 최종 상태에 계속해서 접근해 나간다. 두 번째 그룹에서는 따로 리더를 지명하지 않는다. 다만 현장의 출발선에 일꾼들을 배치하고, 그들 각자에게 한 권의 책을 준다. 이 책은 모든 사람에게 동일하며 인접 지침만을 담고 있다. 책의 지침에는 집, 배관, 창문과 같은 단어들이 포함되지 않으며, 건축 예정인 집의 도면이나 계획도 포함되지 않았다. 지침에는 일꾼이 자기 위치와 관계가 변함에 따라 스스로를 발견하는 식으로 다른 위치와 다른 관계에서 무엇을 해야만 하는지에 대한 지침만이 포함된다.

두 책이 모두 동일하다고 해도, 일꾼들은 서로 다른 위치에서 시작하고 서로 다른 변화의 경로들을 따르기에 서로 다른 지침을 읽고 적용한다. 두 경우 모두 최종 결과물은 집 한 채라는 점에서는 동일하다. 그러나 1그룹의 일꾼들은 처음부터 최종적 모습을 알면서 집을 건설하는 것에 비해, 2그룹의 일꾼들은 자신이 무엇을 짓고 있는지에 대한 전망도가 전혀 없고, 집이 완성되었을 때조차도 전망도를 얻을 필요가 없다. 한편 관찰자가 보기에는 두 집단 모두 집을 짓고 있고, 시작부터 관찰자는 이 점을 알고 있다. 그러나 2그룹이 짓는 집은 관찰자의 인지영역 안에만 있다. 1그룹의 경우, 집은 관찰자의 인지영역에도 있고 1그룹 일꾼들의 인지영역에도 있다. 두 경우에서 부호화는 분명히 서로 다르다. 사실, 1그룹에게 주어진 책에 포함된 지침은 관찰자가 기술하는 대로 집을 명확하게 부호화하고 있다. 그리고 일꾼들의 해독하는 과제는 기술된 최종 상태의 구축에 근접할 작업을 합목적적으로 수행하는 것으로 이루어져 있다. 그렇기 때문에 집이 일꾼들의 인지영역에 반드시 있어야 한다. 2그룹의 경우, 동일한 책이 13명의 일꾼 모두에게 주어졌다고 해도, 책에 포함된 지침은 집을 부호화하지 않는다. 지침들이 부호화하는 것은 하나의 과정이다. 그 과정은, 만일 특정한 조건들 아래에서 수행될 경우, 주시하는 관찰자와 어떠한 본질적인 관계도 없는 상호작용 영역을 갖춘 체계로 귀결되는, 변화하는 관계들의 경로를 구성한다. 관찰자가 이 체계를 집이라고 부르는 것은 자신의 인지영역의 특성이지 체계 자체의 특성은 아니다. 1그룹 경우의 부호화는 관찰자의 집에 대한 기술과 동형이며 실제로 집이라는 표상을 구축한다. 2그룹 경우의 부호화는 그렇지 않다. 1그룹 경우는 관찰자가 체계를 세워 부호화하는 전형적인 방식에 해당한다. 2그룹 경우는 게놈과 신경계가 각각 유기체나 행동을 위해 부호를 구성하는 방식에 해당한다. 우리는 게놈과 신경계의 부호화에서 관찰자의 기술과 어떤 동형성도 찾을 수 없을 것이다. 관찰자는 자신의 상호작용의 결과로 생성된 체계들에 대한 기술을 만들기 때문이다. 그렇다면 우리는 어떤 의미에서 유전체계와 신경계가 환경에 대한 정보를 부호화한다고 말할 수 있는가? 정보 개념은 관찰자 자신이 정의하는 대안들의 영역 안에서 그가 자신의 행동에 대해서 갖는 불확실성의 정도를 지시한다. 그러므로 정보 개념은 오로지 관찰자의 인지영역 내에서만 적용된다. 따라서 유전체계와 신경계가 자기 구체화를 통해 정보를 생성한다고 말할 수 있는 경우는 잘해봐야 그 둘이 성장과 행동으로 점진적인 자기-해독self-decoding을 하는 것처럼 관찰자가 목격할 때뿐이다.

(xi) 다양한 상호작용 영역들이 있다. 그리고 하나의 영역의 현상을 다른 영역의 요소를 가지고 생성할 수 없기 때문에 서로 다른 영역은 서로를 설명할 수 없다. 한 영역이 다른 영역의 요소들을 생성할 수는 있지만, 다른 영역의 현상학은 생성할 수 없다. 현상학은 각 영역의 요소들의 상호작용들에 의해서 구체화된다. 그리고 하나의 영역의 요소들은 자신들이 생성하는 영역을 통해서만 정의될 수 있다. 서로 다른 영역들 사이의 모든 연계방법nexus은 바로 관찰자가 제공하는 것이다. 관찰자는

마치 단일한 실체와 상호작용하는 것처럼, 여러 영역에서 동시에 상호작용함으로써 뇌에서 생성된 신경활동의 접속된 상태와 상호작용할 수 있거나 이 상호작용에 대한 독자적인 기술들과 상호작용할 수 있는 사람이다. 관찰자는 여러 영역에서 병존하는 상호작용을 통해 (또는 기술영역 내의 일부 기술들과 함께) 다른 영역 사이의 (또는 다른 기술들 사이의) 관계들을 뉴런 활동상태들로 생성한다. 관찰자 안에서 뉴런 활동상태들은 명확한 행위 양식들(기술들)로 이어지고 행위의 양식들이 이 접속된 conjoined 상호작용을 단일한 독립체로 표상한다. 이런 방식으로 관찰자가 생성할 수 있는 관계들의 수와 종류는 그가 기술들과 재귀적으로 상호작용하기 때문에 잠재적으로는 무한하다. 따라서 관계들은, 서로 다른 영역들(물리적 영역과 관계적 영역)에서의 관찰자의 병존하는 상호작용들로부터 발생하는 뉴런 활동상태들로서, 관찰자가 사고하는 체계로서 그 안에서 상호작용하는 어떤 새로운 영역의 요소들을 구성하는 것이지, 하나의 현상학 영역을 다른 현상학 영역으로 환원하는 것이 아니다. 새로운 요소(관계들)와 그것의 원천체계들과의 동시적 논리 동형성(부류 교차)은 원천체계들이 기원하는 방식을 거쳐서 이렇게 생성된 새로운 영역(기술)에 설명적 수용력capacity을 부여한다. 설명은 언제나 재생산이다. 이는 등가의 물리적 체계를 종합하는 과정을 통한 구체적 재생산이거나, 원래의 체계와 논리적으로 동형을 이루는 체계를 출현하는 기술을 통한 개념적 재생산이다. 설명은 결코 하나의 현상영역을 다른 현상영역으로 환원하는 과정이 아니다. 이런 환원불가능성에 대한 숙지는 생물학적 현상, 살아있는 체계들이 생성하는 교감영역, 그리고 살아있는 체계들의 접속된 진화를 오류 없이 파악하기 위해서 필수적이다.

과학자와 철학자들은 자신의 직관적인 이해를 바탕으로 어떤 식으로든 분석 방식에서 비롯된 자기의식과 지식에 대한 많은 결론들을 제안했다. 하지만 내가 알기로는 이 결론들이 적절한 생물학적·인식론적 토대를 가지고 제안된 적은 없었다. 나는 관찰자 영역에 속하는 것과 유기체 영역에 속하는 것을 구별함으로써, 그리고 살아있는 체계의 자기준거적 순환조직이 함의[내포]하는 바를 그것들의 최종 결과에 이르기까지 밀고 나감으로써 이 작업을 완수했다. 하나는 (자기 자신을 조금도 벗어나지 않으면서 뉴런 활동 관계들이 결정하는 지속적 형질전환을 겪는 하나의 체계로서의) 신경계의 상대론적 조직의 기능적으로 닫힌 본성이 갖는 함의이다. 다른 하나는 언어적 상호작용의 비정보적 정향 기능이 갖는 함의이다. 이 작업이 완료된 이후에야 비로소, 살아있고 언어적으로 상호작용하는 체계의 기능적 복잡성이 의식이나 상징화, 정보 같은 마법의 낱말들로 은폐됨 없이 제대로 파악될 수 있다. 물론 대부분의 세부 작업은 아직 완료되지 않았다. 하지만 바라볼 관점을 정의하는 근본적인 첫 단계는 여기에서 이루어졌다. 마무리 발언은 다음과 같다. 어떤 이는 이를 두고 또 하나의 역설이라고 할 수 있겠지만, 그럼에도 이것은 개념적 문제를 지적한다.

일반적으로 살아있는 체계는, 그리고 특수하게는 그 체계의 신경계는, 매질을 다루도록handle 만들어지지 않았다. 비록 자기 매질을 다루는 방식의 진화를 통해서 그것들이 지금의 모습을 갖추게 되었고, 그리하여 우리가 그것들에 대해서 말할 수 있는 것을 말할 수 있게 되었지만 말이다.

7장

후기

어떤 과학적 연구도 연구의 윤리적 함의에 대한 인식 없이 수행되어서는 안 된다. 여기에서는 다음 사항에 특별한 주의를 기울일 필요가 있다.

(i) 인간은 결정론적이고 상대론적인 자기준거적 자율체계이며, 인간의 삶은 자기의식을 통해 자신의 특유의 차원을 획득한다. 윤리와 도덕은 인간이 자기관찰을 통해서 자신의 행동에 관해 논평하는 것으로서 발생한다. 인간은 기술영역 내에서 재귀적으로 상호작용하는 과정을 거쳐 지속적으로 바뀌는 기술영역을 생성하고, 지속적으로 변하는 기술영역에서 산다. 기술영역은 그것의 역사적 형질전환에서 인간이 상호작용하는 체계로서 유지하는 동일성 이외에 다른 어떤 불변의 요소도 갖지 않는다. 즉 인간은 자신이 끊임없이 창조하고 형질전환시키는 세계 안의 변화하는 준거프레임 내에서 바뀌고 살아간다. 성공적인 상호작용들은 직·간접적으로 인간의 살아있는 조직의 유지에 종속되어 있다. 그래서 성공적인 상호작용들 자체가 기술

들의 영역 안에 있는 타당한 행동에 대한, 그러므로 진리에 대한 인간이 가진 유일한 최종 지시의 원천을 구성한다. 하지만 살아있는 체계가 곧 자기준거체계이기 때문에, 어떤 최종적 준거프레임이라도 반드시 상대적이다. 이에 따라 어떤 절대적 가치체계도 불가능하며, 문화영역의 모든 진위 여부란 필연적으로 상대적이다.

(ii) 언어는 정보를 전달하지 않는다. 그리고 언어의 기능적 역할은 공통의 준거프레임을 발전시켜 화자들 사이에 협력적인 상호작용들의 영역을 창조하는 것이다. 비록 각 화자는 오로지 자신의 인지영역 내에서만 행동하며 이 영역에서 모든 궁극적 진리란 개인의 경험에 의존하지만 말이다. 준거프레임이 선택의 분류를 구체화하고 그 선택의 분류가 준거프레임을 정의하기 때문에, 언어적 행동은 합리적일 수밖에 없다. 즉 언어적 행동은 준거프레임 내에서 준거프레임이 전개하는 필연 관계들에 의해 결정된다. 결론적으로 말해서, 자신의 궁극적인 신념체계에 이미 암묵적으로 갖고 있지 않았던 진리에 대해서 합리적으로 설득당할 수 있는 사람은 없다.

(iii) 인간은 자신의 합리적 체계를 다른 모든 합리적 체계가 구축되는 방식으로, 즉 임의적으로 수용된 진리들(전제들)에 기초하여 구축하는 동물이다. 인간 자체가 상대론적인 자기준거적·결정론적 체계이기 때문에 그렇지 않을 수가 없다. 그러나 상대적이고 임의적으로 선택된 지시체계만 가능하다면, 인간

이 자기 고유의 인지과정을 관찰할 수 있는 자기의식적 동물인 이상, 자기의식적 동물로서 피할 수 없는 인간의 과제는 자신의 가치체계를 위한 준거프레임을 명시적으로 선택하는 일이다. 인간은 절대적 진리의 원천으로서 신에게 의지하거나, 이성을 통한 자기망상에 의지하면서 이러한 과제를 언제나 기피해 왔다. 무엇인가를 정당화하기 위해 준거프레임을 혼란스럽게 하고 다른 영역에서만 유효한 관계들을 가지고 한 영역에서 논쟁하면서 신이나 이성이 사용될 수 있다. 인간의 합리적 행위의 기초가 되는 궁극적인 진리란 반드시 개인적 경험에 종속되며, 합리적으로 전이시킬 수 없는 선호를 표현하는 선택행동으로 나타난다. 따라서 보편적 가치 체계의 원천으로서 이성을 대체할 것은 심미적 유혹이다. 심미적 유혹은 (자신의 필요가 아니라) 어떻게 살고 싶은지 자신의 욕구에 부합하도록 특별하게 설계된 준거프레임을 선호한다. 그리고 자신이 살고자 하는 (문화적이고 물질적인) 세계가 충족해야 할 기능들을 정의한다.[1]

---

1. * 마뚜라나의 심미적 유혹과 그 함의에 대한 구체적 논의는 다음 논문을 참조하라. H. R. Maturana, "Biology of the aesthetic experience," *Zeichen (theorie) und Praxis* (Passau : Wissenschaftsverlag Rothe, 1993) pp. 37~56 ; H. Maturana, "Metadesign : Human beings versus machines, or machines as instruments of human designs?" (Santiago : Instituto de Terapia Cognitiva, 1998). http://cepa.info/652 (2020년 9월 확인)에서 볼 수 있다. ; H. R. Maturana, "Metadiseño(Metadesign)," In : Vera Lara J. M. (ed.) *La bioética de una disciplina adolescente.* (Chile : Ñuñoa, 2001), pp. 133~154.

2편

자기생성 : 살아있음의 조직

1973
움베르또 *R.* 마뚜라나, 프란시스코 *J.* 바렐라

이 작은 책은 거대하다. 이 책은 살아있는 우주를 담고 있다. 이 글을 써 달라는 요청을 받게 되어 영광이며 쓰는 것은 커다란 즐거움이다. 이 책이 일반적으로나 세부적으로나 매우 중요하다는 점을 내가 잘 인식하고 있기 때문이다. 세부내용에 대해 말하기에 앞서 일반적으로 왜 이 책이 중요한지 설명하고자 한다.

일반

우리는 범주화된 지식의 계승자다. 따라서 우리는 다양한 필터들의 집합을 통해 고찰된 총체로 구성된 세계관이 아니라, 부분들을 이음으로써 구성된 세계관을 물려받았다. 역사적으로 종합은 실용적 문제와 관련된 인간의 마음에 너무 과중한

---

1. * 스태포드 비어(Stafford Beer, 1926~2002)는 영국의 경영 컨설턴트, 사이버네티션이다. 그는 경영 문제에 사이버네틱스를 적용하는 매니지먼트 사이버네틱스를 창조한 사람이었다. M. Ramage and K. Shipp, "Stafford Beer," In *Systems Thinkers* (London : Springer, 2009), p. 189.
2. 이 글은 스태포드 비어의 친절한 허락 덕분에 이 책에 수록될 수 있었다.

것을 요구했던 것 같다. 플라톤으로부터 아우구스티누스에 이르기까지 종합적 방법의 계승은 인간의 지각을 문학과 예술, 신비주의로 이끌었다. 과학과 기술technology의 현대세계는 아리스토텔레스와 아퀴나스로부터 비롯한 분석에 의거해 태어난 것이다. 중세 스콜라 철학을 장악한 범주화는 실로 오랫동안 지속되었다. 스콜라 철학에 대항하려던 모든 역사적 혁명마저도 환원주의의 족쇄로부터 해방되지 못했다는 점을 우리는 나중에야 알 수 있을 것이다.

데카르트, 스피노자, 라이프니츠 등 합리론자의 반란은 '방법적 회의'methodical doubt의 원칙에서 시작되었다. 하지만 그들은 기계론, 이원론, 더 많은 범주화에서 길을 잃었고, 마지막에는 관계를 전면적으로 부정하게 되었다. 그러나 관계는 체계의 내용the stuff이다. 관계는 종합의 본질이다. 로크, 버클리, 흄 등 경험론자들의 혁명은 환경에 대한 이해의 본성에서 시작했다. 여전히 분석은 방법이었고, 범주화는 진보의 실용직 도구였다. 기묘한 결과이지만, 실증적 세계의 존재 자체를 부정하는 과정을 통해, 경험론자들은 오로지 정신적 사태들 사이의 정신적 연합association이라는 개념을 통해서만 관계들을 소생시켰다. 그 과정에서 우리가 자연이라고 부르는 '저기 바깥' 체계는 전멸했다.

칸트가 이 모든 것을 분류하는 데 총력을 기울였을 무렵에는 이미 싸움에서 패한 뒤였다. 칸트의 말을 인용하자면, 무의식적인 이해가 감각경험을 도식schemata으로 조직화하는 반면,

의식적인 이해가 감각경험을 범주로 조직화한다면, 칸트에게 동일성 개념은 영원히 초월적인 채로 남게 된다.

이제 실질적 견지에서 개인은 사라졌고, 사회라 불리는 개인들의 집합체도 초월론적 구성 속으로 사라졌다. 우리는 실제 사람들의 합의를 거쳐 입법화할 필요는 없으며, 다만 본체적 의지noumenal will로부터 비롯되었을 수 있는might 필요를 충족시키기만 하면 된다.

그리고 과학 그 자체는 무엇인가? 과학은 질서정연한 지식이다. 과학은 분류classification로 시작되었다. 2세기 갈레노스에서 18세기 린네에 이르기까지, 분석과 범주화는 과학적 진보의 자연스러운 수단을 제공했다. 이 사실을 철학적 사고의 배경과 결부시킨다면 세계관의 가차 없는 발전을 위한 장면이 마련된다. 이 세계관은 오늘날 도전하기 너무 어렵다. 이 세계관의 관점에서는 실재하는 체계들을 이해하려고 할 때, 실재하는 체계들이 소멸되며, 실재하는 체계들이 범주화되지 않기 때문에 관계들이 상실된다. 그리고 종합은 시와 신비주의로 격하되며, 동일성은 정치적 추론이 된다. 우리는 동시대 대학의 구조와 조직에서 그 결과를 살필 수 있다.

학문은 철제 관[3]의 안전한 포옹 속에 포획되어 있다. 이 포

---

3. * 아이언 메이든(iron maiden)은 중세에 사용된 고문 도구로 관 뚜껑 안쪽에 강철못이 꽂힌 여성 형상의 철제 관이다.

옹이 안전하다는 이유만으로 많은 이들에게 이 일은 완전히 만족스러운 상황이다. 세계에 대한 일부 범주화된 조각 지식에 대해 권리를 주장할 수 있는 사람은, 이것이 제아무리 작더라도 자신이 가진 것이 다른 사람이 그것에 대해 가진 지식보다 크다면 평생 안전하다. 명성은 올라가지만 편집증은 깊어진다. 논문의 수는 기하급수적으로 증가하고, 지식은 극미량infinitesimals의 비율로 늘어나는 반면, 세계에 대한 이해는 실제로 후퇴한다. 세계가 실제로 상호작용하는 체계이기 때문이다. 그리고 세계는 많은 측면에서 기하급수적 속도로 변하고 있다. 이런 종류의 학문은 고유의 성역화된 범주에 대한 역사적 탐구에 뿌리를 두고 있어서 인류의 필요에 상당 부분 부응하지 못하고 있다.

그동안 이 문제에 대한 인식이 어느 정도 확산되었고, 이제는 학제 간 연구가 모든 대학에서 보편화되었다. 하지만 학제 간 연구가 문제를 해결할 것인가? 안타깝게도 그렇지 않을 것이다. 우리는 여전히 대학원생에게 반드시 '기초학문'이 있어야 한다고 말한다. 우리는 마치 이와 같은 학문이 정확한 환경적 상관관계를 갖고 있는 것처럼, 그리고 신이 처음부터 물리학과 화학의 차이를 알았던 것을 우리가 아는 것처럼 엄숙하게 가르친다. 대학원생들은 또한 학문적 관습들을 배우고, 제도적 편집증에 걸리며, 이 사업 전체를 선전하는 방향으로 나아간다. 따라서 '학제 간 연구'는 종종 서로의 위안을 위해 둥글게 손을 잡고 있는 엄격한 학자들의 그룹으로 이루어진다. 표면상의 주제는 둥글게 손을 잡고 있는 가운데 구멍으로 굴러떨어진다. 이러한 문제를 인식하는 사람들 사이에서는 학부생에게 과연 '학제 간 연구'를 기본 과목으로 가르칠 수 있느냐라는 주제에 관한 지극히 자연스러운 논쟁이 이어졌다. 그러나 그런 과목은 없다. 학제 간 연구가 어떤 과목이 될 것인지에 대한 합의도 없다. 우리는 모두 그런 과목을 가르칠 자격에는 다소 못 미친다. 내가 보기에 이 아이디어 전체에 저항하는 사람들은 학제 간 연구가 좋은 학문의 규범마저 위태롭게 할 것이라고 말한다. 교착 상태에 빠져 있다.

이러한 배경을 염두에 두고 자기생성을 고찰하고 '자기생성은 무엇인가?'라는 질문에 대답해 보자. 저자들은 다음과 같이 말한다. "우리의 목적은 살아있는 체계의 조직을 그것의 단위체적 성격과 관련지어 이해하는 데 있다." 만약 이 책이 살아있는 체계들을 다룬다면, 틀림없이 생물학에 관한 내용이다. 만약 이 책이 조직에 대한 과학적인 모든 것을 말한다면, 사이버네틱스에 관한 내용임이 틀림없다. 만약 이 책이 단위체적 특징이라는 본성을 재인식할 수 있다면, 이는 인식론에 관한 연구가 틀림없다. 또한 (제1저자인 마뚜라나의 지각의 이해에 대한 엄청난 공헌을 기억한다면) 이 책은 심리학에 관한 내용일 것이다. 그렇다. 이 책은 정말로 이 모든 것에 관한 연구다. 그렇다면 당신은 이 책을 심리-제어-생물-인식론 분야의 학제 간 연구라고 부를 것인가? 저자들을 모욕하고 싶을 때만 그렇게 하라. 왜냐하면 그들의 주제는 이제까지 분야들 사이의 가운데 구멍 안으로 떨어지지 않았기 때문이다. 따라서 이 책은 정의된 종류의 학제 간 연구가 아니다. 이 책은 분석이 아니라 종합에 관한 연구이다. 이 책은 범주의 게임the Game of the Categories을 하지 않는다. 그리고 이 책은 여러 학문을 상호 연관시키는 것이 아니라 전적으로 초월한다. 앞에서 칸트에 대한 나의 발언으로 인해, 만약 이 책이 여러 학문을 무력화시킨다고 말하는 것처럼 들린다면 그때야 우리는 어딘가에 도착하고 있다.

그 지점에 이 책의 일반적 중요성에 대한 나의 믿음이 있다. 위에서 기술한 학문체계 내 교착상태의 해소는 메타체계적이어야 하며 단순히 학제적이어서는 안 된다. 우리는 학문적 편집증의 리그를 구성하는 데는 관심이 없지만, (헤겔이 우리에게 말했듯이) 학문들을 고차원적 종합으로 끌어올리는 데는 관심이 있다. 이 책에 출현하는 것들은 오래된 범주 아래에서는 분류 자체가 불가능하다. 따라서 모든 대학이 학제 간 기관을 포함할 수 있고, 현재 포함하고 있더라도, 어떤 대학도 제도적으로 이 책을 담아낼 수 없다는 점을 예견할 수 있다. 왜냐하면 바로 그 낱말에서 성역화된 학문의 범주는 그에 걸맞은 존경을 받고 있으며, 학문적 대답이 가운데 구멍 안으로 떨어진다 한들 누구도 신경 쓰지 않기 때문이다. 대학들이 이런 종류의 작업을 감당할 수 없다는 예견이 실현되는 것을 나는 자주 보아왔다. 현재의 경우 이는 오류이다. 나는 칠레대학에 진심 어린 축하를 보낸다.

나는 이러한 이유에서 '진심 어린'이라고 말한다. 매년 정식으로 과학 서적이라고 불리는 산더미 같은 신간이 쏟아져 나온다. 누군가는 절실한 디오게네스처럼 촛불을 들고 그 신간들 중에서, 내가 메타체계적 언설을 위해 제안한 공정한 규준에 답할 수 있는 단 한 권의 책을 찾아 헤맬 수 있다. 설령 이러한 책이 실제 있다고 해도 극히 소수에 불과하다. 지식과 학문 모두가 조직되는 방식을 고려할 때 이는 놀랄 만한 일은 아니다. 또한 내가 말했듯이 여기에 세계의 참된 필요가 있다. 우리가 더 새롭고 여전히 진화하는 세계를 이해하려면, 그 세계에 살도록 사람들을 교육하려면, 그 세계를 위한 입법을 하려면, 소멸된 세계에 속한 범주와 제도를 폐기하려면, 우리는 아주 필사적으로 그래야만 한다. 그렇다면 지식은 반드시 다시 쓰여야 한다. 자기생성은 새로운 도서관에 속하는 것이다.

각론

저자들은 우선 자기생성체계가 항상성 유지 장치homeostat 라고 말한다. 우리는 이미 항상성 유지 장치가 무엇인지 알고 있다. 이 장치는 생리학적 한도 내에서 결정적인 체계 변수를 유지하는 것이다. 저자들은 계속해서 핵심적인 논점을 제시한다. 자기생성적 항상성의 경우, 결정적 변수는 체계 고유의 조직이다. 체계가 계속 적응하는 과정에서 그 조직 구조의 측정 가능한 모든 속성이 완전히 변하는지 여부는 중요하지 않은 것처럼 보인다. 이것[체계 고유의 조직]은 존속한다.

이 점은 두 가지 이유에서 나에게 매우 흥미로운 아이디어다. 첫 번째로 이 아이디어는 지난 2천 년 동안 철학이 더욱 혼란스럽게 만들어 버린 동일성 문제를 해결한다. '이것'에 대한 탐구는 상식적으로 실재라고 부를 수 있는 모든 것으로부터 점점 더 멀리 가게 만들었다. 스콜라 학파의 '이것'은 신화적 실체substance다. 신화적 실체는 감각에 의해 입증되거나 과학에 의해 실험될 수 있는 것이라서 단지 우발적으로 내재한다. — 그렇다면 이것의 존재는 믿음의 문제이다. 합리론의 '이것'은 비실재적으로 정신분열적이다. 왜냐하면 연장된 실체와 사유하는 실체라는 이것[조직]의 이원성에서 타협하지 않기 때문이다. 경험론의 '이것'은 비실재적으로 비실체적인 동시에 일시적인 것이다. — '있다는 것은 지각되는 것이다'esse est percipi는 결코 경험하는 인간 존재에 대한 판단일 수 없다.

칸트의 '이것'은 초월적인 '물자체'이며, 결코 실증될 수 없는 추론, 하나의 지적 허구다. 20세기의 고도소비사회에 있어서 과학과 기술technology의 '이것'에 대해 말하자면, … '이것'은 부수현상들epiphenomena의 더미에 지나지 않는 것처럼 보이며, 부수현상들은 '이것'을 소비하는 것이나 소비되는 것으로 표시한다. 이런 식으로 완고한 유물론은 주관적 관념론이 17세기에 접어들면서 만든 것만큼이나 '이것'을 비실체적으로 만드는 것처럼 보인다. 그리고 가장 최근의, 가장 견실한 '이것'에 대한 해석은 두 저자가 분명하게 논박하는 것이다.

저자들의 '이것'은 실재하는 세계에서 조직의 존속으로써 명확하게 드러난다. 분석에 의해서는 체계 고유의 조직을 찾을 수 없다. 당신이 마지막으로 본 이후로 조직의 범주가 모두 변했을 수 있기 때문이다. 겉모습과 달리 동일성의 보존을 보장하는 신비한 무언가를 상정할 필요가 전혀 없다. 바로 연속성이 '체계 고유의 조직'이다. 적어도 이런 점이 두 저자의 이론에 대한 내 이해다. ─ 그리고 이런 점이 버클리 주교가 정확히 옳은 논증을 정확히 잘못 이해했음을 보여준다고, 나는 다소 기쁜 마음으로 지적한다. 버클리는 관찰되지 않는 어떤 것은 존재에서 사라진다고 주장했다. 자기생성은 지금 존재하는 어떤 것이 다음에 우리가 관찰할 때는 인식할 수 없는 것으로 드러날 수 있다고 말한다. 이 말은 확실히 참이기 때문에 우리를 실재로 되돌린다.

자기생성의 개념이 나를 그토록 흥분하게 만드는 두 번째 이유는 자기생성의 개념에 목적론의 파괴가 수반되기 때문이다. 완전히 검토되고 논의될 경우, 자기생성 개념은 인과율에 대한 흄의 공격만큼이나 과학철학사에서 중요한 개념임이 입증될 것이라고 생각한다. 흄은 인과율이 오늘날의 상호발생의 확률과 관련된 변화하는 사태에 투사된 정신적 구성이라고 고찰했다. 나 자신도 오랫동안 목적이 실제로 관찰자가 다안정 체계들의 평형현상이란 무엇인지를 설명하기 위해 도입한 정신적 구조라고 확신해 왔다. 2장 「목적론적 법칙의 불필요성」의 주장은 나에게는 이러한 견해를 전적으로 정당화하는 것으로 보인다. 독자가 고유하게 '무목적성'purposelessness을 발견하는 흥분은 독자의 몫으로 남겨둔다. 그럼에도 무목적성은 인간에게 좋은 의미가 있다. 인간이 자신의 동일성을 지킬 수 있기 때문이고 이것만으로도 자신의 '목적'이 되기is 때문이다. 이것으로 충분하다.

그러나 저자들에 대해 경의를 표하는 일은 나 자신을 축하하는 일이기에 나는 재빨리 퇴장할 것이다. 만약 어떤 책이 중요하다면, 언제라도 그리고 어떤 출처로부터도 정보를 수신한다면, 그때는 무언가가 바뀐다. ― 단순히 확인만 하는 것이 아니다. 이 책에는 나를 변화시킨 두 가지 주장이 있다. 그중 하나는 깊은 내적 투쟁 끝에 변화를 가져왔다. 아마도 이 부분은 후기로 인쇄되어야 맞을 것이다. 이 「머리말」에서 내가 책을 읽기에 앞서 잘 이해할 수 있을 만큼 충분히 말하고 있지 못해서 송구하다. 떠나간 독자가 되돌아오기를 바라는 것은 지나친 기대다.

체계-이론적 개념들을 연구하는 사람들은 종종 '체계'의 주관적 본성에 주의를 기울인다. 하나의 체계란 관찰자에게 현전하는 어떤 것이 아니라, 관찰자에 의해 재인식된 어떤 것이다. 이 결과 가운데 하나는 체계와 그 환경 사이를 입력이나 출력으로 분류하는 일은 임의적인 구별의 과정이라는 점이다. 이러한 일은 그다지 만족스럽지 않다. 예를 들어, 작동 중인 자동차는 명백하게 하나의 체계다. 자동차가 'A에서 B로 이동하는 체계'로 재인식된다고 가정하자. 그러면 라디에이터의 물은 분명히 입력이고, 변위displacement는 분명히 출력이다. 이제 다음 시나리오를 생각해 보자. 두 사람이 어떤 자동차에 다가가서, 이것을 다른 두 번째 자동차 쪽으로 민다. 그런 다음 두 차의 배터리를 한 쌍의 부스터 케이블로 연결하여 첫 번째 차의 엔진을 점화한다. 그런 다음 부스터 케이블을 떼어내고 중립 기어인 채로 엔진을 세게 가동한다. 두 사람이 무엇을 하고 있는지 우리는 쉽게 추측할 수 있다. 하지만 객관적 과학자는 그 체계를 어떻게 설명할 것인가? 분명히 변위가 입력이고 출력 중 하나가 라디에이터의 물 온도의 상승이다. 나의 사례가 지나치게 평이하게 들린다면, 아리스토텔레스는 인간의 뇌를 '인간 라디에이터' 즉 피의 온도를 식히기 위한 기관이라고 생각했다는 점에 유의해 보자. 또한 그가 옳았다는 사실에도 유의하라.

모든 경험적 조사에는 이론적 프레임이 필요하다는 점은 사실이다. 이것이 인식론의 존재 이유raison d'etre이며 저자들은 바로 이 논점을 밝힌다. 방금 내가 언급한 사소한 사례에서도 우리는 경험적 데이터에 대해 이해하기에 앞서 반드시 '자동차에 관한 모든 것'을 알아야만 한다. 하지만 과학계에서는 우리가 '자동차'에 대해 전혀 알지 못하고, 우리가 알지 못하는 무엇인가와 관련된 데이터에 대해 머리를 긁적이며 앉아있는 경우가 종종 벌어진다. 현재의 과학연구에는 대표적인 사례가 있다. 과학자들은 너무나 당혹스러운 나머지 일반적으로 그 사례가 없는 척한다. 내가 언급하는 것은 바로 초심리학parapsychology의 전체 분야다. 다량의 데이터들이 예지, 텔레파시, 염력이 존재한다고 말하는 것처럼 보인다. 그러나 우리는 통계의 인공물들 가운데에서 허둥대고 있으며, 해석을 위한 이론적 프레임은 부족하다. 이 점은 바로 ESPextrasensory perception라는 이름, 즉 초감각적 지각에서 분명하게 나타난다. 이 이름은, 잘 생각해보면, 용어의 내적 모순을 구성하고 있다.

개념으로서의 자기생성은 이론적 프레임을 제시하여 '체계'의 주관적 인식 및 입력과 출력의 임의적 분류에서 발생하는 혼란에 대처한다. 저자들은 어떤 체계의 경계가 확대될 때 우리가 그 체계들이 자기 자기생성적이지 않은 것처럼(즉 타자생성적인 것처럼) 그것을 취급할 수도 있다는 점을 우리에게 설명해주기 때문이다. 게다가 자기생성체계들에는 타자생성적 구성요소가 있을 수도 있다. 이 발상들은 엄청나게 유용하다. 왜냐하면 어떤 상황에서 체계를 자기생성적 체계나 타자생성적 체계로 간주해야 할지에 대한 우리의 재인식 자체가 우리로 하여금 적절한 맥락에서 '그 체계'를 정의할 수 있게 해주기 때문이다. 즉 맥락은 우리가 체계를 연구하려는 시도에 의해 생성된 통계적 부수현상의 덩어리라기보다는 연구하는 체계가 포섭된 체계들의 재귀recursion이다.

이 점에 대한 이해가 첫 번째로 나를 변화시켰다. 두 번째 변화는 앞에서 언급한 지적 투쟁을 수반했고, 실행 가능한 체계 a viable system 내에 흐르는 정보에 대한 저자들의 견해와 관련이 있다. 3장 「자기생성의 체화」 1절의 (iv) 단락에서 두 사람은 "부호화 개념은 관찰자의 상호작용을 표상하는 인지적 개념이지, 물리적[관찰된][4] 영역에서 작용하는 현상이 아니다. 이는 규제 개념에도 동일하게 적용된다"고 말한다. 첫 번째 독해에서, 나에게 이것은 분명 잘못된 것처럼 보였다. 4장 「자기생성의 다양성」 3절의 (v) 단락에서 그들은 "부호화나 메시지, 정보와 같은 개념은 자기재생산의 현상에는 적용할 수 없다"고 말한다. 다시금 잘못되었다고 생각했다. 사실, 3절의 첫 문장, "재생산은 살아있는 체계의 조직을 정의하는 특성으로는 포함될 수 없다"의 관점에서 이러한 발언을 고찰해 보았을 때, 실로 터무니없다. 마지막으로 5장 「자기생성의 현전」 3절의 (i) 단락에서 저자들은 "언어영역은 … 본질적으로 비정보적인 영역이다"라고 말한다. 이야말로 실로 터무니없지 않은가?

이 모든 것은 우리(사이버네틱스 분야에서 일하는 대부분의 사람들)가 그동안 믿어온 것과는 완전히 이질적이다. 부호와 메시지, 사상寫像을 포함하는 정보는 실제로 우리에게 실행

---

4. * 비어의 인용구는 이 책의 2편 「자기생성 : 살아있는 것의 조직」에서 언급된 "관찰된 영역"을 물리적 영역으로 표기하고 있다. 따라서 본문의 [관찰된]을 비어의 인용구에 부가한다.

가능한 체계의 이야기 전체였다. 예를 들어 누군가 재생산을 DNA의 부호가 나이 든 조직의 집합으로부터 배아 조직의 집합으로 전달되는 과정으로 생각한다면, 그때는 부호 자체의 존속이 중요하게 된다. 각 세대의 조직tissue은 노화하고 마침내 죽음을 맞이하지만, 부호는 전달된다. 개체는 중요하지 않게 된다. 왜냐하면 종species이 부호에 있기 때문이다. 바로 그렇기 때문에 DNA 분자의 당-염기 뼈대를 연결하는 수소 결합 염기쌍을 구체화하는 프로그램인 나이 들지 않는 비트bits 컴퓨터 프로그램에서 동일성이 사라진다.

그 전망 전체는 잘못된 것으로 판명되었고, 이 점에 관해서 이 책은 분명히 밝히고 있다. 하지만 이 책은 이례적으로 압축된 책이며, 그래서 이 머리말이 과도하게 길어졌다. 정보에 대한 저자들의 논증이 나로 하여금 자기생성 개념에 대해 제대로 이해하게 만든 것인지, 그 반대인지 모르겠다. 다만 지금 나는 그들이 옳다고 확신한다. 자연은 부호와 관련된 것이 아니다. 우리 관찰자들이 자연이 무엇인지를 부호화하기 위해 부호를 발명한다. 이러한 발견들은 매우 심오하다.

덜 심오할지라도 똑같이 중요한 것은 동일성을 둘러싼 이 위기가 가져온 정치적 결과이다. 개체를 종에 종속시키는 일은 더는 지지될 수 없다. "생물학은 개체의 역할이 종, 사회, 인류를 영속시키는 것이라는 구실 아래, 종·사회·인류의 이익을 위해 개체는 없어도 좋다는 주장을 정당화하는 일에 더는 이용될 수 없다." 그 이후로 세계는 다른 곳이 되었다.

논쟁

저자들은 정치적인 결과에 관해 알고 있으며, 직접적인 추론을 끌어낸다. 말하자면, 과학자들은 자신들이 사회적 환경 안에서 활동하면서도 객관성과 무관심을 들먹이면서 그 외부에 있다고 더는 주장할 수 없다. 히로시마 이래로 우리는 진실로 이러한 점을 이미 알고 있었거나 알고 있었어야 했다. 하나의 견해는 자칫 신중함의 외투로 근본적인 어떤 것을 가릴 수 있다. 그러나 이 책은 다시금 이런 견해에 필요한 이론적 기초를 우리에게 제공한다. "인간관계의 영역에서 어떤 입장이나 견해라도 윤리적, 정치적 함의에서 자유롭다고 여겨질 수 없다. 과학자 또한 이러한 함의에서 자신만은 다르다고 간주할 수 없다." 그러나 저자들은 계속해서 자기생성에 관한 자신들의 연구 관점에서 제기되는 질문들에 관해 그들도 완전히 일치하지 않으며, 저 질문들을 더는 논의하기를 거부한다고 말한다(5장 「자기생성의 현전」 2절의 iv).

이는 저자들이 인간사회가 그 자체로 생물학적 체계인지 아닌지에 대한 (조금 앞에서 제기된) 질문을 해명하지 않기 때문으로 보인다. 나는 이 시점에서 내게 주어진 머리말의 논평과 해석의 과제에서 벗어나 천사들이 밟기를 두려워하는 토론의 무대에 들어가도록 적극 허락을 구하고 싶다. 나는 그 대답을 확신한다. 인간사회는 생물학적 체계이다. 더구나 나는 이 책이 요점을 결정적으로 증명한다고 주장한다. 이것은 예민한 문제다. 짐작건대 적어도 자기생성이론의 창시자들 가운데 한 사람이 의견이 다르거나, 혹은 아직 확신하지 못하기 때문이라고 생각한다.…그런데도 나는 이 책을 여러 번 읽었다. 그 독해 가운데 한 번은 모든 점에서 저자들의 자기생성 규준에 반대되는 이 쟁점을 입증하는 데만 전적으로 전념했다.

결과는 다음과 같은데, 나는 나 자신의 작업 때문에 내가 이쪽으로 기우는 성향이 있음을 인정한다. 즉 응집력이 있는 모든 사회제도는 자기생성체계다. 그 이유는 사회제도가 존속하며, 자체의 존속 방법이 자기생성적 규준에 부합하고, 그 과정에서 사회제도가 자체의 전체 모습과 분명한 목적을 잘 변화시킬 수 있기 때문이다. 사례를 열거하자면 회사, 기업, 학교, 대학, 요양원, 병원, 직능단체, 정부 부처들, 국가 전체를 들 수 있다.

이 견해가 타당하다면, 이는 극히 중요한 결과를 가져온다. 우선 이 견해는 (교차점에 어떤 것이든 하나의 개체를 내포하고 있는 여러 사회제도에서) 모든 사회제도가 더 큰 사회제도에 내포되어 있고, 이는 재귀적으로 계속된다는 것을 보여준다. ─ 그리고 모든 사회제도가 자기생성적이라는 점을 의미한다. 이 견해는 (개체에서 국가에 이르기까지) 모든 단계의 재귀적 변화 과정이, '나는 스스로를 철저하게 변화시킬 것이다'라는 의도intention의 완전한 의미에서 완수되기 어려울 뿐만 아니라, 실제로 불가능한 이유를 즉각적으로 설명한다. '내'I가, 즉 자족적인self-contained 자기생성적 '이것'이 또 다른 자기생성체계의 구성요소라는 이유 때문이다. 이제 우리는 이미 첫 번째 체계가 두 번째 체계에 대해 타자생성적 체계로 간주될 수도 있고, 첫 번째 체계가 두 번째 체계를 독자 생존이 가능한 자기생성체계로도 만들 수 있음을 안다. 그러나 결국 이러한 일이 의미하는 것은 보다 큰 체계가 여기에 내포된 체계를 완전한 자기생성적 체계가 아닌 감소된 체계로 지각한다는 점이다. 지각은 하나의 환각일 것이다. 하지만 지각은 포함된 체계에 영향을 미친다. 현재로서는 지각 고유의 자기생성은 반드시 특별한 종류의 제약, 즉 지각 고유의 자기생성을 부정하려는 조치에 대처해야 한다.

이 주장을 원하는 재귀의 단계에서 고찰해 보자. 하나의 자기생성적 가족 내에서 자기 삶을 개혁하려는 개인은 온전하게 새로운 자아가 될 수 없는데, 그의 가족이 그에게 실제로 그의 예전 자아를 고집하기 때문이다. 사회주의 국가가 되려는 국가는 완전하게 사회주의가 될 수 없다. 그 국가에 내재된 자기생성적인 국제 자본주의가 존재하고 국제 자본주의에 의해 혁명적인 사회주의 국가가 타자생성적 국가로 간주되기 때문이다. 이런 결론들은 전제들의 함의로부터 파생된다. 나는 저자들이 우리 손에 쥐어준 전제들의 함의가 가장 가치 있다고 생각한다.

그렇다면 다음의 명백한 질문에 대답해 보자. 왜 저자들은 스스로 이러한 발전의 노선을 따르지 않고, (최종적으로는 그들이 쓸 것이라고 희망하는) 사회제도의 본성과 적응에 대해, 그리고 사회 자체의 진화에 관해서 이 책의 후반부에 쓰지 않는가? 다시 그들의 문장을 인용하자면, "우리의 목적은 살아있는 체계의 조직을 단위체적 성격과 관련지어 이해하는 데 있다." 이 문제의 정식화는 그들이 스스로 인정하는 것처럼 무엇을 살아있는 체계라고 불러도 되는지에 대한 질문을 제기한다. "살아있는 조직이 어떤 조직인지 알지 못하면, 어느 조직이 살아있는지도 알 수 없다." 그들은 "자기생성이 살아있는 체계의 조직을 특징짓는 데 필요충분하다"라는 결론(1장 「기계와 살아있음과 그 밖의 것에 관하여」 2절의 b항)에 곧바로 도달한다. 그런 다음 그들은 어떤 우려를 내비치면서 "… 그리고 어떤 종합적 체계도 살아있는 것으로 인정되지 않는다"라는 대중적인 믿음을 인용한다.

사실, 사회제도가 자기생성적이라면(많은 제도가 적절한 규준을 충족한다고 보인다면), 저자들이 보여주듯이 사회제도는 필연적으로 살아있다. 틀림없이 이상하게 들리겠지만 어쩔 수 없다. 내가 보기에 저자들은 팔을 뻗으면 닿는 거리에서 굉장히 중요한 발견을 쥐고 있다. 단순히 '살아있다'라는 단어가 중요하지 않다. 중요한 것은 사회제도가 생물학적 의미에서의 동일성을 갖고 있다는 점이다.[5] 사회는 단지 사태의 이해관계자들의

5. * 자기생성 개념으로 사회제도를 연구한 사람은 니클라스 루만이다. 특히 다

임의적 집합이 아니다.

그렇다면 사회적 진화, 정치적 변화에 관해 말해보자면 다음과 같다. 우리는 오늘 통과시킨 법안 때문에 내일 달라질 제도와 사회를 다루는 것이 아니다. 우리는 입법과 함께 제도와 사회에 직면하는데, 입법, 심지어 혁명마저도 제도와 사회를 전혀 바꾸지 않는다. 그것은 제도와 사회의 자기생성적 적응에 대해 새로운 도전을 제기한다. 존속하기 위해서 제도와 사회는 매우 다른 행동을 보여야 할 수도 있다 : 요점은 그것들이 동일성을 잃지 않았다는 데 있다.

그러나 흥미로운 결과는 일단 자기생성의 본성이 이해되기만 하면 자기생성체계가 총체적 환경 위협에 대응하는 방법이 매우 예측 가능하다는 점이다. 영리한 정치인들은 이러한 적응들을 직감한다. 그리고 그들은 체계-이론적 모델을 사용하는 우수한 과학자들의 도움을 받을 수 있다. 어리석은 정치인들은 사회제도들이 왜 이래야 하는지 완벽한 논리적인 이유를 제시해도 사회제도들이 자체의 동일성을 하루아침에 잃지 않는 이유를 제대로 이해하지 못하며, 엉뚱한 논리를 개발하는 일에 노력을 기울이는 나쁜 과학자들의 도움을 받는다.

이 시대는 기하급수적으로 치솟는 모든 종류의 위협에 맞서 평화적으로 살기 위해 급격한 제도 변화를 선행조건으로 필

음을 참조하라. 니클라스 루만, 『사회의 사회』, 장춘익 옮김, 새물결, 2012.

요로 한다. 이러한 시대에 변화를 설계하는 건축가들은 전 세계적으로 똑같은 실수를 저지르고 있는 것처럼 보인다. 이 건축가들은 자신들의 재귀적 단계에서 체계를 자기생성적이라고 지각한다. 그들이 스스로를 체계와 동일시하고 스스로를 그렇다고 알고 있기 때문이다. 그러나 건축가들은 그들의 체계가 포함하는 체계와 그들의 체계가 그 안에 포함되는 체계를 타자생성 체계로 취급해야 한다고 주장한다. 이러한 일은 입력과 출력의 표면들이 올바르게 정의된 경우라면 과학기술의 측면에서 허용될 수 있다. 그럼에도 불구하고 포함하는 체계와 포함된 체계들에 대해서 그것들이 당연히 [타자생성적] 모델이라는 듯이 반응하는 것은 정치적 맹목이다. 왜냐하면 재귀의 이러한 다른 단계들에서, 관련된 체계들 역시 스스로를 자기생성적인 것으로 지각하기 때문이다.

이 진술은 할 가치가 있다고 본다. 이 책에서 발전된 언어가 없었다면 내가 이렇게 간결하게 진술할 수 없었을 것이다. 움베르토 마뚜라나와 프란시스코 바렐라가 나에게 가르쳐 준 새로운 개념들이 없었다면 나는 이것을 정식화할 수 없었을 것이다. 모든 이를 대신하여 그들 모두에게 깊은 감사를 드린다.

스태포드 비어

살아있는 것들의 본성에 대한 관념이
모호하고 잘못된 정의로 남아 있는 한,
다음과 같은 점은 대체로 분명하다.
가장 일반적인 의미에서, 환경에 대한 유기체의 적응,
그리고 생명에 대한 환경의 적응도의
사례를 구별하는 것은 불가능하다는 것이다.
이와 같은 질문에 명백하게 대답하기 위해서는
우리는 반드시 살아있는 것들에 대한
명확하고 정밀한 관념과 정의를 소유하고 있어야 한다.
논리의 임의적인 과정에 의해 생명은
틀림없이 원래의 변화하는 사물로부터
독립적 변수나 상수로 바뀌게 될 것이고,
가장 흥미로운 질들(qualities)의 많은 것을 빼앗기겠지만,
연루된 문제들을 명확하게 인식하지 못하는
우리의 불능을 통해 오류를 끌어들이는 일은
더 이상 없을 것이다.

로렌스 핸더슨, 『환경의 적응도』

하나의 공간이 둘로 갈라질 때 우주가 존재의 상태가 된다. 하나의 단위체가 정의된다. 단위체를 기술하고, 발명하고, 조작하는 일은 모든 과학적 탐구의 기초가 된다.

우리 공통 경험에 있어서 우리는 살아있는 체계를 단위체로 조우한다. 살아있는 체계는 재생산의 능력을 부여받은 놀랄만한 다양성의 자율적 실체로서 우리에게 나타난다. 이 조우에서 자율성은 너무나 명백하게 살아있는 체계들의 본질적 특성으로 나타난다. 즉 무언가가 자율성을 지닌 것처럼 관찰될 때마다, 소박한 접근은 자율성을 그저 살아있음으로 여긴다. 자율성은 계속해서 살아있는 체계의 자기 주도하는self-asserting 역량으로 드러나는 것이다. 이때 살아있는 체계는 주도적으로 변형deformations에 대해 적극적으로 보정하는 과정을 거쳐 자체의 동일성을 유지한다. 그렇다고 해도 지금까지도 살아있는 체계의 속성들 가운데 가장 파악하기 어려운 것이 자율성인 것으로 보인다.

자율성과 다양성, 즉 동일성의 유지 및 이러한 동일성이 유지되는 방식에 있어서의 변이의 기원은 살아있는 체계에 대해 현상학이 제시한 기본적인 도전과제다. 인류는 수 세기 동안 생명에 대한 자신의 호기심을 살아있는 체계의 현상학으로 다뤄 왔다.

자율성을 이해하려는 탐구에서도 아리스토텔레스가 지배했던 고전적 사유는 생기론[1]을 창조하여, 살아있는 체계에 비물질적이고 합목적적인 추동하는 구성요소를 부여한다. 이 구성요소가 바로 살아있는 체계의 형태를 실현하는 과정을 거쳐 발현expression을 획득하는 것이다. 아리스토텔레스 이후에, 그리고 아리스토텔레스의 근본 개념의 변이로서의 생물학의 역사는 많은 이론을 기록하여 어떤 식으로든 특이한 조직하는 어떤 힘 아래에 살아있는 체계의 모든 현상학을 아우르려고 시도했다. 생물학자들은 조직하는 특별한 힘 가운데 어느 하나를 명시적으로 정식화하려고 했다. 그러나 그들이 정식화하려고 할수록 물리적 세계의 어느 곳에도 찾을 수 있는 목적 없는 물리법칙에 의해 지배되는 분자와 전위電位, 맹목적인 물질적 상호작용만을 발견하여 더욱 실망하게 되었다. 그 이후로 피할 수 없는 경험의 압박과 데카르트 사상의 분명한 추진력 아래 다른 전망이 출현했다. 그리고 기계론은 살아있는 체계의 조직에서

---

1. * 생기론(Vitalism, 生氣論)은 활력설(活力說)이라고도 한다. 기계론에 대립하는 생명론이다. 기계론이 생명 현상을 전면적으로 무기적 자연의 법칙으로 설명하는 데 반대한다. 생명 현상은 무생물계의 현상과는 근본적으로 다른 원리에 의해 지배되며, 그것은 물리·화학적인 힘과는 관계가 없는 독특한 생명력 내지는 활력(vital force)에 의해 만들어진다고 주장한다. 임석진 외, 『철학사전』, 중원문화, 2009.

작동하는 유일한 요인은 물리적 요인뿐이며, 비물질적인 생명을 조직하는 힘이란 필요하지 않다고 주장함으로써 서서히 생물학의 세계를 석권해 왔다. 사실, 이제 모든 생물학적 현상은 일단 적절하게 정의되면, 물리·화학적 과정의 상호작용interplay에서 발생하는 것처럼 기술될 수 있다는 점이 명백해 보인다. 물리·화학적 과정의 관계들이 생물학적 현상의 정의 맥락에 따라 구체화되는 것이기 때문이다.

살아있는 체계의 현상학을 이해하는 데 있어 다원주의적 사상과 입자 유전학은 혼란의 원천으로 다양성을 제거했으며, 어떤 특이한 총괄하는 힘에 의지하지 않고도 다양성과 그 기원에 대해 설명을 제공하는 데 성공했다. 그렇지만 진화론적 변화에 대한 다원주의적 사상과 입자 유전학의 설명을 통해 개념들의 파급력은 단순히 다양성에 대해 설명하는 것을 넘어서, 생물학적 현상학의 평가에서 강조점을 개체에서 종으로, 단위체에서 그 부분들의 기원으로, 살아있는 체계의 현재 조직에서 살아있는 체계들의 조상의 결정으로 완전히 이동시켰다.

오늘날 물리·화학적 설명과 진화론적 설명으로 대표되는 두 사상의 조류는 함께 엮여 있다. 분자의 분석은 재생산과 변이에 대한 이해를 허용하는 것처럼 보인다. 진화의 분석은 이러한 과정이 어떻게 있게 되었는지를 설명하는 것처럼 보인다. 명백히 우리는 생물학의 역사에서 기본적인 어려움들이 제거된 시점에 와 있다. 그러나 생물학자들은 살아있는 체계의 현상학을 하나의 총체로 볼 때 불편함을 느낀다. 많은 생물학자는 살아있는 체계가 무엇인지 말하기를 거부함으로써 그들이 느끼는 불편함을 분명히 드러낸다. 다른 생물학자들은 사이버네틱스 원리와 같이, 조직하는 개념들에 의해 지배되는 포괄적 이론 아래에 현재의 생각들을 아우르려고 시도한다. 포괄적 이론은 생물학자들이 제공하려는, 살아있는 체계가 무엇인지에 대한 이해를 해명하도록 요구하는 것이다. "모든 살아있는 체계에 무엇이 공통된 것이길래 우리가 살아있는 체계들을 살아있는 것으로 자격을 부여하는가?" 이 질문은 언제나 상존하는 것이다. 즉 생명력vital force이 아니라면, 어떤 종류의 조직하는 원칙이 아니라면, 그럼 무엇이 모든 살아있는 체계에 공통된 것인가? 최근의 주목할 만한 예로 자끄 모노의 책 『우연과 필연』[2]을 거론해 보자. 그는 이 질문에 답하려고 시도하지만 진화론적 사고를 강조함에 따라, 분자적 본성을 지닌 목적론적 조직을 상정하고, 개체의 조직이 종에 의해 정의된 계획에 종속되는 것으로 상정한다. 이 계획에서는 재생산의 불변성이 결정요인이다. 그러나 목적론적 개념과 진화론적 개념은 본질적으로 살아있는 단위체 조직의 본성에 대한 질문을 그대로 남겨둔다.

우리는 살아있는 조직의 본성을 드러내기 위해 노력한다. 그

---

2. * 지금까지 국내에 번역된 여러 『우연과 필연』 판본 가운데 비교적 최근 발행된 것은 다음 두 가지다. 자끄 모노, 『우연과 필연』, 조현수 옮김, 궁리, 2010; 자크 모노, 『우연과 필연』, 김진욱 옮김, 범우사, 1996.

러나 접근 방식에 있어서 우리는 살아있는 체계의 단위체 특성을 출발점으로 삼는다. 또한 생물학적 현상학을 이해하기 위해서는 살아있는 단위체들의 자율적 본성을 살펴야 할 필요가 있다. 우리는 진화론적 사고가 변화의 역학을 설명하기 위해 다양성과 재생산, 종을 강조하는 과정 때문에 살아있는 단위체들의 자율적 본성을 모호하게 만든다고 주장한다. 또한 우리는 동일성의 유지, 그리고 살아있는 단위체 안에 있는 정의 관계들의 불변성이 생물학적 체계에서 가능한 모든 개체발생적이고 진화적(계통발생적)인 형질전환의 기초가 된다고 생각한다. 우리는 이를 탐색하려고 한다. 따라서 우리의 목적은 살아있는 체계의 단위체적 성격과 관련지어 살아있는 체계의 조직을 이해하는 데 있다.

우리의 접근방식은 기계론적일 것이다. 물리적 우주 내에서 발견되지 않는 어떤 힘이나 원리도 이 방식에 도입되지 않을 것이다. 그러나 우리의 문제는 살아있는 조직이다. 따라서 우리의 관심은 구성요소들의 속성들에 있는 것이 아니라, 구성요소들을 통해 실현된 과정들과 과정들 사이의 관계들에 있다. 이 점은 확실히 이해되어야 한다. 설명은 항상 어떤 현상에 대한 재공식화이면서, 현상의 구성요소들이 구성요소들의 상호작용과 관계들을 통해 현상을 어떻게 생성하는지를 보여준다. 더욱이 설명은 언제나 관찰자로서 우리가 부여하는 것이다. 따라서 설명 안에서, 우리의 기술영역과 관련된 것으로부터, 즉 우리의 그것과의 상호작용, 그것의 구성요소들, 그리고 그것이 관찰된 맥락과 관련된 것으로부터, 그 체계의 현상학을 구성하는 것으로서 체계와 관련된 것을 구별해 내는 것이 중요하다. 우리의 기술영역은 우리가 관찰 영역에서 단위체와 단위체 상호작용을 동시에 주시하기 때문에 발생하므로, 기술영역에서 발생하는 개념들은 설명되어야 할 단위체(현상)의 구성적 조직과는 관련이 없다. 게다가 설명은 설명된 현상의 본성에 맞게 다른 형태를 취할 수 있다. 그리하여 낙하체의 운동을 설명하기 위해 우리는 물질의 속성에 의지하며, 이러한 속성들에 의거하여 물체material body의 행위를 기술하는 법칙(운동법칙과 중력법칙)들에 의지한다. 반면 제어장치의 조직을 설명하기 위해서 우리는 관계와 관계의 행위를 기술하는 법칙에 의지한다. 첫 번째 경우, 설명에 사용되는 요소는 물체들body과 그것들의 속성들이다. 두 번째 경우, 설명에 사용되는 요소는 관계들과 그것들의 관계들이며, 이것들은 그 관계들을 채우는 물체들의 본성과는 독립적이다. 후자의 경우와 마찬가지로, 우리는 살아있는 체계의 조직에 관해 설명할 때, 실제 물리적 구성요소들이 살아있는 체계의 조직을 구성하기 위해 반드시 충족해야 하는 관계들을 다룰 것이지 저 구성요소들에 대한 식별을 다루지 않을 것이다. 우리는 구성요소의 속성이 무엇이든 간에 모든 살아있는 체계에 공통된 하나의 조직이 있다고 가정한다. 우리의 주제는 이 조직이지 조직이 실현될 수도 있는 개별적인 방법은 아니기 때문에, 살아있는 체계의 부류나 유형 사이에 구분을 두지 않을 것이다.

이러한 사고방식은 전혀 새롭지 않으며, 기계론이라는 명칭과 명백하게 연관되어 있다. 우리는 살아있는 체계가 기계라고 주장한다. 그리고 우리는 이 주장을 통해 몇 가지 개념을 명확히 해야 한다고 지적한다. 첫째, 우리의 주장은 더는 논쟁할 필요가 없는 비물활론적non-animistic 견해를 전제로 한다. 둘째로 우리는 살아있는 체계가 그것의 조직에 의해 정의된다는 것을, 다시 말해서 살아있는 체계는 모든 다른 조직이 설명될 수 있는 방식으로 설명될 수 있다는 것을, 즉 구성요소 속성들이 아니라 관계들의 측면에서 설명될 수 있다는 것을 강조한다. 마지막으로 우리는 출발에서부터 살아있는 체계에 명백한, 그리고 '기계'라는 낱말에 함축된 역동성dynamism을 지적하고 있다.

그렇다면 우리가 던지는 근본적인 질문은 다음과 같다. "살아있는 체계들의 조직은 무엇인가? 그리고 살아있는 체계들은 어떤 종류의 기계인가? 재생산이나 진화를 포함하는 살아있는 체계들의 현상학이 어떻게 자체의 단위체적 조직에 의해서 결정되는가?"

1장

기계와 살아있음과 그 밖의 것에 관하여

1. 기계

일반적으로 기계는 고체의 하드웨어 체계로 간주되며, 기계의 구성요소가 지닌 본성과 인공물로서의 기계가 그 작동을 완수하는 목적에 의해서 정의된다. 그러나 이러한 정의는 아주 소박한 견해에 지나지 않는데, 기계들이 어떻게 구성되는지에 대해서는 아무것도 말해주지 않기 때문이다. 기계들이 단위체라는 점은 분명하다. 어떤 관계가 동일한 구성요소들의 상호작용과 형질전환을 단위체에서 결정할 때, 기계가 어떤 관계를 만족시킬 수 있는 어떤 속성을 특징으로 하는 구성요소들로 이루어진다는 점도 분명하다. 분명하지 않은 것은 다음과 같은 점이다. 구성요소의 실제 본성과, 체계를 구성하는 상호작용과 형질전환에 참여하는 것 이외에 구성요소가 보유할 수도 있는 개별적인 속성들은 아무런 관련이 없으며 어떤 것이든 될 수 있다는 점이다. 사실 우리는 상호작용과 형질전환의 연결망이라는 관계의 측면에서 구성요소의 중요한 특성을 파악해야만 한다. 구성요소는 기계의 작동에서 상호작용과 형질전환의 연결망에 들어갈 수 있고, 그 기계를 단위체로 통합하고 구성할 수 있다.

기계를 하나의 단위체로 정의하고 그러한 단위체로서 그것이 겪을 상호작용과 형질전환의 동역학을 결정하는 관계들이 기계의 조직organization을 구성한다. 하나의 주어진 공간에서 하나의 구체적인concrete 기계를 통합하는 구성요소들 사이를 유지하는 실제적 관계들이 그 기계의 구조structure를 구성한다. 기계(또는 체계)의 조직은 기계를 구체적 체계로 실현하는 구성요소들의 속성 자체를 구체화specify하지 않는다. 기계의 조직은 기계나 체계를 단위체로 구성하기 위해서 구성요소들이 반드시 생성해야 하는 관계들만을 구체화할 뿐이다. 그러므로 기계의 조직은 어떤 것이든 될 수 있는 기계 구성요소의 속성과는 독립적이며, 주어진 기계는 다양한 종류의 구성요소들에 의해서 다양한 방식으로 실현될 수 있다. 다시 말해서 주어진 기계는 다양한 구조로 실현될 수 있지만, 기계가 주어진 공간에서 구체적 실체를 구성하기 위해서는, 그것의 실제 구성요소들이 반드시 그 공간 내에 정의되어야 하며, 그 구성요소들이 기계를 정의하는 관계들을 생성하도록 하는 속성들이 있어야 한다.

인간이 기계를 사용할 수 있는 용도는 기계 조직의 속성이 아니라 기계가 작동하는 영역의 속성이다. 기계의 용도란 기계 그 자체보다 더 넓은 맥락에서 우리가 기계에 관해 기술하는 것에 속한다. 이것은 중요한 개념이다. 실용적이든 아니든, 인간이 만든 기계는 모두 어떤 목적purpose을 가지고 만들어진다. (오로지 재미를 위한 것일지라도) 인간이 구체화하는 어떤 목표aim를 갖고 만들어진다. 이러한 목표가 보통 기계 작동의 생산물에 표현되어 나타나지만 반드시 그런 것만은 아니다. 우리가 기계에 관해 이야기할 때 목적 개념을 사용하는 이유는 목적 개념이 듣는 사람의 상상력을 자극하여 그 사람에게 특수한 기계 조직을 전달할 때 설명에 들어가는 노력을 감소시키기 때문이다. 다시 말해서 우리는 목적 개념을 가지고 듣는 사람에게 우리가 말하고 있는 기계를 발명하도록 유도한다. 그렇다고 해서 우리가 목적이나 목표, 혹은 기능을 가지고 기계를 기술할 때, 이 개념들이 기계의 구성적 속성들이라고 여겨서는 안 된다. 그와 같은 개념들은 관찰영역에만 고유한 것이지, 어떤 특수한 부류의 기계 조직을 특징짓는 데는 사용될 수 없다. 그렇지만 기계 작동의 생산물은 관찰자가 생성한 기술영역에서는 사소하지 않은 방식으로 그러한 목적을 위해 사용될 수 있다.

2. 살아있는 기계

살아있는 체계의 구성요소들을 가리킴으로써 그 체계가 기계라는 점을 나타낼 수는 없다. 오히려 우리는 살아있는 체계의 조직을 보여주어 살아있는 체계의 모든 독특한 속성들이 발생하는 방식이 명백해지도록 해야 한다. 그렇게 하기 위해서는 먼저 살아있는 체계가 어떤 종류의 기계인지를 특징지을 것이다. 그런 다음 이러한 종류의 기계로 된 조직의 결과로, 살아있는 체계의 특이한 속성들이 어떻게 발생할 수 있는지를 보여줄 것이다.

a. 자기생성기계[1]

자신의 변수 중 일부를 상수로 유지하거나 제한된 값의 범위 내에 유지하는 기계들이 있다. 이 기계들의 조직에서 이것이 표현되는 방식은 그 과정을, 바로 그 동일한 조직이 구체화하는 기계의 경계 내에서 완전하게 발생하는 것으로 정의하는 그러한 방식이어야 한다. 이런 기계들은 항상성 기계들이며 모든 되먹임은 그 기계들에 내재적이다. 만일 우리가 M이라는 기계에 환경을 거치는 되먹임 회로가 있어서 기계 출력의 작용이 기계의 입력에 영향을 미친다고 말한다면, 실제로 우리는 기계 조직을 규정하는 데 있어서 환경과 되먹임 회로까지 포함하는 더 큰 기계 M′에 대해 말하는 것이다.

자기생성기계는 항상성 기계다. 그렇지만 자기생성기계의 특이성은 항상성 기계라는 점에 있는 것이 아니라 기계 자신이 상수constant로 유지하는 근본 변수variable에 있다. 자기생성기계는

---

1. * 『앎의 나무』의 제2장 「생명체의 조직」, 49~64쪽 참조.

구성요소들을 생산하는 구성요소들의 생산과정(형질전환과 파괴)의 연결망으로서 조직된(하나의 단위체로 정의된) 기계이다. (i) 이때 구성요소들은 자신들의 상호작용과 형질전환을 통해서, 자신들을 생산한 과정들(관계들)의 연결망을 지속적으로 재생성하고 실현한다. 그리고 (ii) 구성요소들은 그것의 실현의 위상학적 영역을 그러한 연결망으로 구체화함으로써, 그것(기계)을 그것들(구성요소들)이 존재하는 공간 안에서 하나의 구체적 단위체로 구성한다. 이러한 과정을 통해 자기생성기계는 자기 고유의 구성요소의 생산체계로서 자기 작동을 통해 계속해서 자기 고유의 조직을 구체화한다. 그리고 지속적인 섭동과 섭동의 보정이라는 조건 아래에서 구성요소들의 끝없는 회전turnover으로 이 일을 수행한다. 그러므로 자기생성기계는 항상성 체계다. (더 정확히 말하자면, 관계-정역학적relations-static 체계다.) 자기생성기계가 근본 변수를 상수로 유지하기 때문에 자기생성기계는 하나의 근본 변수로서 고유의 조직(관계들의, 정의하는 연결망)을 지닌다. 이 점은 분명하게 이해되어야 한다. 모든 단위체는 조직을 지닌다. 이때 조직은 요소 간의, 과정 간의, 또는 두 가지 모두의 관계들 사이의 정역학적이거나 동역학적 관계의 측면에서 구체화될 수 있다. 가능한 사례들 가운데 하나로서 다음을 들 수 있다. 자기생성기계는 구성요소 자체나 구성요소의 정역학적 관계들이 아닌, 구성요소들 생산의 개별 과정들(관계들)의 연결망, 즉 자기생성적 연결망에 의해서 조직이 규정되는 단위체이다. 구성요소들이 생산하는 관계들은 오로지 과정들로만 주어지므로 과정이 중단되면 생산관계는 소멸된다. 결과적으로 기계가 자기생성적이기 위해서는 그것의 생산의 정의 관계defining relations들이, 그 관계들이 생산하는 구성요소들에 의해 지속적으로 재생성되어야 한다. 나아가 하나의 자기생성기계를 구성하는 과정들의 연결망은 구성요소들의 공간에 있는 하나의 단위체적 체계이다. 이 공간에서 연결망은 구성요소들을 생산하고 구성요소들은 자체의 상호작용을 통해 연결망을 생성한다. 그렇다면 과정들의 자기생성적 연결망이 자기생성기계들을 다른 부류의 단위체로부터 차별화한다. 사실, (i) 물리적 공간에 있는 인간이 만든 기계, 예컨대 자동차에는 연속되는 과정들이라는 측면에서 주어진 하나의 조직이 있다. 하지만 이런 과정들이 차를 단위체로 구체화하는 구성요소들의 생산 과정들은 아니다. 차의 구성요소들이 자동차의 조직 및 작동과는 독립적인 다른 과정들에 의해 생산되기 때문이다. 이런 종류의 기계는 비자기생성적 동역학 체계이다. (ii) 결정 crystal과 같은 자연적인 물리적 단위체에서는, 구성요소들 간의 공간적 관계들이 격자 모양의 조직을 구체화하고, 그 조직이 그 결정을 어떤 한 부류에 속하는 것(하나의 특정한 종류의 결정)으로 정의한다. 그리고 그 결정을 구성하는 구성요소들의 종류가 그것을 그 부류의 하나의 개별적인 사례로 구체화한다. 이와 같이 결정의 조직은 그것의 구성요소들의 상대적 위치를 정의하는 공간적 관계들에 의해 구체화되며, 그 구성요소들이 그것들이 존재하는 공간, 즉 물리적 공간 안에서 그 결정을 단위체로서 구체화한다. 자기생성기계에서는 그렇지 않다. 사실 우리가 관찰을 위해 자기생성기계를 실제로 또는 개념적으로 동결시킬 때마다 우리는 구성요소들 사이의 공간적 관계들을 발견할 수 있다. 그렇지만 관찰된 공간적 관계들이 자기생성기계를 자기생성적인 것으로 정의하는 것은 아니다. (그리고 정의할 수도 없다.) 왜냐하면 자기생성기계의 구성요소들 사이의 공간적 관계들은, 그 기계의 조직을 이루는 구성요소들의 생산 과정들의 연결망에 의해서 구체화되며, 필연적으로 부단한 변화 속에 있기 때문이다. 그렇다면 결정 조직은 자기생성 조직과는 다른 영역에 있다. 즉 결정 조직은 구성요소들 사이의 관계들의 영역에 있지, 구성요소들의 생산 과정들 사이의 관계들의 영역에 있지 않다. 또 결정 조직은 과정들의 영역에 있지 연속된 과정들의 영역에 있지 않다. 우리는 보통 결정이 정역학적이라고 말함으로써 이를 인정한다.

우리가 자기생성기계를 정의할 때 조직이라는 용어를 신비적이거나 초월적인 의미로 사용하여 그 용어가 그 자체로 설명적 가치를 갖는 척하지 않는다는 점을 깨닫는 것이 중요하다. 우리는 조직이라는 용어를 오로지 하나의 자기생성체계를 정의하는 구체적인 관계들만을 지시하기 위해 사용한다. 따라서 자기생성적 조직이란 그저 다음과 같은 것을 의미한다. 즉 구성요소들의 생산들의 연결망이라는 구체적인 형태로 과정들이 서로 얽혀있음을 의미한다. 이때 구성요소들은 자신들을 생산한 연결망을 실현함으로써 그것을 단위체로 구성한다. 그렇기 때문에 우리는 다음과 같이 말할 수 있다. 자기생성적 조직이 주어진 어떤 공간에서 구체적concrete 체계로 실현될 때마다, 이 체계가 자기 조직을 상수로 유지하면서도 동일성의 상실 없이 겪을 수 있는 변형deformations의 영역이야말로 조직이 단위체로서 그 안에 존재하는 변화의 영역이라고 말할 수 있다. 따라서 자기생성체계는 변수로서의 자기 고유의 조직을 상수로 유지하는 항상성 체계이며 이러한 사실은 자기생성적 조직의 필연적 결과임이 분명하다.

이러한 자기생성적 조직의 결과는 무엇보다도 중요하다.

(i) 자기생성기계는 자율적이다. 즉 자기생성기계들은 모든 변화를 자기 고유의 조직을 유지하는 일에 종속시킨다. 이 점은 그 과정에서 자기생성기계들이 얼마나 심도 있게 형질전환될 수 있는지와는 무관하다. 다른 기계들, 이후로는 타자생성기계라고 불릴 기계들은 (자동차의 예와 같이) 스스로와 다른 무언가를 자기 기능의 생산물로 지니고 있다. 타자생성기계들이 규정적definitory 조직을 잃지 않으면서 겪을 수 있는 변화는 필연적으로 그 기계들 스스로와는 다른 어떤 것의 생산에 종속되어 있기 때문에, 타자생성기계들은 자율적이지 않다.

(ii) 자기생성기계는 개체성individuality을 갖고 있다. 즉, 자기생성기계는 자기 조직의 지속적인 생산을 통해 자기 조직을 불변으로 유지함으로써 능동적으로 동일성을 유지하며, 이 동일성은 관찰자와의 상호작용과는 무관하다. 타자생성기계들은 스스로의 작동을 통해 결정되는 것이 아니라 관찰자와의 상호작용에 의존하는 동일성을 가진다. 왜냐하면 작동의 산물이 그것들 자신과는 다르기 때문이다. 타자생성기계는 개체성을 지니지 않는다.

(iii) 자기생성기계들은 그것들 [각자의] 구체적인 자기생성 조직 때문에 단위체이고 오직 그 이유 하나 때문에 단위체이다. 자기생성기계의 작동은 자기생산 과정에서 자기 고유의 경계를 구체화한다. 타자생성기계의 경우는 이렇지 않다. 타자생성기계의 경계는 관찰자가 정의하는 것이다. 관찰자는 타자생성기계의 입력 표면과 출력 표면을 구체화하는 것에 의해서 작동에서 타자생성기계와 관련된 것을 구체화한다.

(iv) 자기생성기계에는 입력이나 출력이 없다. 독립적 사건이 자기생성기계에게 섭동을 일으킬 수 있고 자기생성기계는 섭동을 보정하는 내적 구조변화를 겪을 수 있다. 섭동이 반복되는 경우, 그 기계는 동일할 수도 있고 아닐 수도 있는, 반복된 일련의 내적 변화를 겪을 수 있다. 그러나 어떤 일련의 내적 변화가

일어나든, 변화는 항상 기계 조직의 유지에 종속되어 있으며, 이는 자기생성기계의 규정적 조건이다. 따라서 이러한 변화들과 우리가 지적할 수 있는 섭동의 경로 사이에 있는 모든 관계는 오직 기계가 관찰되는 영역에 속하는 것이지, 기계의 조직에 속하는 것은 아니다. 그래서 자기생성기계가 타자생성기계와 같이 취급될 수 있다고 하더라도, 이와 같은 취급은 자기생성기계로서의 그것의 조직을 드러내지 못한다.

조직은 정역학적이 됨으로써, 조직의 구성요소를 상수로 유지함으로써, 또는 다른 상황에서는 지속적인 흐름이나 변화 속에 있을 구성요소들 사이의 어떤 관계를 상수로 유지함으로써 일정하게 유지될 수 있다. 자기생성기계 조직의 종류는 후자이다. 자기생성기계는 자신을 자기생성적으로 정의하는 관계들만을 일정하게 유지한다. 이러한 조직이 실제로 물리적 공간에서 시행될 수 있는 방법 즉 기계의 물리적 구조는 그것을 구현하는 물리적 재료의 본성(속성)에 따라 다양하다. 그러므로 물리적 공간에는 수많은 다양한 종류의 자기생성기계(물리적 자기생성기계)가 있을 수 있다. 그렇지만 모든 자기생성기계는 자신의 보정 영역 밖으로부터 자기 작동에 대한 물리적 간섭이 가해지면, 자기생성기계의 분해, 즉 자기생성의 상실을 초래할 방식으로 조직될 것이다. 또한 결과적으로 이런 기계들 중 하나에서 자기생성 조직이 실현되는 실제적인 방법(그것의 구조)은 이 조직이 붕괴 없이 겪을 수 있는 개별적인 섭동들을 결정하며, 따라서 이 조직이 관찰될 수 있는 상호작용의 영역을 결정한다. 물리적 체계로 구현된 자기생성기계들의 실제 구체성concreteness의 이런 특성들 덕분에 우리가 개별적인 사례들에 관해 이야기하고, 그 사례들을 우리의 조작과 기술의 영역에 배치하며, 그리하여 그 사례들을 조직 외부에 있는 상호작용 영역의 맥락에서 관찰할 수 있게 된다. 이는 다음과 같은 두 종류의 근본적 결과로 이어진다.

(i) 우리는 물리적인 자기생성기계들을 기술할 수 있고, 그것들을 섭동하는 독립적인 사건들을 정의하는 더 큰 체계의 일부로 그것들을 조작할 수 있다. 그래서 위에서 언급했듯이 우리는 이러한 섭동하는 독립적 사건들을 입력으로, 이런 섭동을 보정하는 기계의 변화를 출력으로 볼 수 있다. 이렇게 하는 일은 자기생성기계를 타자생성기계로 취급하는 경우에 해당하며, 섭동을 유발하는 독립적 사건들의 본성과 발생이 규칙적이라면, 사실상 자기생성기계는 자기생성적 조직상의 어떤 변경alteration 없이도 하나의 구성하는 타자생성기계로서 더 큰 체계에 통합될 수 있다는 점을 재인식하는 일에 해당한다.

(ii) 우리는 물리적 자기생성기계를 그것의 물리적 부분에서 분석할 수도 있다. 그리고 입력 표면과 출력 표면을 정의함으로

써 그것의 부분적인 항상성 기제와 제어 기제 모두를 타자생성 기계(하위 기계)로 취급할 수 있다. 따라서 이런 하위 기계들이 필연적으로 자기생성기계의 구성요소인 것은 아니다. 왜냐하면 자기생성기계를 정의하는 관계들이, 그 하위 관계들을 정의하는 입력-출력 관계를 통해 하위 기계들이 생성하는 것일 필요는 없기 때문이다.

우리가 물리적 자기생성기계들을 부분들로 분할할 수 있다는 사실이, 그 기계들이 물리적 우주에서 작동하는 구체적인 실체들로서 정의하는 상호작용 영역의 본성을 드러내는 것은 아니다.

b. 살아있는 체계

살아있는 체계가 기계라면, 살아있는 체계가 물리적 자기생성기계라는 점은 자명하다. 말하자면 그 체계들은 자기 작동의 산물이 자기 고유의 조직이 되는 그러한 방식으로 물질을 체계 자신으로 형질전환한다. 그렇지만 우리는 반대의 경우도 참이라고 여긴다. 물리적 체계가 자기생성적인 것이라면 그것은 살아있는 것이다. 달리 말해서 우리는 자기생성이라는 개념이 살아있는 체계의 조직을 특징짓는 데 필요충분하다고 주장한다. 이러한 등가성equivalence은 일부 관찰자에게는 분명하지 않을 수 있다. 그것이 일부 관찰자에게 분명하지 않게 보일 이유는 여러 가지

인데, 그 이유들은 자기생성기계의 조직의 영역과는 관련이 없지만, 그러한 이유들을 채택한 관찰자들의 기술영역과 평가영역에서는 적절할 것이며, 관찰자가 그 등가성을 선험적으로 부정하도록 만든다. 다음은 이러한 이유 가운데 일부다.

    (i) 일반적으로 기계는 적어도 개념적으로는 기계를 완벽하게 예측 가능한 것으로 만드는, 완전히 알려진 결정론적 속성들을 갖춘, 인간이 만든 인공물로 간주된다. 이와는 반대로, 살아있는 체계는 인간과 유사한 합목적적 행동을 하는 자율적이고, 궁극적으로는 예측 불가능한 체계로 종종 선험적으로 간주된다. 만약 살아있는 체계들이 기계라면 인간에 의해 만들어질 수 있을 텐데, 위에서 언급한 견해에 따르면 인간이 살아있는 체계를 제조할 수 있다는 것은 믿을 수 없는 일로 보인다. 이러한 견해는 쉽게 부적격한 것으로 간주될 수 있다. 왜냐하면 이 견해는 인간의 빈약한 지성으로 이해하기에는 살아있는 체계가 지나치게 복잡하기 때문에 살아있는 체계가 이해되기 어렵고 앞으로도 그럴 것이라는 믿음을 함축하거나 아니면 살아있는 체계들을 생성하는 원리들이 본질적으로 알려질 수 없다는 믿음을 함축하기 때문이다. 어느 쪽 함의든 적절한 입증 없이 선험적으로 수용되어야 할 것이다. 여기에는 살아있는 체계가 재생산[복제]될 수 있을 뿐만 아니라 인간이 설계할 수 있다면, 생명life과 살아있음living에 대한 경외심마저 사라질 것이라

는 내밀한 두려움이 있는 것 같다. 이것은 말도 안 되는 소리다. 생명의 아름다움이란 우리가 이해할 수 없기에 주어지는 선물이 아니다.

(ii) 살아있는 조직의 본성이 알려지지 않은 것인 한에서, 그러한 본성을 표출하는 체계가 가까이 있다고 하더라도 그것을 구체적인 종합 체계로서든 기술로서든 재인식하는 것은 불가능할 것이다. 살아있는 조직이 어떤 조직인지 알지 못하면, 어느 조직이 살아있는지도 알 수 없다. 실질적으로는 식물과 동물이 살아있는 것이라는 점은 수용된다. 하지만 살아있음으로서의 식물과 동물의 특징은 식물과 동물이 가진 속성들의 열거를 통해서만 완수된다. 이 속성들 가운데 재생산과 진화는 결정 요인으로 나타난다. 많은 관찰자에게는 살아있음의 조건 자체가 속성들의 보유에 종속된 것처럼 보인다. 그러나 이러한 속성들이 인간이 만든 구체적이거나 개념적인 체계에 포함될 때, 생명의 본성이 이해될 수 있다는 것을 정서적으로 받아들이지 못하는 사람들은 즉각 다른 속성들을 관련이 있는 것으로 떠올리며, 계속해서 새로운 필요조건들을 구체화함으로써 어떠한 종합적 체계도 살아있는 것으로 수용하지 않는다.

(iii) 흔히 관찰과 실험만으로도 충분히 살아있는 체계들의 본성을 밝힐 수 있다고 생각하고, 살아있는 조직을 특성화하

는 일에는 어떤 이론적 분석도 필요하지도 않고, 충분하지 않다고 가정하는 경우가 너무 많다. 우리는 이러한 급진적 경험론과 결별한다. 결별하려는 이유를 진술한다면 길어질 것이다. 간단히 말해서 우리는 인식론적이고 역사적인 논증들이 그 반대의 견해를 정당화하는 것 이상을 해낸다고 본다. 모든 실험과 관찰은 이론적 관점을 함축하며, 어떤 실험이나 관찰도 그것이 그 안에서 일어난 이론적 뼈대 바깥에서는 의미도 없고 해석될 수도 없다.

우리의 목표는 살아있는 체계에 적합한 모든 현상의 생성을 설명할 수 있도록 살아있는 체계에 대한 특성화characterization를 제공하는 것이었다. 우리는 하나의 체계가 살아있는 체계가 되기 위한 필요충분조건으로 물리적 공간에서의 자기생성에 중점을 두고 이를 완수했다.

주어진 목표가 달성되었음을 아는 일은 항상 쉽지 않다. 지금 상황에서 우리가 목표를 달성했음을 알 수 있는 유일한 징후는, 재생산과 진화를 포함한 살아있는 체계에 대한 모든 현상학이 실제로 자기생성을 요청하고 자기생성에 의존한다는 내용에 독자들이 동의하는 것이다. 이어지는 장들에서는 이러한 점을 보여주기 위해 전념할 것이다.

2장

목적론적 법칙의 불필요성

목적론teleology과 목적론적 법칙teleonomy은 살아있는 체계에 관한 기술적이고 설명적인 담화에서 사용되는 개념들로서, 살아있는 체계들의 기능에 필연적으로 인과적 요소로서 작용하는 것이라고 주장되지는 않지만 그 체계들의 조직에 필수적인 정의적 특징들이라고 단언된다. 우리의 현재 목표는 선행논의에 비추어 볼 때, 두 개념이 살아있는 조직을 이해하는 일에서 불필요하다는 것을 보여주는 것이다.

1. 무목적성

보통 살아있는 체계의 가장 두드러진 특성은 목적의식이 있는purposeful 조직이라고 알려져 있다. 혹은 내적 기획이나 내적 프로그램의 보유가 살아있는 체계의 구조적 조직에서 또는 조직을 통해서 표상되고 실현된다고 알려져 있다. 그리하여 개체발생은 일반적으로 성년 상태를 향하는 통합된 발달과정으로 간주된다. 개체발생을 통해 어떤 구조가 획득되기 때문에 유기체는 주위환경과 관련하여 스스로를 규정하는 선천적 기획에 따라 어떤 기능을 수행할 수 있다. 또 계통발생은 종의 기획을 충족시키는 데 목표를 둔 재생산 과정을 통한 적응의 형질전환의 역사로 간주되며, 개체는 이 목적에 완전히 종속된다.[1] 나아가 (이 책의 지은이들처럼) 어떤 목적을 미리 구체화하고, 이를 달성하기 위해 모든 활동을 수행할 역량이 있는 어떤 유기체들(이형생성)이 존재한다는 점도 명백하다. 살아있는 체계의 조직에서, 뚜렷한 목적, 혹은 내적 기획이나 프로그램의 보유라는 이러한 요소는 어떤 생기론적 함의도 내포하지 않은 채 목적론적 법칙이라고 불려 왔다. 이 요소는 종종 살아있는 체계의 특징을 정의하는 데 충분한 속성까지는 아니더라도 필수적인 속성으로 간주된다. 그러나 1장에서 이해한 바와 같이 목적이나 목표는 (타자생성적이거나 자기생성적인) 어떤 기계 조직의 특성은 아니다. 이런 개념들은 우리 행동들actions에 대한 담화영역에, 즉 기술영역에 속한다. 그리고 기계 또는 우리와 독립적인 체계에 적용될 때 이 개념들은 우리가 그 기계나 체계를 어떤 포괄적인 맥락 안에서 고려하고 있음을 반영한다. 일반적으로 관찰자는 기계들을 개념적으로 혹은 구체적으로 어떤 용도로 사용되게 하고, 그럼으로써 그 기계를 변화시키는 일련의 상황

---

1. * 『앎의 나무』 4장 「메타세포체의 삶」(89~196쪽) 참조.

들을, 그것의 출력에서의 어떤 특정한 변이의 경로를 따라 정의한다. 이러한 출력과 상응하는 입력과의 연결, 그리고 관찰자가 출력과 입력을 포함시키는 맥락과의 관계는 우리가 기계의 목표 또는 목적이라고 부르는 것을 결정한다. 이러한 목적은 필수적으로 관찰자가 맥락을 규정하고 접점을 확립하는 영역에 있다. 마찬가지로 기능 개념은 관찰자가 하나의 포괄적 실체와 연관지어 기계나 체계의 구성요소에 관해 기술할 때 발생한다. 이 실체는 기계 전체이거나 기계의 일부일 수 있으며, 실체의 상태들은 구성요소들의 변화가 가져올 목적을 구성하는 것이다. 여기에서도 구성요소들의 상태 변화와 그 구성요소들이 전체 체계total system에서 유발시키는 상태 사이의 인과 연결이 얼마나 직접적이든지 간에, 기능 개념이 암시하는 설계 측면에서의 함의는 관찰자가 확립하는 것이며 오로지 관찰자의 기술영역에 배타적으로 속하는 것이다. 따라서 기능 개념에 함축된 관계들은 자기생성체계의 조직을 구성하는 것이 아니므로 자기생성체계의 작동을 설명하는 데는 사용될 수 없다.

자기생성적이든 타자생성적이든 어떤 기계의 조직은 구성요소들 사이의 관계 그리고 그 구성요소들 간의 상호작용과 형질전환의 규칙을 다음과 같은 방식으로 명시할 뿐이다. 즉 기계의 상이한 상태들이 출현하는 조건들을 구체화함으로써 말이다. 그리고 이때 그 상이한 상태들은 그러한 조건들이 발생할 때마다 필연적 결과로서 유발된다. 따라서 목적이나 기능 개념이 해명하는 것처럼 보이더라도 현상학 영역에서는 아무런 설명적 가치가 없다. 왜냐하면 목적이나 기능 개념이 어떤 현상의 발생에서 실제로 작동하는 과정들을 지시하지 않기 때문이다. 그렇다고 해서 듣는 사람을 어떤 주어진 사고영역으로 정향하는 일에까지 목적이나 기능 개념이 적합하지 않다고 말하는 것은 아니다. 따라서 기계의 미래 상태에 대한 예측이란 오직 관찰자의 마음 안에서 기계의 후속 상태에 대해 가속화된 실현으로만 이루어진다. 그리고 기능이나 목적의 용어로 이후 상태를 설명하기 위해 이전 상태에 대해 행해지는 모든 언급은 관찰자가 두 상태를 동시에 보는 정신적 관찰의 관점에서 만들어진 기술의 책략artifice이다. 이는 듣는 사람의 마음에서 기계에 대한 축약된 실현을 유도한다.[2] 그러므로 모든 기계나, 기계의 일부나, 예측 가능한 경로를 따르는 과정은 관찰자가 전체를 아우르는 맥락과 관련하여 적절히 다룰 수만 있다면 기획이나 목적, 기능을 갖춘 것처럼 기술할 수 있는 것이다.

결국 살아있는 체계들이 물리적인 자기생성기계라면, 목적론적 법칙은 살아있는 체계의 조직의 어떤 속성도 드러내지 않는다. 오히려 그것은 관찰 영역 내 살아있는 체계들의 작동의 일관성을 드러내는 기술의 책략이 된다. 물리적인 자기생성기계

---

2. * 기술의 인지적 책략에 대해서는 *Cybernetics of cybernetics*(1974)에 수록된 마뚜라나의 논문 "Cognitive strategies"를 참조하라.

로서의 살아있는 체계는 무목적 체계다.

2. 개체성

목적론적 법칙 개념을 살아있는 체계를 정의하는 특성에서 제거한다면, 문제를 바라보는 전망이 완전히 변한다. 우리는 살아있는 체계의 조직을 이해하기 위한 중심 문제로 개체의 조직을 고찰할 수밖에 없게 된다.

사실 살아있는 체계는 자체의 자기생성적 조직에 의해서 하나의 개체로, 즉 상호작용들의 단위체적 원소 a unitary element로 특정된다. 이때 자기생성적 조직은 살아있는 체계의 어떤 변화라도 반드시 스스로의 유지에 종속된 채 벌어지도록 결정한다. 그리하여 자기생성적 조직은 살아있는 체계의 실현의 구체성에 있어서 스스로와 관련이 있는 것과 관련이 없는 것을 구체화하는 경계[막]의 조건을 설정한다. 만약 살아있는 체계의 모든 변화가 자기생성적 조직의 유지에 종속된 채 (직접적으로든 간접적으로든) 벌어지지 않는다면, 살아있는 체계는 스스로를 하나의 단위체로 규정하는 자체의 조직 양상을 잃게 될 것이고, 따라서 살아있는 체계는 붕괴될 것이다. 물론 모든 단위체가 어떤 식으로 규정되든, 자체의 정의defining 조직의 상실이 결과적으로 붕괴를 초래한다는 점은 참이다. 그렇지만 살아있는 체계의 특이성은 자체의 자기생성적 조직이 상실될 때마다 살아있는 체계가 붕괴한다는 점이지, 붕괴할 수도 있다는 점이 아니다. 그 결과 각 살아있는 체계에서의 모든 변화는 그 체계가 구조변화의 역사 속에서 기능하는 것을 방해하지 않아야 한다. 이 구조적 변화의 역사 속에서 자기생성 조직은 변하지 않은 채로 유지된다. 따라서 개체발생은 살아있는 체계들의 개체성의 표현이자 이러한 개체성이 실현되는 방법이다. 그렇다면 과정으로서의 개체발생이란 하나의 체계가 매 순간 충분하게 단위체가 되는 생성에 대한 표현이지, 불완전한 (배아적) 상태로부터 더 완전하거나 최종적인 (성숙) 상태로 이행하는 것이 아니다.

발달 개념 또한 목적 개념처럼 관찰의 맥락에서만 일어난다. 그러므로 발달 개념은 살아있는 체계의 자기생성적 조직의 영역이 아닌 다른 영역에 속해 있다. 마찬가지로 관찰자가 목격할 수 있는 자기생성기계의 행위는 변화 경로에 대한 반영이다. 자기생성기계는 자기 조직을 상수로 유지하는 과정에서 변화 경로를 겪게 되는데 이는 섭동에 의해 변위될 수 있는 변수의 제어를 거치며, 어느 순간에도 이런 변수를 유지하는 값들의 동일한 과정에서의 구체화를 거친다. 자기생성기계에는 입력이나 출력이 없다. 그러므로 자기생성기계를 섭동하는 규칙적으로 발생하는 독립적 사건들과 이 섭동으로 인해 발생하는 상태 간의 전이들 사이에 어떤 상관관계를 관찰자가 드러내는 척하더라도, 이는 관찰의 맥락에서 그 기계의 역사와 관련된 것이지, 기계의 자기생성적 조직의 작동과 관련된 것이 아니다.

3장

자기생성의 체화

물리적 자기생성체계가 살아있는 체계라는 주장은 살아있는 체계의 모든 현상학이 자체의 자기생성에 귀속되거나 종속된다는 증거를 요구한다. 분명히 이 증거는 모든 생물학적 현상을 열거하고 이 현상을 보여주는 자기생성체계의 사례를 제시하는 것으로 이루어질 수 없다. 오히려 이 증거는 적절한 비결정인자 우연성non-determinant contingencies이 주어진다면, 자기생성이 모든 생물학적 현상의 발생을 구성하거나, 모든 생물학적 현상의 발생에 필요충분조건이라는 것을 제시하는 것으로 이루어져야 한다.

1. 기술적 개념과 인과적 개념

하나의 자기생성체계는 자체의 자기생성 조직에 의해 하나의 단위체로 규정된다. 물리적 체계에서 이러한 조직을 실현하려면 구성요소들이 필요하다. 구성요소는 자기생성에서의 자기 역할에 의해 규정되고, 이러한 자기생성과 관련해서만 기술될 수 있는 것이다. 또한 이러한 구성요소는 자기생성 조직에 의해 구체화된 조건 아래에서, 필수 속성들을 보여줄 수 있는 물질적 요소들에 의해서만 실현될 수 있다. 그리고 이러한 구성요소는 반드시 이 조직 내의 적절한 위상 관계에서 구성요소들이 형성하는 자기생성체계의 개별 사례(구조적 실현)로 생산되어야 한다. 따라서 자기생성 조직은 오직 관계들이 구성하는 자기생성 조직과 관련해서만 구체화된 관계들의, 폐쇄적 영역을 구성한다. 따라서 하나의 자기생성 조직은 자신이 하나의 구체적인 체계로 실현될 수 있는 하나의 '공간'을 규정한다. 이 공간의 [세] 차원은 그 공간을 실현하는 구성요소들의 생산관계들이다.

(i) 구성 관계relations of constitution들은 생산된 구성요소들이 위상을 구성하여, 위상에서 자기생성이 실현되도록 결정한다.

(ii) 특정성 관계relations of specificity는 생산된 구성요소가 자기생성에 참여함으로써 정의되는 특정된 구성요소가 되도록 결정한다.

(iii) 질서 관계relations of order는 특정화specification 관계 및 구성 관계, 질서 관계에서 구성요소들의 연속상태가 자기생성에 의해서 구체화된 관계가 되도록 결정한다.

물론 이러한 생산관계들이 하나의 물리적 체계에서 체화되는 방식은 자기생성이 실현되는 개별 방식에, 즉 관계들이 실현하는 실제 구조에 달려 있다. 하지만 개별적이고 구체적인 모든 자기생성체계에 적용되는 몇몇 일반 개념이 있다. 우리는 먼저 이 개념들을 언급해야 한다.

(i) 실제로 에너지적이고 열역학적인 고찰들은 구성요소들이 어떻게 물리적으로 구성되는지를 분석하는 데, 그리고 구성요소들이 자기생성체계에 대한 참여의 필요조건들을 충족시킬 수 있도록 하나의 구체적인 상호작용 영역에서 어떤 적합한 관계들을 갖추어야 하는지를 기술하는 데 필연적으로 포함될 것이다. 그렇지만 이러한 고찰들은 자기생성 조직의 특징에 포함되지는 않는다. 구성요소들이 물질화될 수 있을 때 그 조직은 실현될 수 있다;그럴 때 모든 열역학적·에너지적 관계들의 충족은 내포되어 있다. 따라서 예컨대, 다음 절에서 다룰 세포의 구체적 사례에서 에너지 관계들은 아데노신3인산ATP의 참여로 일정한 반응들을 가능하게 만드는 것이기는 하지만, 자기생성 조직을 구성하지는 않는다. 그러나 자기생성 조직이 실현되는 구조를 구성하기 위해서는, 자기생성적 조직에 참여하는 분자들이 자신의 속성들 중에서도 자기생성 조직을 생성하는 상호작용 자체에 들어가는 속성을 지녀야 하며, 그로 인해 필요한 에너지 관계들을 유지하는 속성을 지녀야 한다.

(ii) 특정화와 질서 같은 개념은 지시적referential 개념들이다. 즉 이런 개념들은 그것들이 정의된 맥락 외부에서는 의미가 없다. 따라서 우리가 특정화 관계에 대해서 말할 때 우리는 그 체계를 자기생성적인 것으로 정의하는 맥락 속에서의 구성요소들의 특정화를 말하는 것이다. 구성요소들의 실현가능성factibility(사실적 특징화factual characterization)을 위해 필요한 어떤 다른 특정성의 요소도, 그것이 얼마나 필수적인 것이든지 간에 자기생성 조직을 통해 정의된 것이 아니라면, 우리는 중요하게 여기지 않는다. 질서의 개념도 마찬가지다. 질서 관계는, 자기생성을 초래하는, 구성요소들의 연속상태의 현전을 보장하는 과정들의 확립을 지시한다. 기술에 대한 다른 관점들에서 고안해낼 수 있는 다른 어떤 것도 여기에서는 해당사항이 없다.

(iii) 하나의 자기생성 조직은 구체적인 자기생성체계에서 체화에 의해 위상학적 단위체를 획득하며, 자기생성 조직이 자기생성을 유지하는 한, 자체의 동일성을 존속시킨다. 이뿐만 아니라 자기생성체계에 의해 정의된 공간은 자족적self-contained이며, 또 다른 공간을 정의하는 차원을 사용해서는 기술될 수 없다. 그러나 우리가 하나의 구체적인 자기생성체계와의 상호작용을 언급할 때, 우리는 그 체계를 우리 조작 공간에 투사하고 이 투사에 관해서 기술한다. 우리가 이렇게 할 수 있는 이유는 우리가 자기생성체계의 구성요소들과 상호작용할 때 자기생성적

공간에 놓여있지 않은 구성하는 요소들의 속성들을 거치며, 따라서 우리가 자기생성체계의 구성요소들을 수정하여 자기생성체계의 구조를 수정하기 때문이다. 그렇지만 우리의 기술은 자기생성적 공간이 아니라 우리의 기술의 공간에서 자기생성체계 투사의 계속된 변화를 따른다.

(iv) 부호화나 정보의 전송 같은 개념들은 자기생성체계의 실제 과정들을 지칭하지 않기 때문에 구체적 자기생성체계의 실현에 포함되는 것이 아니다. 그러므로 특정성 개념은 부호화나 정보, 명령instructions을 함축하지 않는다. 특정성 개념은 자기생성적 조직에 의해 결정되고 좌우되며 특정한 구성요소들의 생산으로 귀결되는 특정한 관계들을 기술할 뿐이다. 특정성 개념에 적절한 차원은 오로지 특정성 관계의 차원뿐이다. 체계나 체계 일부를 특정화하기 위해 부호라고 부르는 것은 부적절할 뿐만 아니라 오해의 소지가 있는 명칭이다. 왜냐하면 이와 같은 표현은 자기생성의 공간에서 발생하는 과정들을 인간이 설계하는 공간에서 발생하는 과정들로의 사상寫像한 결과를 표상하는 것(이형생성)이지, 현상을 재공식화한 것이 아니기 때문이다. 부호화 개념은 관찰자의 상호작용을 표상하는 인지적 개념이지, 관찰된 영역에서 작동하는 현상이 아니다. 이는 규제regulation 개념에도 동일하게 적용된다. 규제 개념은 이형생성에 대한 기술영역에서 타당하다. 그리고 규제 개념은 설계하는 자

(또는 그 사람에 준하는 것)가 특정화된specified 질서와 특정화된 속도로 체계의 상호의존적인 이행이 발생하도록 만든 동시적 관찰과 기술을 반영한다. 자기생성체계에서 상응하는 차원은 질서의 생산관계 차원이다. 그러나 여기서도 자기생성의 맥락에서 상응하는 차원이지, 질서의 생산관계 차원이 우리 기술 영역에 투사되어 나타날 것처럼 체계의 어떤 특수 상태의 맥락에 상응하는 차원은 아니다. 그렇다면 규제 개념은 기술에는 포함될 수는 있지만 자기생성적 조직에서의 실제 과정을 지시할 수는 없다.

2. 분자적 체화

세포가 자기생성체계라는 점은 세포의 생활주기에서 자명하게 나타난다. 자명하지 않은 것은 세포가 자기생성을 분자적으로 체화하는 방식이다. 하지만 세포의 자기생성적 공간이라는 차원의 관점에서 세포를 분석할 때 이 방식은 분명하게 드러난다.

(i) 구성 관계들의 생산

구성 관계들은 자기생성 조직의 위상을 결정하고, 따라서 조직의 물리적 경계를 결정하는 관계들이다. 구성 관계들을 맺는 구성요소들의 생산을 통한 구성 관계의 생산은 자기생성체계를 정의하는 차원들 중 하나이다. 세포에서 그러한 구성 관계들은 생산관계의 위상학을 전반적으로 결정하는 분자(단백질과 지질, 탄수화물, 핵산), 즉 구성요소들이 자신들을 정의하는 관계들을 유지하는 데 필수적인 물리적 인접 관계를 결정하는 분자들의 생산을 통해서 확립된다. 세포는 자신의 위상학을 구체화하는 구성적 관계들의 생산의 차원을 통해서 자신의 물리적 경계를 정의한다. 세포에는 세포가 무엇이 아닌지에 대한 특정화가 없다.

(ii) 특정화 관계들의 생산

특정화 관계들은 자기생성 조직의 구성요소들의 동일성(속성들)을 결정하며, 따라서 세포의 경우, 세포의 물리적 실현가능성을 결정하는 관계들이다. 특정화 관계들을 유지할 수 있는 구성요소들의 생산을 통해 특정화 관계들을 확립하는 것은 자기생성체계를 정의하는 또 하나의 차원이다. 세포에서 이와 같은 특정화 관계들은 주로 생산관계 일반의 동일성을 결정하는 핵산과 단백질 생산을 거쳐 산출된다. 세포에서 이것은 한편으로는 DNA와 RNA, 단백질 간의 특정화 관계들에 의해서, 다른 한편으로는 효소와 기질substrates 사이의 특정화 관계들에 의해서 명백하게 획득된다. 이러한 특정화 관계들의 생산은 구성 관계들의 생산에 의해 정의된 위상 기질topological substrate 내에서만 유지된다. 특정화 관계들의 자기생성체계로서의 세포와 무관한 생산은, 세포에게 존재하지 않는 것이다.

(iii) 질서 관계들의 생산

질서 관계들은 구성, 특정화, 질서 관계들을 생산하는 연속 상태를 결정하고, 따라서 자기생성 조직의 실제 실현을 결정함으로써 자기생성 조직의 동역학을 결정하는 관계다. 질서 관계들은 구성, 특정화, 질서 관계들의 생산을 실현하는 구성요소들의 생산을 거쳐 확립된다. 질서 관계들의 확립은 자기생성적 공간의 세 번째 차원을 구성한다. 세포에서 주로 질서 관계들을 확립하는 것은 구성요소들(대사물질들metabolites과 핵산, 단백질)의 생산이다. 구성요소들의 생산이 구성, 특정화, 질서 관계들의 생산 속도를 제어하는 것이기 때문이다. 따라서 질서 관계는 구성과 특정화, 질서의 병렬적·순차적 관계들이 세포를 하나의 체계로 구성하는 연결망을 따르며, 이 체계에서 연결망을 동역학적·물리적·위상적 단위체로 특정하는 생산관계들이 일정하게 유지된다. 세포의 자기생성 조직에 속하지 않는 과정을 통한 질서화는 없다.

우리가 세포를 검토해 보면 다음과 같은 점이 분명하다.

DNA는 폴리펩티드의 특정화에, 그래서 효소단백질 및 구조단백질의 단백질 특정화에 참여하고, 폴리펩티드들이 특정적으로 단백질과 핵산, 지질, 당질, 대사물질들의 생산에 참여하고 있다. (단량체인지 여부에 관계없이 세포에서 생산된 모든 저

분자small molecules를 포함하는) 대사물질들은 세포를 구성하는 다양한 과정과 반응의 속도를 결정하는 과정에 참여하여, 병렬적이고 순차적으로 상호연결된 과정에 상호 연계된 속도의 연결망을 확립한다. 이때 대사물질들은 게이팅[1]과 구성적 참여, 둘을 경유하여 모든 반응이 형질전환하는 연결망 상태의 기능이고 대사물질들이 형질전환하는 연결망을 통합하는 식으로 속도의 연결망을 확립한다. 모든 과정은 구성 관계를 산출하는 과정에 참여함으로써 결정된 위상과 결부되어 발생한다.

관찰자로서 우리는 모든 세포 과정을, 직교하는 세 개의 좌표 체계에 투사할 수 있다. 그리고 이 투사에서도 유효한 것으로 드러나듯이, 특정화는 대부분 핵산에 의해 생산되고, 구성은 대부분 단백질에 의해 생산되며, 질서(제어)는 대부분 대사물질들에 의해 생산된다고 말할 수 있다. 그러나 자기생성적 공간은 그것이 그 자체로 완전히 구체화되어 있다는 점에서 휘어져 있고 닫혀 있다. 그리고 그러한 투사는 그 자기생성적 공간과 우리의 인지관계를 표상하지만 그것을 재생산하지는 않는다. 자기생성적 공간에서 특정화는 자체의 조직이 하나의 구체적 과정(단백질 합성, 효소작용, 선택적 투과성)을 결정하는 모든 지점에서 일어난다. 질서화는 두 개 이상의 과정들이 만나

---

1. * 생체막의 이온 채널에 있는 관문(gate)의 개폐에 의해 막 내외의 이온 농도를 변화시키는 것.

는 모든 지점(속도 또는 연속적인 사건들의 변화, 다른 자리 입체성 효과[2], 경쟁적 및 비경쟁적 억제inhibition, 촉진facilitation, 불활성화inactivation 등)에 참여하는 구성요소들의 구조에 따라 발생한다. 구성은 구성요소의 구조가 물리적 인접 관계를 결정하는 모든 곳(세포막, 미립자, 효소의 활성 부위)마다 발생한다. 이 체계를 동일성과 개체성을 갖춘 단위체로 만드는 것은 모든 생산관계가 하나의 항상성 체계로 기술 가능한 하나의 체계에서 조정된다는 점이다. 이때 항상성 체계는 고유의 단위체적 특성을 변수로 갖고 있으면서도 자체의 구성요소들을 생산하는 과정을 통해서는 상수를 유지한다. 이와 같은 체계에서 어느 한 곳에서의 변형은 체계를 3차원적 데카르트 공간Cartesian space에 투사하여 기술할 때처럼 그 구성요소들을 동일한 상태로 되돌리는 일에 의해서는 보정되지 않는다. 오히려 어느 한 곳에서의 변형은 자기생성을 이루는 구성, 특정화, 질서 관계를 생산하는 관계들의 관계the relation of the relations에 의해 규정된 대로 자기조직을 상수로 유지하는 일에 의해서만 보정된다. 바꿔 말하자면 변형을 보정하는 과정이 자기생성적 공간에서 자기생성체계를 유지한다.

단위체로서 세포가 지닌 모든 생물학적 특성이 세포의 자

---

2. * 다른 자리 입체성 효과(allosteric effect)는 효소의 활성을 생체 내에서 조절하는 주요 메커니즘의 하나로 알로스테릭 효과라고도 한다.

기생성에 의해 결정된다는 점은 이제 명백하다. 사실 세포를 하나의 단위체로(개체로) 규정할 수 있는 것은 세포의 자기생성이 유일하다. 따라서 세포의 존재 자체에 놓인 유일한 제약은 자기생성의 유지다. 그 외의 모든 것, 즉 세포의 구조는 달라질 수 있다. 위상과 특정화, 질서의 제 관계들은 자기생성적 공간 내에서 연결망을 구성하고 있는 한, 달라질 수 있다.

3. 기원

구성 관계, 특정화 관계, 질서 관계의 생산은 자기생성체계에만 배타적으로 해당하는 것이 아니다. 이 관계들은 일반적으로는 단위체 상호작용에, 그리고 특수하게는 분자 상호작용에 내재해 있다. 그 관계들은 단위체나 분자들이 채택할 수 있는 기하학적, 에너지적 관계성으로 표현되는 단위체나 분자의 속성들에 의존한다. 그리하여 분자의 기하학적 속성들은 구성 관계들을 결정하는데, 여기서 구성 관계란 위상학을 말한다. 즉 물리적 인접 관계나 그 분자들이 진입할 수도 있는 공간적 관계를 말한다. 분자의 화학적 속성들은 가능한 상호작용을 결정하며, 그에 따라 구성 관계들과 직교하는 차원인 특정화 관계를 결정한다. 구성과 특정화의 두 관계는 함께 분자 상호작용의 순서와 연속, 즉 질서 관계를 결정한다. 따라서 생산관계들이 구성요소들을 생산하고, 구성요소들이 하나의 분자체계를 단위체로 특정하여, 이러한 과정들의 연속이 단위체를 활발하게 생산하는 동안에만 단위체가 존재하는 식으로 생산관계들이 연속될 때, 하나의 분자체계에서 자기생성이 일어날 수 있다. 즉 분자체계에서 자기생성은 저 관계들을 연속시키는 관계가 분자 구성요소들의 생산을 통해 일정하게 생산·유지되고, 분자 구성요소의 생산물이 이러한 연속을 통해 체계를 구성할 때만 발생한다는 것이다. 따라서 일반적으로 자기생성체계의 기원에 대한 질문은 자기생성적 공간의 확립을 위해서는 반드시 무엇이 충족되어야 하는지 그 조건에 관해 묻는 것이 된다. 그러면 이 문제는 어떤 분자가 그 과정에 참여했거나 참여할 수 있는지를 다루는 화학적 문제가 아니라, 분자나 구성 단위체들이 어떤 관계들을 반드시 충족시켜야 하는지에 관한 일반적 문제가 된다. 여기에는 다음과 같은 고찰이 필요하다.

(i) 하나의 자기생성체계는 그것의 자기생성 조직에 의해서by 그리고 자기생성 조직을 통해서through 하나의 단위체로 정의된다. 따라서 이러한 단위체는 구성요소들이 상호작용하거나 관계를 맺을 수 있는 실체로서 존재하는, 하나의 위상적인 단위체이다. 살아있는 체계에게 그러한 공간은 물리적 공간이다. 어떤 공간 안에서의 단위체 없이는, 자기생성체계는 그것이 놓여 있다고 가정되는 배경과 차이가 없으며, 따라서 그것의 단위체가 개념적으로만 규정되는 우리의 기술 공간 안에 있는 하나의 체

계에 불과하게 된다. 물리적 공간 안에서의 단위체가 없다면 살아있는 체계는 그것을 그 공간 안의 구체적 실체로 구성하는 생산관계의 동역학을 결여할 것이다.

(ii) 하나의 자기생성체계의 성립은 점진적으로 성립하는 과정이 될 수 없다. 하나의 체계는 자기생성체계이거나 자기생성체계가 아니다. 사실, 자기생성체계가 체계로 정의되기 때문에 그것의 확립은 점진적인 과정일 수 없다. 즉 자기생성체계는 그 조직에 의해서 위상적 단위체로 규정되기 때문이다. 따라서 둘 중 하나이다. 위상적 단위체가 그것의 자기생성 조직을 통해서 형성되어 자기생성체계가 존재하게 되고 유지되거나, 위상적 단위체가 없거나, 다른 방식으로 형성되어 자기생성체계가 아닌 다른 것이 존재한다. 이런 식으로 중간 체계란 없으며, 또한 있을 수도 없다. 우리가 하나의 체계를 기술할 수 있고, 이 체계와 비교 가능한 다른 체계를 상상할 수 있기 때문에 마치 조금만 전환한다면 이 체계가 곧 자기생성체계가 될 것처럼 말할 수는 있다. 하지만 이와 같은 체계는 우리의 기술에 있어서만 중간 체계이지, 조직이라는 의미에서는 어떤 것도 결코 과도적 체계일 수 없다.

(iii) 자기촉매반응autocatalytic 과정들은 자기생성체계를 구성하지 않는다. 왜냐하면 무엇보다도 과정들이 자체의 위상을

결정하지 않기 때문이다. 이것들의 위상은 체계 특정화의 일부인 용기container에 의해서 결정되며, 자기촉매반응의 작동으로부터는 독립적이다. 이러한 과정이나 이와 유사한 종류의 과정은 물리적 공간에 풍부하게 있다. 독립적 과정들을 더 큰 체계들에 연동시키는 것 또한 일반적이다. 독립적 과정들은 물리적 공간이든 다른 공간이든 주어진 공간에서의 구성 상황들에 맞춰 정의된 단위체를 구성할 수도 있고 구성하지 않을 수도 있다. 그렇지만 독립적 과정들은 이것들이 준수하는 체계가 자기생성 조직의 체화를 거쳐 위상적 단위체로 규정되지 않는 한, 자기생성체계를 구성할 수도 없고 구성에 참여하지도 않을 것이다. 구별의 작동이 하나의 단위체를 정의한다. 자기생성체계에서는 자체의 자기생성이 그 체계를 정의하는 구별의 작동을 구성한다. 그리고 그 체계의 기원은 이러한 작업의 확립과 공동 정황적co-circumstantial이다.

(iv) 자기생성체계들의 기원 문제에는 두 가지 측면이 있다. 하나는 자기생성체계들의 실현 가능성에 준거하며, 다른 하나는 그것들의 자연발생 가능성에 준거한다. 첫 번째 측면은 다음과 같은 방식으로 진술될 수 있다. 모든 체계의 확립은 체계를 구성하는 요소들의 현존에, 그리고 구성요소들이 들어갈 수 있는 상호작용의 종류에 달려 있다. 따라서 적절한 구성요소들과 구성요소들의 적절한 상호작용의 연속이 주어진다면 그 체계

는 실현된다. 그렇다면 분자 자기생성체계의 실현 가능성에 대한 구체적 질문이란, 어떤 조건이 서로 다른 화학 과정들을 연결하여 자기생성적 공간에서 관계적 연결망들을 구성하는 위상적 단위체들을 형성할 수 있는지 묻는 것이다. 두 번째 측면은 다음과 같은 방식으로 진술될 수 있다. 자기생성체계의 실현 가능성과 지구상의 자기생성체계를 감안할 때, 자기생성체계가 자연발생적으로 생성될 수 있는 자연적 조건들이 있다. 구체적으로 그 질문은 다음과 같을 것이다. "자기생성체계의 구성요소들이 어떤 자연적 조건을 따라 지구상에서 자발적으로 발생했거나 발생하고, 자기생성체계들을 형성하기 위해 병합하는concatenate 자연적 조건은 무엇이었거나 무엇인가?" 이 질문은 실현 가능성 질문에 대답하는 방식과, 특히 하나의 분자 자기생성체계나 여러 다른 종류의 분자 자기생성체계의 실현 가능성에 준거하는 방식과 무관하게 대답될 수는 없다. 오늘날 지구상에 한 가지 양식의 자기생성 조직(핵산 단백질 시스템)만이 존재한다는 점이 실현 가능성 질문이 단 하나의 답만을 갖는다는 의미로 받아들여져서는 안 된다.

우리가 지금까지 논의해 온 개념은 분자나 초분자와 같은 물리적 체화의 모든 단계에서 자기생성체계들의 기원(구성)에 유효하다. 우리는 이런 체현들의 확립의 특수한 상황들에 관해서는 어떤 것도 언급하지 않을 것이다. 우리는 또 다른 탐구를 위해 이 문제를 남겨둘 것이며, 자기생성체계의 자연발생의 실현 가능성에 대한 실존적 증거로 현재의 살아있는 체계의 존재를 수용한다. 다음 장에서는 자기생성체계의 다양성에서 위상적 단위체의 조건이 갖는 의미를 고찰할 것이다.

4장

자기생성의 다양성

살아있는 체계들은 살아있는 조직을 체화한다. 살아있는 체계는 물리적 공간상의 자기생성체계들이다. 살아있는 체계들의 다양성은 명백하다. 또한 다양성이 재생산과 진화에 의존한다는 것도 명백하다. 그러나 재생산이나 진화는 살아있는 조직의 특징에는 포함되지 않는다. 살아있는 체계들은 자체의 자기생성에 의해서 단위체들로 정의된다. 이 점이 중요한 이유는, 그로 인해서 자기생성체계들의 현상학이 그 체계들이 자기생성 단위체라는 점에 의존하게 되기 때문이다. 사실 재생산은 재생산되기 위한 단위체의 존재가 필요하다. 이와 같은 단위체의 성립에 대해서 재생산은 필연적으로 부차적이다. 진화는 진화하는 것의 재생산을 통한 재생산과 변화의 가능성을 필요로 한다. 재생산의 성립에 대해서 진화는 필연적으로 부차적이다. 결과적으로 재생산과 진화를 포함한 살아있는 체계의 현상학을 적절하게 평가하기 위해서는 살아있는 체계를 자기생성적 단위체로서 적절하게 평가하는 것이 요구된다.

1. 단위체 조건에의 종속

단위체(배경과의 구별가능성, 따라서 다른 단위체들과의 구별가능성)는 어떤 주어진 영역에 존재하기 위한 유일한 필요조건이다. 사실 단위체의 본성과 단위체가 존재하는 영역은 단위체를 구별하고 결정하는 과정에 의해 구체화된다. 이는 그 과정이 (관찰자가 자신의 담화영역과 기술영역에서 구별 작업을 통해 단위체를 정의하는 경우처럼) 개념적이든, (물리적 공간에서 실제 작동을 통해 단위체의 정의하는 속성들이 배경으로부터 단위체의 구별을 확고히 하고, 효과적 작동을 통해 하나의 단위체가 성립하는 경우처럼) 물리적이든 상관없이 그러하다. 이에 따라 서로 다른 종류의 단위체들은 그것들이 확립된 영역이 필연적으로 다르며, 서로 다른 존재 영역을 갖고 있기에 이 영역들이 교차하는지 여부에 따라 상호작용할 수도 있고 그렇지 않을 수도 있다. 그렇다면 단위체 구별(단위체의 구별성distinctive-ness과 [단위체를] 구별하기distinguishing)은 기술적이거나 분석적인 목적을 위해 순전히 개념적 타당성으로 이루어진 추상적 개념이 아니라, 단위체가 주장되거나 정의되는 과정 자체에 준거하는 작동적 개념이다. 즉 하나의 단위체를 구체화하는 조건들이 그것의 현상학을 결정한다. 살아있는 체계에서 이러한 조건들은 살아있는 체계가 지닌 자기생성 조직에 의해 결정된다. 사실 자기생성은 자기생성체계상의 모든 변화가 자기생성 조직의 유지에 종속된다는 점을 함축한다. 또한 자기생성은 자기생성 조직이 그 체계를 하나의 단위체로 정의하기 때문에 체계의 현상학이 단위체의 유지에 완전히 종속된다는 점을 함축한다. 이러한 종속에는 다음과 같은 결과가 있다.

(i) 하나의 단위체의 성립은 단위체의 현상학의 영역을 정의한다. 하지만 단위체가 지닌 구조에 의해 단위체가 구성되는 방식은 그 영역에서 단위체가 생성시키는 현상학의 종류를 정의한다. 따라서 각 자기생성적(생물학적) 단위체의 현상학이 차용하는 특수한 형식은 그것의 개체적 자기생성이 실현되는 특수한 방법에 따라 달라진다. 또한 각 개체의,(행위를 포함하는) 개체발생적 형질전환의 영역은 각 개체가 그곳을 통해 자기생성을 유지할 수 있는 항상성 유지 궤도homeostatic trajectories의 영역이다.

(ii) 모든 생물학적 현상학은 필연적으로 물리적 공간에서 개개의 자기생성 단위체를 통해 결정되고 실현된다. 그리고 모든 생물학적 현상학은 그 자기생성 단위체들이 자신들의 개별적인 정의 관계들을 상수로 유지하는 과정에서, 항상성 체계로서 단독으로 혹은 집단으로 겪는 형질전환의 모든 경로로 구성된다. 자기생성적 단위체들이 상호작용 과정에서 추가적 단위체들을 구성하기 위해 통합하는지 여부는 생물학적 현상학

이 개별 단위체의 동일성 유지에 종속되는 것과는 관계가 없다. 만약 자기생성적 단위체들이 결합하여 자기생성적 단위체가 아닌 새로운 단위체를 만든다면, 단위체의 현상학은 반드시 새로운 단위체의 조직에 의존하게 될 것이다. 단위체의 현상학은 단위체 구성요소의 자기생성 의존 여부에 따라 생물학적이거나 그렇지 않을 것이다. 그에 따라 단위체의 현상학은 자기생성적 단위체들로서 구성요소들의 유지에 의존하거나 의존하지 않게 될 것이다. 만약 새로운 단위체가 자기생성적 단위체라면, 그것의 현상학은 곧바로 생물학적 현상학이며, 명백히 단위체 자기생성의 유지에 의존한다. 이는 차례로 단위체 구성요소들의 자기생성에 의존하게 될 수도 있고 아닐 수도 있다.

(iii) 하나의 자기생성적 단위체의 동일성은 단위체가 자기생성적으로 유지되는 한, 즉 물리적 공간상의 단위체로서, 자기생성적 공간상의 단위체로 남아있는 한 유지된다. 이는 단위체가 자기생성을 유지하는 과정에서 형질전환을 얼마나 많이 겪는지와는 무관하다.

(iv) 하나의 단위체가 자기생성 단위체(개체)로 구성된 이후에야 비로소 재생산이 하나의 생물학적 현상으로서 일어날 수 있다.

2. 개체발생의 가소성

개체발생은 한 단위체의 구조적 형질전환의 역사다. 따라서 살아있는 체계의 개체발생은 물리적 공간에서 지속적인 자기생성을 통해 살아있는 체계의 동일성을 유지하는 역사라고 할 수 있다. 하나의 물리적 자기생성체계란, 구체적인concrete 물리적 상호작용과 형질전환을 함축하는 구성요소들의 생산관계를 통해 실현되는 하나의 동역학 체계다. 이러한 단순한 사실로 볼 때, 살아있는 체계의 개체발생이 물리적 공간에서 일어나야 한다는 점은 살아있는 체계의 자기생성적 조직의 필연적인 결과이다. 개체발생의 이러한 개념에 대해 다음과 같은 몇 가지 의견이 있다.

(i) 자기생성체계가 스스로의 동일성을 유지하는 방식은 이 체계가 자기생성적으로 존재하는 특수한 방식, 즉 특수한 구조에 의존하므로 서로 다른 부류의 자기생성체계에는 서로 다른 부류의 개체발생이 있다.

(ii) 자기생성체계에는 입력이나 출력이 없기 때문에, 이 체계가 동일성을 잃어버리는 일 없이, 따라서 자체의 정의 관계들을 유지하면서 겪어내는 모든 변화는 필연적으로 자체의 항상성 조직에 의해 결정된다. 결과적으로 자기생성체계의 현상학은 언

제나 필연적으로 그것이 동일성의 상실 없이 겪는 변형에 부합되고, 그것이 놓여 있는 변형하는deforming 주위환경에 부합되어야 한다. 그렇지 않으면 체계는 붕괴한다.

(iii) 자기생성 조직의 항상적 본성의 결과로, 어떤 주어진 단위체에서 자기생성이 실현되는 방법은 그것의 개체발생 동안 변할 수 있다. 다만 동일성을 잃어버리는 일 없이, 즉 자기생성을 방해받지 않고 지속하면서 이러한 일이 벌어져야 한다는 유일한 제약이 있다.

(iv) 자기생성체계가 동일성의 상실 없이, 상호작용 아래에서의 자신의 변형들deformations을 보정하면서 겪는 변화들changes은 그 체계의 조직에 의해 결정되지만, 그러한 변화들의 순서는 이 변형들의 순서에 의해 결정된다. 관찰자에게 보이는 자기생성체계 변형의 원천에는 두 가지가 있다. 하나는 독립적 사태의 원천으로서의 외부환경이 자기생성체계의 변형을 구성하는 경우이다. 이때 '독립적'이란 그 체계의 조직에 의해 결정되지 않는다는 의미이다. 다른 하나는 변형에 대한 보정이 유발하는 상태들(그러나 그 자체로 추가적인 보정적 변화들을 생성하는 변형들을 구성할 수 있는 상태들)의 원천으로서의 체계 자체가 자기생성체계의 변형을 구성하는 경우다. 자기생성 조직의 현상학에서 섭동의 이 두 가지 원천은 구별될 수 없다. 각각의 자기

생성체계에서 이 두 가지는 단일한 개체발생을 형성하기 위해 서로 엮인다. 따라서 자기생성체계에서는 모든 변화가 내적으로 결정되지만, 관찰자에게 자기생성체계의 개체발생은 체계와 독립적인 주위환경과의 상호작용의 역사를 부분적으로 반영한다. 그리하여 다른 상황에서라면 등가적일 두 자기생성체계에 서로 다른 개체발생이 있을 수 있다.

(v) 하나의 자기생성체계를 어떤 맥락에 놓인 단위체로서 주시하는 관찰자가 있다고 하자. 그 관찰자는 그 맥락 역시도 관찰하며, 그 맥락을 그 단위체의 환경으로 기술한다. 이러한 관찰자는 자기생성체계에 대해서 내적으로 생성된 섭동과 외적으로 생성된 섭동을 구별할 수도 있다. 그러나 자기생성체계 자체에 있어서는 그 섭동들은 본질적으로 구별 불가능하다. 관찰자는 이러한 구별을 사용하여 자신이 관찰하는 자기생성체계의 역사에 관해 기술할 수 있다. 또 그는 역사를 사용하여 (자신이 추론한) 주위환경을 자기생성체계가 존재하는 영역으로 기술할 수 있다. 그러나 관찰자는, 체계의 개체발생과 그 개체발생이 기술하는 주위환경 사이에서 자신이 관찰한 상응으로부터, 또는 그가 그 상응을 포착하는 주위환경으로부터, 이러한 것들에 대한 구성적 표상이 자기생체계의 조직에 있으리라고 추론할 수는 없다. 개체발생 과정에서 드러난 행위와 주위환경 사이의 연속적 상응은 자기생성 조직에 있는 항상성의 본성이

낳은 결과이지, 주위환경이 자기생성 조직에 어떤 표상으로 존재하는 결과가 아니다. 또한 자기생성체계가 변화하는 환경에서 존속하기 위해 이 같은 표상을 획득해야 하거나 발전시켜야 할 필요도 전혀 없다. 살아있는 체계의 조직에서 주위환경, 또는 환경의 표상에 대해 말하는 일은 은유적으로 유용할 수 있을지는 몰라도, 자기생성체계의 조직을 밝히는 데는 부적절하며 왜곡의 소지가 있다.

(vi) 자기생성체계가 자기 동일성을 유지하는 동안 겪을 수 있는 보정된 변화는 체계의 구조가 섭동의 영향을 받는 방식에 따라 다음과 같은 두 종류가 있을 수 있다. (a) 구성요소 간의 관계만 변하는 보수적 변화, 또는 (b) 구성요소들 자체가 변하는 혁신적인 변화다. 첫 번째 경우에는 변형들을 야기하는 내적 또는 외적 상호작용이 자기생성이 실현되는 방식에는 어떠한 변화도 가져오지 않는다. 그리고 체계는 자기생성적 공간 내 동일한 지점에 계속 있다. 왜냐하면 체계의 구성요소가 변하지 않기 때문이다. 반대로 두 번째 경우에는 상호작용이 자기생성이 실현되는 방식에 변화를 가져오며, 자기생성적 공간에서 체계의 변위를 이끌어낸다. 왜냐하면 체계의 구성요소가 바뀌기 때문이다. 따라서 첫 번째 경우는 보수적인 개체발생을 함의한다. 반면, 두 번째 경우는 하나의 특수한 자기생성을 특정화하는 과정이기도 한 그러한 개체발생을 함축한다. 이 특수한 자기

생성은 그것의 결정에 있어서 필연적으로, 체계의 구성요소들의 가소성 그리고 상호작용의 역사 둘 다의 기능[함수]이다.

3. 재생산, 단위체의 복잡화

재생산을 하기 위해서는 재생산될 단위체가 필요하다. 그렇기 때문에 작동적으로 재생산은 단위체의 확립에 대해서 부차적이며, 살아있는 체계의 조직을 정의하는 특성으로는 포함될 수 없다. 나아가, 살아있는 체계들은 그것들의 자기생성 조직으로 특징 지어지기 때문에, 재생산은 자기생성의 와중에 자기생성의 복잡화가 일어남으로써 유발되었음이 틀림없으며, 재생산의 기원은 살아있는 체계의 기원에 대해서는 부차적인 것으로, 그리고 살아있는 체계의 기원으로부터는 독립적인 것으로 간주되고 이해되어야 한다. 재생산이 재생산된 단위체의 존재에 의존하는 것은 사소한 우선순위 문제가 아니다. 이는 재생산된 체계의 기원 및 재생산 기제와의 관계에 관한 작동적인 문제다. 따라서 자기생성체계에서의 재생산과 그 결과를 이해하기 위해서 우리는 자기생성과 관련하여 이 과정의 작동적 본성을 분석해야 한다.

(i) 재생산의 개념과 관련하여 반드시 구별해야 하는 세 현상이 있다. 복제, 복사, 자기재생산이다.[1]

복제|replication : 원리적으로는 [생성하는 체계와 생성된 단위체가] 서로 동일하지만 [생성된 단위체가 생성하는 체계] 자신과는 다른 단위체들을 연속적으로 생성하는 체계를, 그리고 체계가 그 단위체들을 생산하는 과정에서 그것들의 조직을 결정하는 체계를, 복제 체계라고 한다. 그렇다면 복제는 반복적 생산과 다르지 않다. 이 과정들 사이의 차이는 기술의 문제로 발생한다. 즉 관찰자가 연속적으로 생산된 단위체들의 등가적 조직의 기원을 강조하고 이 반복적 생산이 일어나는 영역과는 다른 영역에서 이 등가성이 가지는 유관성을 강조하는 데서 발생한다. 따라서 모든 분자는 적어도 원리적으로는 반복이 가능한 구체적인 분자과정과 원자과정으로 생산되지만, 어떤 특정한 반복 가능한 분자 연속상태concatenations가 세포활동(단백질과 핵산)과 관련하여 어떤 구체적인 종류의 분자들을 생산할 때만 그 분자들의 생산을 복제라고 부를 수 있다. 그렇다면 복제라는 명칭은 엄격하게 말해서 연속적으로 생산된 분자들의 동일성이 필요하다고 여겨지는 맥락만을 지시하는 것이지, 개별 분자 종합의 독특한 특성을 지시하는 것은 아니다.

복사copy : 복사는 주어진 객체나 현상이 어떤 절차를 통해 다른 체계에 사상되어 해당 체계에서 동형의 객체나 현상이 실

---

1. * 복제, 복사, 자기재생산의 세 가지 방식에 대한 보다 상세한 설명은 『앎의 나무』 3장 「역사 : 생식과 유전」과 특히 72~84쪽을 참조하라. 『앎의 나무』에는 복제, 복사, 증식(=재생산), 세포의 증식으로 소개되어 있다.

현될 수 있도록 할 때마다 일어난다. 복사의 개념에서는 사상 과정에 중점을 둔다. 이는 이러한 과정이 어떻게 실현되는지와는 무관하며, 심지어 사상 작업이 모형이 되는 단위체 자체에 의해 수행되더라도 그러하다.

자기재생산self-reproduction : 자기재생산은 하나의 단위체가 자기 고유의 생산 과정과 연동된 과정을 통해, 자기 고유의 조직과 비슷한 조직을 지닌 다른 단위체를 생산할 때 일어난다. 오로지 자기생성체계만이 자기재생산할 수 있다는 것은 명백하다. 오로지 자기생성체계만이 자기생산(자기생성) 과정을 통해 실현되기 때문이다.

(ii) 관찰자에게는 세 가지 과정 모두에 재생산이 있다. 왜냐하면 관찰자가 각각의 과정에서, 잘 정의된 세 가지 기제를 통해 연속적으로 생성된 체계가 체화하고 있는 단위체적 조직 패턴을 재인식할 수 있기 때문이다. 그러나 세 과정의 동역학이 서로 다른 현상학을 야기하기 때문에 그것들은 본질적으로 다르다. 이 점은 연속적으로 체화된 조직 패턴의 재생산 과정에서 변화를 허용하는 조건 아래 생성된 체계의 연결망을 고려할 때 특히 뚜렷하게 나타난다. 따라서 복제와 복사에서 재생산의 기제는 필연적으로 재생산된 패턴의 외부에 있는 반면, 자기재생산에서 재생산의 기제는 필연적으로 재생산된 패턴과 동일하다. 이뿐만 아니라, 오로지 자기복사와 자기재생산에서만 재현

된 패턴을 체화하는 생산된 단위체의 변화들이 재생산하는 기제에 영향을 미칠 수 있다. 이러한 일의 결과는 다음 절 「진화, 역사적 연결망」에서 다루어질 것이다. 이제 재생산을 거쳐 독립적 단위체들 사이에 확립된 역사적 상호연결은 재생산이 달성되는 기제에 따라 다르다는 점이 분명해야 한다.

(iii) 현재 지구상에서 알려진 살아있는 체계에서는 자기생성과 재생산이 직접적으로 연동되어 있다. 그러므로 이러한 체계들은 진정한 의미에서 자기 재생산하는 체계다. 사실 살아있는 체계들에서 재생산은 자기생성들의 한 순간이다. 하나를 구성하는 것과 동일한 기제가 다른 하나를 구성한다. 이와 같은 연동의 결과는 다른 무엇보다 중요하다. 말하자면, (a) 자기재생산은 반드시 자기생성 중에 벌어져야 한다. 따라서 이렇게 생산된 개체들의 연결망은 연결망 확립을 위해 자기재생산하는 단위체들의 자기생성적 결정으로부터 독립적인 기제를 필요로 하지 않는다. 이러한 의미에서 개체들의 연결망은 필연적으로 자족적self-contained이다. 만약 이 같은 일[재생산]이 외적 복사나 복제를 거쳐 도달된 경우라면 그렇지 않을 것이다. (b) 자기재생산은 자기생성의 한 형태다. 따라서 각 재생산 단계에서 변이와 항상성은 자기재생산과 독립적이지 않다. 둘 다 반드시 자기생성의 표출로서 발생해야 한다. (c) 자기생성이 실현되는 방식의 자기재생산을 통한 변이는, 이미 존재하는, 기능을 수행하는 자기

생성적 구조가 자기생성을 하는 동안 하나의 변조로서만 발생할 수 있다. 결과적으로, 자기재생산을 통한 변이는 자기생성을 상수로 유지하기 위해 추가적인 항상성의 복잡화를 필요로 하는 섭동들로부터만 발생할 수 있다. 자기재생산적으로 연결된 자기생성체계의 역사는 다만 자기생성의 지속적인 복잡화의 역사일 수 있을 뿐이다.

(iv) 재생산의 본성은 단위체의 본성에 따라 달라진다. 재생산의 기원도 마찬가지다. 복제는 자기생성과 독립적으로 벌어진다. 복사는 이형생성에서만 발생하며, 다른 상황들에서는 하나의 기술로서만 벌어진다고 간주할 수 있다. 자기재생산은 전적으로 자기생성과 연관되어 있다. 그리고 자기재생산의 기원은 자기생성에 역사적으로 부차적인 현상으로서 구속되어 있다. 이러한 연관성에 대한 이유는 다음 절 「진화, 역사적 연결망」에서 다룰 것이다.

(v) 부호화나 메시지, 정보와 같은 개념은 자기재생산의 현상에는 적용할 수 없다. 이러한 현상을 기술할 때, 이런 개념들의 사용은 이형생성적 설계의 언어로 자기재생산의 현상을 표상하려는 시도를 성립시킨다. 사실, 부호화, 메시지, 정보 전송 같은 개념들은 메시지 송신자가 하나의 임의적인 비참여적 연결고리link로 작용하는 조건 아래에서 독립적 단위체들 사이에

일어나는 의사소통 상호작용에서의 불확실성을 축소하는 것에만 적용되는 개념이다. 핵산은 자기생성 과정상의 구성요소들이지 독립체들independent entities 사이를 잇는 임의적 연결고리가 아니다. 따라서 자기재생산에서는 독립체들 사이에서 정보가 전송되지 않는다. 재생산하는 단위체와 재생산된 단위체는 모든 구성요소가 구성적으로 참여하는 단일한 자기생성 과정을 통해 생산된 위상적으로 독립된 실체들이다.

4. 진화, 역사적 연결망

하나의 역사적 현상은 하나의 변화 과정이며, 변화하는 체계의 연속적 상태들 가운데 각 상태가 인과적 형질전환에서 이전 상태에 대한 수정으로 발생하는 것이지, 독립적 발생으로서의 처음de novo이 아니다. 따라서 역사라는 개념은 주어진 현상보다 먼저 일어났던 선행요인antecedents들을, 현상을 생기게 한 사태들의 연속으로 지칭하기 위해 사용될 수 있거나, 주어진 현상을 하나의 과정으로 특징짓기 위해 사용될 수 있다. 그렇기에 설명은 항상 설명하려는 현상을 그 구성요소들(또는 동형의 원소들)의 상호작용 영역에서 재공식화한 것으로서 현재에 주어지기 마련이다. 따라서 현상의 선행요인에 대한 기술로서의 역사는 그 현상에 대한 설명에 기여할 수 없다. 왜냐하면 선행요인들은 그것이 앞서거나 생성시키는 현상의 구성요소가 아니기 때문이다. 이와는 반대로, 이어지는 결론은 다음과 같다. 현상으로서의 역사는 순차적으로 생산된 사태들의 변화하는 연결망으로 현재에서 설명되어야 한다. 이 연결망 안에서 연결망의 하나의 상태로서의 각각의 사태는 이전 상태의 형질전환으로서 일어난다. 그러므로 비록 역사는 어떤 현상을 설명하는 데도 기여할 수 없지만, 관찰자에게는 현상의 기원을 지속적으로 변하는 연결망의 현재 상태로 설명할 수 있도록 허용한다. 관찰자가 이렇게 할 수 있는 이유는 관찰에 입각하여 (또는 기술적으로) 역사적 과정의 서로 다른 상태들에 독립적으로 접근할 수 있기 때문이다. 이러한 맥락에서 자기생성체계의 현상학은 반드시 진화와 관련하여 고찰되어야 한다. 생물학적 진화는 역사적 현상이다. 그러므로 현재에서 그것은, 연동되거나 독립적인 생물학적 사태들의 인과적 상호작용을 통해 구성되는 하나의 역사적 연결망으로 재공식화됨으로써 설명되어야 한다. 더욱이 생물학적 사태들은 살아있는 체계의 자기생성에 의존한다. 그러므로 여기서 우리의 목표는 생물학적 단위체들의 자기생성에 의해 진화가 어떻게 역사적 과정으로 정의되는지를 이해하는 것이다.

(i) 진화라는 말로 우리가 지구상의 살아있는 체계들의 형질전환의 역사에서 무엇이 일어났는지를 지시한다면, 이때 진화란 재생산 단계들을 거쳐 순차적으로 생성된 독립적 단위체들

이 체화한, 하나의 불변하는 조직의 실현에서 일어난 변화의 역사이다. 여기에서 각 단위체의 특수한 구조적 실현은 선행하는 단위체(나 단위체들)에 대한 수정으로 일어난다. 따라서 선행하는 단위체는 순차적 선행요인과 역사적 선행요인 모두를 구성한다. 결론적으로 진화는 각 재생산 단계에서 순차적 재생산과 변화를 필요로 한다. 순차적으로 각 단위체의 구조적 실현이 다음 단위체의 구조적 실현을 위한 선결 조건을 구성하는, 재생산 과정으로서의 순차적 재생산이 없이는 역사도 없다. 각 순차적 재생산 단계에서의 변화가 없다면 진화도 없다. 사실 동일성의 변화가 없는, 단위체에서의 순차적 형질전환은 단위체의 개체발생을 구성한다. 즉, 단위체가 자기생성적 단위체라면 단위체의 개체사를 구성한다.

(ii) 변하지 않는 단일한 모형의 복제나 복사에 의한 재생산은 생산된 단위체들의 조직과 단위체들이 지닌 생산 기제 사이의 본질적인 분리uncoupling를 암시한다. 결과적으로 하나의 단일한 모형에서부터 복제와 복사에 의해 연속적으로 생산된 단위체들이 체화하는 조직을 실현하는 일에 생기는 모든 변화는 오로지 재생산하는 체계들의 개체발생이나 단위체들 자체의 독립적인 개체발생만을 반영할 수 있다. 그 결과 이러한 비순차적nonsequential 재생산의 경우 어떠한 상황에서도 한 단위체의 구조상의 변화가 아직 생산되지 않은 다른 단위체들의 구조에

영향을 미치지 않는다. 그리고 단위체들이 자기생성적인지 여부와 관계없이 한 단위체의 구조상의 변화가 역사적 연결망을 구성하지 않으며, 어떠한 진화도 일어나지 않는다. 이렇게 생산된 단위체들의 집합은 독립적인 개체발생의 집합을 구성한다. 자기생성을 통해 재생산을 달성하는 자기-재생산하는 체계들에서 발생하는 것과 같은, 또는 생산된 각각의 새로운 단위체가 다음 단위체를 위한 모형을 구성하는 복사 체계들에서 발생하는 것과 같은 순차적 재생산의 경우 그 반대가 참이다. 이러한 사례들에서 각 단위체의 구조적 실현에는 재생산적 과정과의 직접 연동에 의해서 다음 단위체의 구조를 결정하는 측면이 있다. 따라서 각 단위체의 구조적 실현은 재생산된 단위체들의 조직에 종속된다. 결과적으로 단위체 고유의 개체발생 동안이나 단위체 발생 과정에서, 순차적으로 생산된 단위체의 구조에서 일어나는 이러한 측면의 변화는 필연적으로 역사적 연결망의 생산이라는 결과를 초래한다. 이 연결망에서는 각 단위체들이 이전 단위체의 수정으로 발생함에 따라, 이 연속적으로 생산된 단위체들은 변화하는 구조 속에서도 하나의 불변의 조직을 체화한다. 그렇다면 일반적으로, 각 재생산 단계에서 변화의 가능성을 지니고 있는 순차적 재생산은, 필연적으로 진화로 이어지며, 특히 자기생성체계에서 진화는 자기재생산의 결과이다.

(iii) 개체발생과 진화는 그 전망과 결과 모두에서 완전히 다

른 현상이다. 단위체의 형질전환의 역사로서의 개체발생에서, 단위체의 동일성은 단위체가 어떤 공간에 존재하든 절대 중단되지 않는다. 역사적 변화의 과정으로서의 진화에서는 순차적 재생산을 거쳐 생성된 동일성의 연속이 존재하며, 이것이 역사적 연결망을 구성한다. 그리고 변화(진화)하는 바로 그것, 즉 연속적으로 생성된 단위체들을 실현하는 패턴은 그 패턴을 체화한 단위체들과는 다른 영역에 존재한다. 관찰자가 그것의 구조 속에서 지속되는 변화의 관계를 볼 수 있지만, 순차적 재생산을 통해서 생성된 것이 아닌 연속적 개체발생들의 집합체는, 진화하는 체계를 구성하지 않는다. 그것들이, 자신들을 생산한 체계의 지속적 형질전환(개체발생)을 반영할지라도 말이다. 단위체가 어떤 공간에 존재하든 단일한 단위체 변화의 역사에서 진화를 말하는 일은 부적절하다. 단위체들에는 오로지 개체발생들만 있다. 따라서 우주의 진화나 지구의 화학적 진화에 대해 말하는 것도 부적절하다. 오히려 우리는 우주나 지구의 화학적 역사의 개체발생을 이야기할 수 있을 뿐이다. 또한 살아있는 체계의 순차적 재생산이 있기 때문에 비로소 생물학적 진화가 있다. 자기재생산하지 않는 자기생성체계들이 이전에 있었다면, 그 체계들의 다양한 실현 패턴들은 진화하지 않았고, 오로지 그 체계들의 독립적 개체발생의 역사만이 있었을 것이다.

(iv) 단위체들의 개체군에서 일어나는 과정으로서의 선택

은, 실현 가능한 단위체 구조들을 구체화하는 맥락 속에서 발생하는 차등적differential 실현의 과정이다. 자기생성 단위체들의 개체군에서 선택은 자기생성의 차등적 실현 과정이다. 따라서 이때 단위체들이 자기재생산을 하는 자기생성 단위체들이라면, 선택은 자기재생산의 차등적 실현 과정이다. 결과적으로 순차적 재생산이 있고, 각 재생산 단계에서 변화 가능성이 있다면, 선택은 각 연속적 단위체 안에 실현된 재생산 가능한 구조 패턴의 형질전환을, 그 동일한 자기생성 단위체가 구체화하는 상호작용 영역의 재귀적 기능으로 만들 수 있다. 어떤 체계가 실현되면, 체계가 실현된 영역에서는 반드시 적응이 필요하다. 적응이 모든 체계의 실현 가능성의 조건이라면, 진화는 오로지 진화하는 계통의 불변의 조직을 체화하는 단위체들에 의해 적응이 보존될 때만 일어난다. 서로 다른 진화 체계들은 오로지 실현되는 영역에 있어서만 다르고, 따라서 선택이 일어나는 영역에 있어서만 다른 것이지, 적응적인지 여부에서는 다른 것은 아니다. 그렇다면 (살아있는 체계들에서 자기생성 조직의 실현은 살아있는 체계들이 존재하는 주위환경의 제약에 부합하는 반면) 물리적 공간에서 자체의 동일성을 유지한 채 자기재생산하는 살아있는 체계들의 진화는 필연적으로 지속적인 적응의 과정일 수밖에 없다. 왜냐하면 각 재생산 단계에서 그 체계들의 자기생성 방식이 아무리 달라지더라도 그것들 가운데 자기생성이 실현될 수 있는 체계들만이 재생산하기 때문이다.

(v) 연속적으로 생산된 단위체에 체화된 불변의 조직을 실현하는 변화의 역사를 진화라고 할 때, 진화가 변화의 역사로 벌어지려면 재생산은 반드시 순차적으로 재생산된 단위체 상의 구조적 변화를 허용해야 한다. 현재의 살아있는 체계들에서 재생산은 자기생성을 수정하는 과정으로 벌어지며 자기생성에 결박되어 있다. 이것은 예상된 일이었다. 원래는 전구체precursors 를 놓고 서로 경쟁하는 많은 부류의 자기생성적 단위체들이 형성되었을 것이다. 자기생성적 단위체들 중 어떤 부류라도 자기재생산 가능성이 있었다면, 이 부류는 선택을 거쳐 다른 재생산하지 않는 형태를 즉각 대체했을 것이 분명하다. 자기재생산 역사의 개시는 복잡할 필요가 없었다. 예를 들어 자기생성이 분산된 체계에서는 기계적 분열mechanical fragmentation이 자기재생산의 한 형태다. 선택을 통한 진화는 외부의 우발적 힘으로부터 독립할 수 있을 정도로 자기생성적 단위체의 분열을 용이하게 하고 (따라서 자기재생산의 규칙성과 빈도를 촉진하는) 자기생성적 단위체들의 특성이 강화되면서 나타날 것이다. 일단 가장 간단한 자기재생산하는 과정이 하나의 자기생성체계에서 벌어지면, 진화가 이루어지고, 자기재생산은 변화의 역사에 진입하며, 이어서 자기재생산하지는 않지만 공존하는 모든 자기생성적 단위체들을 완전히 대체할 수 있다. 이런 이유로 지구상의 살아있는 체계에 있어서 자기생성과 자기재생산 사이에는 상관관계가 있다. 물론 생물학적인 진화의 기원에서 실제로 어떤 일이 일어났

는지를 지금 말할 수는 없다. 하지만 이러한 일이 극복할 수 없는 개념적 어려움을 제공하는 것 같지는 않다. 사실 오늘날의 살아있는 체계에서 자기재생산은 핵산과 단백질의 특정화에서 핵산이 하는 역할과 결정적으로 관련되어 있다. 핵산-단백질 연합이 원래의 자기생성적 과정을 실질적으로 구성하고 자기생성적 과정이 재생산과 변이에 이차적으로 연합된 조건이 아니었다면 우리는 이러한 일이 불가능했을 것이라고 생각한다. 또한 우리는 자기생성 과정 자체의 수준에서의 보정되지 않은 변화들만이 (순차적 재생산을 통해) 통합될 수 있었기 때문이라고 생각한다. 다음 단위체의 자기생성 조직에서 재생산 가능한 변화로서, 진화가 일어날 수 있도록 허용하는 방식으로 말이다. 그러나 분명하지 않은 것은 지구상의 살아있는 체계의 역사에서 핵산-단백질체계와 연합되는 방식이 아닌, 다른 자기생성 실현 방식과 다른 변이의 원천이 있었는지의 여부다. 어떤 경우가 되었든 일단 자기재생산이 자기생성에 나타나면, 모든 섭동은 자기생성이 실현되는 방식을 수정하여 원칙적으로 다음 세대에서도 재생산될 수 있다. 따라서 그 변화가 재생산에 연루된 그 과정들에 영향을 준다면 섭동은 변이의 원천이 될 수 있다. 따라서 생물학적 진화의 현상학과 그 기원은 자기재생산과 변이의 두 과정의 개시에 달려있다. 자기재생산 과정은 자기생성 복잡화의 가능한 형태를 말하고, 변이 과정은 자기생성이 실현되는 방법을 불가역적으로 수정하는 섭동의 도입을 말한다. 두 과정 모두 역사적 형질전환을 겪는다. 하지만 둘이 서로 연동된다 해도 등가는 아니다.

(vi) 순차적 재생산을 발생시킬 수 있는 두 기제 중에서도, 독립적인 복사 기제가 부재한 상태에서 자기생성체계에 접근 가능한 유일한 기제는 바로 재생산 기제들과 재생산하는 단위체들 사이의 일치에 의한 자기재생산이다. 복사를 통한 순차적 재생산은 현재 살아있는 체계들의 상호작용 영역에서, 특히 문화적 학습 영역에서 살아있는 체계들의 작동과 관련해서만 벌어진다. 문화적 진화는 세대를 거친 사회적 주입indoctrination 과정에서 변화하는 모형의 순차적 복사를 통해 벌어진다.

(vii) 종은 재생산적으로 상호연결된 개체들의 한 개체군이거나 개체군들의 집단으로, 역사적 연결망에 있어서 교점이다. 유전적으로 이러한 개체들은 하나의 유전자 풀을, 즉 역사적 형질전환에 따라 근본적으로 등가인 자기생성 실현의 패턴을 공유한다. 역사적으로 하나의 종은 이런 종류의 재생산 연결망이 하나의 분지로서 (재생산적으로는 분리된) 독립적 역사를 지닌 연결망이 되어 별도의 재생산 연결망을 전개시킬 때 발생한다. 진화하는 것은 종이라고, 역사적으로 종의 실존에 있어서 개체들은 이러한 진화에 종속되어 있다고 알려져 있다. 피상적 기술의 의미에서 본다면 이러한 기술은 유의미하다. 왜냐하

면 이미 존재하는 개체들의 집합으로서의 하나의 특수한 종은, 하나의 특수한 역사적 연결망이 되는 과정에 있는 그 연결망의 상태를 지속적으로 표상하기 때문이다. 그리고 하나의 역사적 연결망의 어떤 상태로서 기술될 때, 하나의 종은 하나의 형질전환 과정에 있는 것으로 필연적으로 나타나기 때문이다. 그러나 종은 역사적 영역에서만 하나의 단위체로 존재한다. 반면 역사적 연결망의 교점을 구성하는 개체는 물리적 공간에 존재한다. 엄격하게 말해서 하나의 역사적 연결망은 교점을 구성하는 개체들 각각에 의해 그리고 모든 개체에 의해 정의되는 것이다. 그러나 역사적 연결망은 어느 순간에도 그 연결망에 이미 동시적으로 존재하는 모든 교점들의 집합으로서의 종에 의해 역사적으로 표상된다. 그렇다면 하나의 종이 진화하는 것은 그것이 역사적 영역에 있는 단위체로서 변화의 역사만을 가지기 때문이 아니다. 진화하는 것은 자기생성 실현의 패턴이다. 하나의 재생산적 역사 연결망을 함께 정의하는 일시적 개체들의 집합체 속에 있는 수많은 특수한 변이들이 이 패턴을 체화하고 있다. 따라서 개체들은 일시적이라고 할지라도 필수적이며 없어도 되는 것이 아니다. 왜냐하면 개체들이야말로 그것들이 정의하는 역사적 연결망의 존재 자체에 필요한 조건을 구성하기 때문이다. 종은 현재에서는 하나의 추상적 실체일 뿐이다. 그리고 종은 하나의 역사적 현상을 표상하기는 하지만, 진화의 현상학에서 하나의 발생 인자를 구성하지 않는다. 종은 그 결과이다.

5. 2차 등급의 자기생성체계와 3차 등급의 자기생성체계

하나의 영역에 두 개 이상의 단위체들의 행위가 있고, 여기에서 각 단위체의 행위가 다른 단위체들의 행위의 기능일 때 그 영역에서 그것들이 연동되어 있다고 말한다. 연동은 상호작용하는 단위체들이 동일성의 상실 없이, 상호작용하는 경로에서 겪는 공통된 수정의 결과로 발생한다. 상호작용하는 단위체들의 동일성이 상호작용 경로에서 상실된다면, 그 결과로 새로운 단위체가 생성될 수는 있지만, 어떤 연동도 벌어지지 않는다. 그러나 일반적으로 또한 연동은 구성요소-연동된 단위체들이 자신의 동일성을 유지하는 영역과는 다른 영역에 존재할 수도 있는 새로운 단위체의 생성으로 이어진다. 이러한 연동이 일어나는 방식은 새로운 단위체가 이 영역에서 실현되는 방식과 마찬가지로 구성하는 단위체들의 속성들에 따라 달라진다. 살아있는 체계에서 연동은 빈번하게 발생한다. 다음 설명은 살아있는 체계의 연동의 본성이 체계의 자기생성적 조직에 의해 결정된다는 것을 보여주기 위한 것이다.

(i) 각각의 자기생성 경로가 서로에게 보정 가능한 교란의 원천을 구성하는 한, 자기생성체계들은 동일성의 상실 없이도 상호작용할 수 있다. 게다가 자기생성체계들은 자체의 항상성 조직으로 인해서, 각자의 개별적인 자기생성 경로가 상호적으

로 서로의 주위환경의 특정화 원천이 되면서도, 새로운 단위체를 연동하고 구성할 수 있다. 그 체계들의 상호 변형이, 각자가 자기생성의 상실 없이 겪을 수 있는 변이의 내성tolerance을 초과하지 않는 한 말이다. 결과적으로 연동은 불변인 채 유지된다. 반면 연동된 체계들은 연동을 거쳐 선택된 구조적 변화들을 겪고, 따라서 연동과 일치된다. 이러한 고찰들은 비자기생성적 단위체들의 동일성 유지와 관련하여 명백한 수정들이 수반되는 자기생성적 단위체들과 비자기생성적 단위체들 사이의 연동에도 적용된다. 그렇다면 일반적으로 자기생성체계와 다른 단위체들 사이의 연동은, 다른 단위체가 자기생성적이든 아니든 그것들의 자기생성을 통해 실현된다. 연동이 자기생성을 촉진할 수 있다는 점은 더 이상의 논의를 필요로 하지 않는다. 또 이러한 촉진이 연동된 단위체들의 자기생성이 실현되는 개개의 방법을 통해 벌어질 수 있다는 점은 이미 언급했다. 그리하여 연동을 위한 선택이 가능하고, 연동을 위한 선택적 압력 아래에서의 진화를 통해 하나의 복합체계가 발달(진화)할 수 있다. 이 복합체계 안에서는 그것의 모든 자기생성적 구성요소의 개체적 자기생성이 그 복합체계의 다른 모든 자기생성적 구성요소의 자기생성을 통해서 정의되는 주위환경에 종속된다. 이러한 복합체계는 필연적으로, 그 체계의 구성요소인 자기생성체계들의 연동 관계들에 의해서 단위체로 정의될 것이다. 이것은 그 연동의 본성이 구체화하는 하나의 공간에서 일어날 것이다. 또 이러한 복합체계는 필연적으로, 그 체계의 구성요소component인 자기생성체계들이 자체의 자기생성을 유지할 수 있는 한, 하나의 단위체로 유지될 것이다. 그리고 그 구성요소인 체계들로 하여금 연동 관계에 진입할 수 있도록 허용하는 것이 바로 이러한 자기생성이다.

자기생성 단위체들의 연동을 통해 생성된 하나의 체계는, 첫 번째 접근에서는, 관찰자에게 자기생성적인 것으로 보일 수 있다. 그것의 실현이 그것을 통합하는 단위체들의 자기생성에 의존하는 한에서는 말이다. 그러나 그 체계에서 구성요소들의 생산관계들이 체계를 규정하고 구성요소들이 스스로의 관계들을 생성하며 체계를 주어진 공간의 단위체로 규정하지 않고, 구성요소들이나 과정들 사이의 다른 관계들이 체계를 규정한다면, 이것은 자기생성체계가 아니며 관찰자가 잘못 파악하고 있는 것이다. 이러한 체계의 외견상의 자기생성은 이를 구성하는 연동된 복수의 단위체들의 자기생성에 부수적인 것이지 체계 조직에 본질적인 것이 아니다. 그러므로 관찰자의 과오는 연동된 자기생성적 단위체들의 체계를 체계 조직에 의해 정의된 것과는 다른 용어로 자기 지각영역 상의 단위체로 간주했다는 데 있다. 반대로 하나의 체계는 자기생성적 단위체들의 연동을 거쳐 실현되고, 구성요소들의 생산관계에 의해 정의되는 것이다. 여기서 구성요소들은 이러한 관계들을 생성하여 어떤 공간에서 체계를 하나의 단위체로 구성한다. 이 체계는 해당 공간에서 자기생성체계이며, 생산된 구성요소들이 단위체들과 일치하여 단위체들이 자체의 연동된 자기생성을 거쳐 체계를 생성하는지 여부에 상관없이 그러하다. 이렇게 생성된 자기생성체계가 물리적 공간 내의 단위체인 경우, 이는 살아있는 체계다. 자기생성적 체계의 자기생성이 이 체계를 실현하는 연동된 자기생성적 단위체들의 자기생성을 수반한다면 이 체계는 상위 등급의 자기생성체계다.

일반적으로 자기생성체계에 대한 실제적 재인식은 인지적 문제를 제기하며 이 문제는 관찰자가 체계를 단위체로 정의하는 관계들을 재인식하는 역량과 체계가 실현되는 공간에서 이 단위체의 범위가 정해지는 경계들을 구별하는 역량과 관련되어 있다. 자기 고유의 경계를 구체화해야만 하는 점이 자기생성 체계의 정의적인 특성이기 때문에, 자기생성체계를 단위체로서 적절하게 재인식하려면 관찰자에게 다음과 같은 점이 요구된다. 즉 관찰자는 그 체계가 자기생성을 통해 자신의 한계를 구체화하는 영역과 동일한 영역 안에서 그 체계의 한계를 정의하는 구별 작업을 수행해야만 한다. 그렇지 않은 경우, 관찰자는 자신이 자기생성체계를 하나의 단위체로 생각한다고 할지라도 자기생성체계를 단위체로 관찰하는 것은 아니다. 현재로서는 세포를 분자 자기생성 단위체로 재인식하는 일에는 심각한 어려움은 없다. 왜냐하면 우리는 세포조직의 자기생성적 본성을 식별할 수 있고, 우리가 세포의 자기생성이, 세포를 3차원의 물리적 단위체로 구분하는 하나의 공통영역interface으로서 생성하는 경계 중의 하나(세포막)와 시각적·기계적·화학적으로 상호작용할 수 있기 때문이다. 추가로 관찰자는 자기생성 단위체를 실제 구별가능한 체계로 식별하는 일에 있어 다음 두 종류의 어려움을 겪을 수 있다. 한편으로 관찰자는 체계가 실현되는 공간과는 다른 공간에서 구별 작업을 수행함으로써 체계를 단위체로 취급하게 될 수 있다. 이것은 관찰자가 그 체계를 구성하는 구성요소들의 생산관계들을 아직 적절하게 재인식하지 못했고, 그리하여 그 공간 안에서의 그것의 단위성unity을 구체화하는 위상적 관계들을 그가 재인식하지 못하기 때문에 발생하는 어려움이다. 다른 한편으로, 관찰자가 자신의 자기생성적 조직 방식(즉 인지구조)으로 인해, 체계가 하나의 단위체로 실현되는 공간에서 상호작용을 못 할 수 있고, 그리하여 적절한 지각적 차원들을 구체화할 수 없기 때문에 체계를 하나의 단위체로 관찰할 수 없다는 어려움이 있다. 첫 번째 경우에서 관찰자는 자기생성체계에 부합하지 않는 단위체 구별을 수행하여, 상이한 단위체를 정의하고 그것과 작업을 하게 된다. 두 번째 경우에서 관찰자는 전혀 구별을 하지 않으며, 작업할 어떤 단위체도 갖고 있지 않다. 어느 경우든 자기생성적 단위체들의 현상학은 관찰할 수 없는 상태로 남아있다. 그러나 체계를 잘못 식별하지 않는 한, 그것의 단위체가 아직 작업적으로 관찰가능하지 않다고 하더라도, 그것의 현상학은 그것을 구성하는 조직에 대한 재인식으로써 주장될 수 있다.

(ii) 자기생성적 변화 경로의 일부 양상들이 다른 체계의 실현에 참여할 수 있다면, 자기생성체계는 다른 체계의 구성요소가 될 수 있다. 앞서 말했듯이, 이러한 일은 상호작용하는 체계들의 항상성 수단resorts을 이용하는 연동을 통해서나, 재생산적 역사 연결망의 형질전환의 경로에 대한 지속적인 선택적 압력의 재귀적 효력에 의한 진화를 통해 현재에서 일어날 수 있다. 그 결과, 구성요소들의 개체적 자기생성은 (실현 방식에서의 역사적 변화를 통해) 그것이 구체화하는 상호적 섭동의 주위환경에 종속된다. 어떤 경우든, 관찰자는 복합체계의 자기생성적 구성요소가 더 큰 체계의 실현에서 타자생성적 역할을 맡아서, 스스로의 자기생성을 거쳐 더 큰 체계를 실현하는 데 기여하는 것처럼 기술할 수 있다. 다시 말해서, 복합체계의 맥락 속에서 자기생성 단위체는 관찰자가 타자생성적이라고 기술할 방식으로 기능한다. 그러나 타자생성적 기능은 오로지 기술의 특성일 뿐이며 관찰자가 정의한 하나의 준거프레임과 관련이 있다. 1장 「기계와 살아있음과 그 밖의 것에 관하여」에서 기술했듯이, 자기 조직이 본질적으로 자기생성적 기계들과는 다른 타자생성적 기계들이 있다. 이런 타자생성기계에 관해서는 자기 작동의 산물이 타자생성기계 자체와 다르다는 점을 지적함으로써 (기능에 대한 어떤 언급 없이도) 기술할 수 있다. 따라서 자기생성

체계가 더 큰 체계의 구성요소로서 타자생성적 역할을 한다고 기술될 때, 그 기술은 자기생성체계가 타자생성체계에 적합한 형식을 채택하는 관계들의 생산에 참여하고 있다는 점에 대해서만 언급할 뿐이지, 이형생성적인 인간 설계 영역에만 적절한, 기능에 대해서는 아무것도 함의하지 않는다.

(iii) 자기생성 복합체계의 구성요소인 단위체들이 타자생성적 역할을 맡아서, 구성 관계, 특정화 관계, 질서 관계의 생산을 통해서 하나의 자기생성 공간을 정의한다면, 그 새로운 체계는 그 자체로 2차 등급의 자기생성 단위체가 된다. 이러한 일은 실제로 지구상에서 조직의 다세포 패턴의 진화와 함께 일어났다. 이런 일이 일어날 때, 구성요소인 (살아있는) 자기생성체계들은, 자기생성을 실현하는 방식에 있어서, (그 체계들 사이의 연동이 물리적 공간에서 위상적으로 정의하는) 상위 등급의 자기생성 단위체의 자기생성의 유지에 필연적으로 종속된다. 상위 등급의 자기생성체계가 (그것의 구성요소인 자기생성 단위체들 중 하나의 자기재생산을 통해서든 다른 방식으로든) 자기재생산을 겪을 때, 하나의 진화 과정이 시작된다. 그 진화 과정안에서는, 구성요소인 자기생성체계들의 실현 방식의 진화가 복합 단위체의 실현 방식의 진화에 필연적으로 종속된다. 더욱이 적절한 우연성들이 주어진다면, 선택을 통해 고차원의 자기생성 단위체들이 형성될 것으로 예상된다. 사실 연동이 자기생

성을 만족시키는 형태로 발생한다면, 이전의 자기생성적 체계들로부터 형성된 2차 등급의 단위체는 연동이 안정적일수록 보다 더 안정적일 것이다. 그러나 연동을 위한 가장 안정적인 조건은 단위체 조직이 이 조직의 유지에 정확하게 전념하고 있을 때, 즉 그 단위체가 자기생성적이 될 때 나타난다. 그렇다면 하위 등급의 자기생성 단위체들의 연동으로부터 상위 등급의 자기생성 체계들을 구성하려는 선택적인 압력이 늘 현존하게 된다. 이 점은 진핵세포 자체의 발생에서는 명백하지 않다고 해도 지구상의 다세포체계의 발생에서는 명백하다. 상위 등급의 자기생성 단위체의 구성과정에 부과될 수 있는 유일한 제한은 하나의 주어진 공간에서 하나의 단위체가 구체화될 수 있는 상황에 의해 부과되는 제한인 것처럼 보인다.

5장

자기생성의 현전

물리적 공간에 존재하는 자기생성은 하나의 체계를 살아있는 체계로 특성화하기 위한 필요충분조건이다. 지금까지 알려진 살아있는 체계들에서 일어나는 대로의 재생산과 진화는, 그리고 그것으로부터 파생되는 모든 현상은, 그 체계들의 자기생성 단위체로서의 존재와 작업에 종속된 부차적 과정들로서 발생한다. 따라서 생물학적 현상학은 물리적 공간에 있는 자기생성체계들에 대한 현상학이다. 그리고 하나의 현상은 하나 이상의 물리적 자기생성 단위체들의 자기생성에 이 현상이 어떤 식으로든 의존하는 한에서만 하나의 생물학적 현상이다.

1. 생물학적 함의

살아있는 체계는 물리적 공간에서 하나의 자기생성체계이기 때문에 살아있는 체계이며, 체계 자체의 자기생성에 의해서 또한 이를 통해서 그 공간에서 하나의 단위체로 정의되기 때문에 물리적 공간에서 하나의 단위체다. 이에 따라 살아있는 체계가 그 동일성을 유지하면서 겪을 수 있는 모든 구조적 형질전환은 반드시 살아있는 체계를 규정하는 자기생성에 의해 결정되고 종속되는 방식으로 벌어져야 한다. 그러므로 살아있는 체계에서 자기생성의 상실은 단위체로서의 붕괴이며 동일성의 상실, 즉 죽음이다.

(i) 물리적 공간은 구성요소들에 의해 정의되며 구성요소들은 질량, 힘, 가속도, 거리, 장field 등과 같은 속성들을 기준으로 구성요소 자체를 특징짓는 작동에 의해 결정된다. 더욱이 이러한 속성들 자체는 바로 속성들이 특징짓는 구성요소들의 상호작용에 의해 정의된다. 물리적 공간에서는 구성요소들이 그 발생에 참여하는 방식에 따라 두 종류의 현상학, 이른바 정역학적statical 현상학과 기계론적(기계와 같은)mechanical 현상학이 벌어질 수 있다. 정역학적 현상학은 구성요소의 속성들 사이의 관계들에 대한 현상학이다. 기계론적 현상학은 구성요소들의 속성들을 통해 실현된 과정들 사이의 관계들에 대한 현상학이다. 그렇다면 생물학적 현상학은 어떠한가? 즉 물리적 공간에서 벌어지는 자기생성체계들의 현상학은 어떠한가? 살아있는 체계는 구성요소들을 생산하는 과정들의 연속상태에 의해서 하나의 체계로 정의된다. 이때 구성요소가 과정을 생성하는 것이고, 과정들이 구성요소들을 생산하고 그 체계를 물리적 공간

에서 하나의 단위체로 구성하는 것이다. 그러므로 생물학적 현상은 필연적으로 참여하는 살아있는 체계들의 자기생성을 충족시키는 과정들 사이에 있는 관계들의 현상이다. 이에 따라, 어떤 상황에서도 생물학적 현상은 현상을 이루는 구성요소 원소들의 속성들에 의해서는 정의되지는 않는다. 하지만 생물학적 현상은 언제든지 적어도 하나 이상의 살아있는 체계의 자기생성에 종속된 관계에 있는 과정들의 연속에 의해서는 정의되고 구성된다. 따라서 달리는 두 동물의 우발적 충돌은 살아있는 체계들의 신체적 만남이지만 (그에 따른 생물학적 결과가 있을 수 있다고 해도) 생물학적 현상이 아니다. 하지만 구애 중인 두 동물의 신체적 접촉은 생물학적 현상이다. 그렇다면 엄격하게 말해서 생물학적 현상과 정역학적 현상은 물리적 구성요소들의 속성들을 통해 실현되기 때문에 이것들은 물리적 현상이지만, 정역학적 현상이 (앞에서 정의된 대로) 구성요소들이 지닌 속성들 사이에 있는 관계들의 현상인 반면 생물학적 현상은 과정들 사이의 관계들의 현상이기 때문에 정역학적 현상과 생물학적 현상은 다르다. 그러므로 과정들 사이의 관계들의 현상으로서의 생물학적 현상이란, 과정들을 구성하는 기계론적 현상의 하위분류이고, 적어도 하나 이상의 자기생성체계의 실현에 이러한 과정들이 참여함으로써 정의된다. 그렇다면 살아있는 체계들의 현상학은 물리적 자기생성기계들의 기계론적 현상학이다.

(ii) 물리적 자기생성기계들의 기계론적 현상학으로 생물학적 현상학은 완전하게 정의된다. 따라서 생물학적 현상학은 자기생성의 이론을 통해 이론적으로 논의될 수 있다. 따라서 공식적인 이론으로서 이것은, 자기생성체계들을 구성하는 생산 과정의 연속상태에 대한 이론이지, 살아있는 체계들의 구성요소들의 속성들에 관한 이론이 아니다. 또한 생물학적 현상학의 이론으로서의 하나의 이론 생물학은 가능하지만, 다른 현상학 영역에 속하는 물리적이거나 화학적인 개념을 생물학적 현상의 분석에 적용하는 것으로서는 가능하지 않게 된다. 사실 생물학적 현상을 정역학적 용어나 비자기생성적인 기계론적 용어로 설명하려는 시도는 모두 구성요소들의 속성들 사이에 있는 관계나, 물리적 공간에서 자기생성 단위체를 포함하지 않는 과정들 사이에 있는 관계라는 측면에서 생물학적 현상을 재공식화하려는 시도이며, 그런 어떠한 시도도 생물학적 현상을 재공식화하는 데는 실패할 것이라는 점이 이제 분명해져야 한다. 생물학적 현상은 구성요소들의 작업을 통해서 일어나기 때문에 거기에서 정역학적이거나 비자기생성적인 기계론적 용어로 적절하게 기술할 수 있는 구성요소적component 과정들을 추상화하는 것은 언제나 가능하다. 왜냐하면 추상화된 과정으로서의 그 구성요소적 과정들은 정역학적이거나 타자생성적인 기계론적 현상에 실제로 상응하기 때문이다. 이 경우, 정역학적이거나 비자기생성적인 기계론적 과정들 및 관찰자가 이 과정들을 추상

화한 생물학적 현상 사이를 잇는 모든 연결은 오직 양쪽을 동시에 고찰하는 관찰자에 의해서만 주어질 수 있다. 그렇지만 생물학적 현상은 이러한 설명들에 의해서는 포착되지 않으며, 포착될 수도 없다. 이 설명들은 반드시 비자기생성적 현상영역에서 하나의 현상에 대한 재공식화로서만 있다. 생물학적 설명은 반드시 자기생성에 종속된 과정들의 측면에서의 재공식화, 즉 생물학적 현상학의 영역에서의 재공식화여야 한다.

(iii) 생물학적 현상에 적합한 이론은 체계의 구체적 구성요소 동역학에 대한 분석을 허용하여 구성요소들이 생물학적 현상을 통합하는 과정에 참여하는지 여부를 결정할 수 있어야 한다. 사실, 오늘날 우리가 생물학적 문제를 아무리 많이 이해한다고 생각하더라도, 적합한 자기생성이론 없이는 다음과 같은 질문에 대한 답변은 분명 불가능하다. "하나의 동역학적 체계가 주어졌을 때, 체계를 이루는 구체적인 구성요소들이 이 체계를 하나의 살아있는 체계로 만드는 과정들에 참여하는지 여부를 결정하기 위해서는 구체적인 구성요소들 사이에서 어떤 관계들을 관찰해야 하는가?" 또는 "잘 정의된 속성들을 갖춘 구성요소들의 집합이 주어질 때, 구성요소들이 어떤 생산과정에 참여해야 구성요소들이 하나의 자기생성체계를 형성하도록 연속될 수 있는가?" 우리가 지구상의 살아있는 체계의 기원 문제를 해명하기를 원하는 경우, 이러한 질문에 대한 답변은 필수적이다.

우리가 살아있는 체계를 설계하기를 원하는 경우에도 반드시 동일한 질문에 답해야 한다. 특히 생물학 이론의 고찰들로부터 우리는, 어떤 구성요소들의 집합이 하나의 자기생성 단위체를 구성하는 과정에 참여하기 위해서는 어떤 관계들을 충족해야 하는지를 결정할 수 있어야 한다. 우리가 자기생성체계를 만들고 싶은지 여부는 당연히 윤리적 영역과 관련된 문제다. 그러나 살아있는 체계에 대한 우리의 특성화가 적절하다면, 살아있는 체계들이 마음먹은 대로at will 만들어질 수 있으리라는 점은 분명하다. 아직 지켜봐야 할 것은 그런 체계가 부지불식간에 이미 인간에 의해 만들어졌는지, 또 어떤 결과를 초래했는지다.

(iv) 살아있는 체계를 물리적 자기생성체계로 특징짓는 일은 반드시 보편 가치가 있다고 이해해야 한다. 즉 물리적 공간에서의 자기생성은 우주의 어느 곳에서든 자기생성체계를 정의하는 것으로 간주되어야 한다. 다른 곳에 있는 것들이 지구상에 있는 살아있는 체계들과 얼마나 다른지와 무관하게 말이다. 이 진술이 우리 상상력의 한계로 여겨져서는 안 되며, 아직 상상하지 못한 복잡한 체계들이 존재할 가능성 자체를 부정하는 것으로 여겨져서도 안 된다. 이것은 생물학적 현상학의 본성에 대한 진술이다. 말하자면 생물학적 현상학은 물리적 공간에 있는 자기생성체계들의 현상학 그 이상도 그 이하도 아니다.

2. 인식론적 함의

(i) 생물학적 문제들의 영역에서 기본적인 인식론적 질문은 생물학적 체계에 대한 진술의 타당성과 관련된 것이다. 우주에 대한 과학적 진술은 타당성을 전제로 하는 영역에 진술들이 적용될 때의 작동적 효력operative effectiveness을 통해 진술의 타당성 자체를 획득한다는 점은 현재로서는 명백하다. 그러나 어떤 관찰도, 우리로 하여금 어떤 과학적 진술의 작동적 타당성을 재인식하도록 하는 관찰조차도, 하나의 인식론을 함축한다. 이때의 인식론이란 관찰의 관점을 결정하고, 따라서 관찰될 수 있는 것과 관찰될 수 없는 것을, 과학적 진술의 작동적 효력에 의해서 입증될 수 있는 것과 입증될 수 없는 것을, 하나의 주어진 이론적 개념들의 체계body에 의해 설명될 수 있는 것과 설명될 수 없는 것을 결정하는, 하나의 명시적이거나 암시적인 개념 체계body를 말한다. 이것은 생물학적 현상을 개념적이고 실험적으로 다루는 데 있어 근본적인 문제였다. 이는 생물학의 역사가 잘 보여준다. 생물학의 역사는 잘 정의된 개념들을 통해 생물학적 현상을 완전하게 설명할 수 있도록 해주는, 그리하여 관찰 영역에서 생물학적 현상의 타당성을 완전히 입증할 수 있도록 해주는 방식으로 생물학적 현상학을 정의하기 위해 지속적인 모색을 해왔다. 이와 관련해서는 진화론적 개념과 유전학적 개념이 가장 성공적이었다. 하지만 이러한 개념들만으로는 불

충분하다. 이 개념들이 역사적 변화에 대한 하나의 기제를 제시하기는 하지만, 생물학적 현상학의 영역을 적합하게 정의하지 못하기 때문이다. 사실 진화론적 개념과 유전학적 개념은 (세대 간의 변화를 강조함으로써) 종 자체를 모든 생물학적 질서의 근원으로 취급한다. 여기에서 종은 진화하지만, 개체는 그 조직이 역사적 현상학에 종속된 일시적 구성요소로서만 나타난다. 그렇지만 종은 언제라도 그 원리상 구체적으로concretely 상호교 배가 가능한 개체들의 집합이기에, 개체들의 조직을 정의하게 될 것은 하나의 추상이거나, 아니면 처음부터 잘 정의된 개체의 존재를 필요로 하는 무언가인 것으로 밝혀졌다. 개체의 조직은 어디에서 오는가? 그것의 결정 기제는 무엇인가? 이러한 어려움은 진화론과 유전학의 논증으로는 전혀 해결될 방도가 없다. (심지어 진화론자와 유전학자들에게도) 포괄적 자연의 다른 개념들에 의존하여 어려움을 극복하려는 어떠한 시도라도 개체의 현상학을 설명할 수 있는 기제를 우리에게 제공하지 않는다면, 실패할 수밖에 없다는 점은 분명하기 때문이다. 분자 수준 (핵산 또는 단백질)에서 정보 개념을 적용하여 일종의 전성설[1]을 도입하는 경우나, 유기체 개념을 사용하여 살아있는 체계의 단위체적 성격을 강조하지만 개체를 정의하기 위한 기제를 제

---

1. * 전성설(preformism, preformationism) : 수정란이 발생하여 성체가 되는 과 정에서 개개의 형태나 구조가 이미 수정란 속에 축소된 형태로 갖추어져 있어 개체가 발생하게 될 때 축소 형태가 전개된다는 설.

공하지 않는 경우가 이에 해당한다. 이러한 개념들은 설명하려고 하는 바로 그 개념의 타당성만을 암시하기 때문에 실패한다.

지금까지 말한 모든 것에서 명백하듯이, 생물학적 현상학을 이해하는 핵심은 개체의 조직에 대한 이해에 있다. 우리는 이 조직이 자기생성 조직임을 보여주었다. 더욱이 이러한 조직과 그것의 기원은 어떤 공간상의 어떤 기계론적 현상에도 유효한 순수하게 기계론적인 개념들로 충분히 설명할 수 있다는 점을 보여주었다. 그리고 일단 자기생성 조직이 확립되면, 자기생성 조직이 기계론적 현상학의 독립적인 현상학적 하위영역을, 즉 생물학적 현상의 영역을 결정한다는 점을 보여주었다. 결과적으로 생물학적 영역은 완전히 정의되고 자족적인 것이며, 어떤 추가적 개념도 필요하지 않다. 그리고 모든 적절한 생물학적 설명은 물리적 공간상의 모든 기계론적 현상에 대해서 모든 기계론적 설명이 갖는 것과 동일한 인식론적 타당성을 갖는다.

(ii) 현상학 영역은, 자신들의 형질전환이나 상호작용을 통해서 단독으로든 집합적으로든 그 영역을 구성하는 단위체 혹은 단위체들의 속성에 의해서 정의된다. 따라서 하나의 단위체가 정의되거나 형질전환이나 상호작용을 겪을 수 있는 한 부류나 복수 부류의 단위체들이 확립될 때마다 하나의 현상학 영역이 정의된다. 두 개의 현상학 영역은 공통의 발생 단위체들을 갖는 범위에서만, 즉 두 영역을 구체화하는 단위체들이 상호작

용하는 범위에서만 교차한다. 그 외의 경우에 두 현상학 영역은 완전히 독립적이며, 명백하게 각 영역의 특정화 관계들의 영역을 침범하지 않고서는 서로를 생성할 수 없다. 역으로, 하나의 현상학 영역이 단위체들을 생성하여 이 단위체들이 다른 현상학 영역을 규정할 수 있다. 하지만 그와 같은 영역은 새로운 다른 단위체들의 속성에 의해 구체화되는 것이지 다른 단위체들을 생성하는 현상학에 의해 구체화되는 것이 아니다. 그렇지 않다면, 새로운 단위체들은 사실 다른 단위체들이 아니라, 부모 현상학 영역을 생성하는 것과 같은 부류의 단위체들일 것이라서, 부모 현상학 영역과 동일한 현상학 영역을 생성할 것이다. 자기생성체계들은 이 체계들을 생성하는 단위체들의 속성과는 다른 속성을 가진 단위체들을 생성함으로써 다른 현상학 영역을 생성한다. 생성된 새로운 현상학 영역은 자기생성 단위체들의 현상학에 종속되는데, 이 영역이 자신의 실제적인 실현을 위해 자기생성 단위체들에 의존하기 때문이다. 그렇다고 해서 자기생성 단위체들이 새로운 현상학 영역을 결정하는 것은 아니다. 새로운 현상학 영역은 자기생성 단위체들이 어떻게 시작되었는지에 관계없이 그 기원적 단위체들의 속성에 의해서만 결정된다. 하나의 현상학 영역은 또 다른 현상학 영역에 유효한 관계들에 의해서는 설명될 수 없다. 이는 자기생성체계의 작동을 통해 생성된 다양한 현상학 영역에 일반적으로 적용된다. 따라서 다음과 같이 서술할 수 있다. 자기생성체계가 그것이 존재하는 공간 내의 정역학적 관계나 비자기생성적인 기계론적 관계를 통해 설명될 수 없고, 기계론적 영역 내의 자기생성적인 기계론적 관계를 통해 설명되어야만 하듯이, 자기생성 단위체들의 상호작용을 통해 생성된 현상은 자기생성 단위체들의 상호작용 영역 내에서, 그 영역을 정의하는 관계들을 통해서 설명되어야 한다.

(iii) 종, 자연선택, 적응도에 중점을 둔 다원주의적 진화 개념의 발달이 인간사事에 미친 영향은, 살아있는 체계의 다양성과 그 기원을 설명하는 일을 넘어선다. 진화 개념이 사회학적으로 중대한 의미를 갖는 이유는 이 개념이 경쟁사회의 사회현상학에 대한 설명을 제안할 뿐만 아니라, 인류나 국가, 사회와 같은 개념에 체화된 초월적 가치에 개체의 운명을 종속시키는 일에 과학적 정당화를 제공하는 것처럼 보이기 때문이다. 사실 인간의 사회사는 가치의 지속적인 탐구를 통해 인간 존재를 설명하거나 정당화한다는 점을 보여준다. 하지만 이와 마찬가지로 초월적 개념들의 지속적 사용을 통해 사회적 차별, 노예제, 경제적 종속을 정당화하고, 고립되든 집합적이든 개인들이 이러한 개념에 담긴 가치들을 대변하는 척하는 사람들의 설계나 충동whim에 정치적으로 복종하는 일을 정당화한다는 점 또한 보여준다. 경제적 차별, 권력투쟁이라는 관념, 시민의 국가 종속에 기초한 사회에서 진화, 자연선택, 적응도 개념은 (일시적인 개체

들의 불필요성을 통해서 변함없이 유지되는 역사적 실체로서의 종에 대한 강조와 더불어) 경제·사회구조에 생물학적(과학적) 정당성을 제공하는 것처럼 보였다. 호모 사피엔스 종으로서의 인류가 진화한다는 것은 생물학적 근거로 볼 때 참이다. 경쟁이 인간의 진화적 변화를 특정화하는 과정에 참여한다는 점도 생물학적 근거로 볼 때 참이다. 자연선택의 법칙 아래에서 유리하게 선택된 특성을 가장 적합하게 지닌 개체는 다른 개체보다 생존하기 쉽거나 재생산적 이점이 있다. 또 재생산적 의미에서 생존하지 못하거나 덜 성공적인 개체는 자기 종의 역사적 운명에 기여하지 않거나 적게 기여한다는 점도 생물학적 근거로 볼 때 참이다. 즉 다윈주의 관점에 따른다면, 개체의 역할은 종의 영속화에 기여하는 것이고, 우리가 인류의 안녕을 위해 마땅히 해야 할 모든 일은 자연현상이 종의 경로에 따르도록 놔두는 일처럼 보였다. 과학, 즉 생물학은 이 낱말을 처음 말한 사람의 의도나 목적이 무엇이든 간에 '인류의 이익을 위한 모든 것'이라는 개념을 정당화하는 것처럼 보였다. 그러나 이러한 주장들은 개체를 종에 종속시키는 일을 정당화하는 데 더는 유효하지 않다는 것을 우리는 보여주었다. 개체의 현상학이 생물학적 현상학을 결정하며, 개체 없이는 어떤 생물학적 현상학도 결코 존재하지 않기 때문이다. 개체의 조직은 자기생성적이며, 이 사실에 모든 개체의 중요성이 기반한다. 즉 개체는 스스로의 존재함existing을 통해 정의된다. 또한 개체의 존재함은 자기생성적이다. 따라서 생물학은 개체의 역할이 종, 사회, 인류를 영속시키는 것이라는 구실 아래, 종, 사회, 인류의 이익을 위해 개체는 없어도 좋다는 주장을 정당화하는 일에 더는 이용될 수 없다. 생물학적으로 개체는 없어도 되는 존재가 아니다.

(iv) 생물학적 현상들은 그것에 연루된 개체들의 자기생성에 의존한다. 따라서 자기생성 단위체들의 연동으로부터 발생하는 생물학적 체계들이 있다. 그 가운데 일부는 심지어 더 높은 등급의 자기생성적 체계들을 구성할 수도 있다. 인간사회들은 어떠한가? 연동된 인간 존재들의 체계로서의 인간사회들은 또한 생물학적 체계인가? 다시 말해서 인간사회를 하나의 체계로 특징짓는 관계들은 구성적으로 사회를 통합하는 개체들의 자기생성에 어느 정도 의존하는가? 만약 인간사회가 생물학적 체계라면 인간사회의 동역학은 인간사회를 이루는 구성요소들의 자기생성을 통해 결정될 것이다. 만약 인간사회가 생물학적 체계가 아니라면, 사회적 동역학은 사회를 통합하는 개체들의 자기생성과 무관한 법칙들과 관계들에 의존할 것이다. 이러한 질문에 대한 답변은 사소하지 않다. 그것은 생물학적 중요성 외에도 윤리적, 정치적 함의에 대한 고찰을 필요로 한다. 이 점은 분명하다. 왜냐하면 그러한 답변을 하기 위해서는 하나의 사회를 하나의 단위체(하나의 체계)로 정의하는 관계들을 특징짓는 것이 필요하기 때문이다. 그리고 우리가 생물학적으로 무엇

을 말하든 그것은 직접적으로 인간 상호작용 영역에 적용될 것이기 때문이다. 사용이든 남용이든 우리는 그러한 적용이 진화적 개념들을 가지고 전개되는 것을 이미 보았다. 사실 인간관계의 영역에서 어떤 입장이나 견해도 윤리적, 정치적 함의에서 자유롭다고 여겨질 수 없다. 과학자 또한 이러한 함의에서 자신만은 다르다고 간주할 수 없다. 우리는 이미 윤리적, 정치적 함의에서 책임을 질 준비가 되어 있다. 하지만 우리 두 사람(마뚜라나와 바렐라)은 생물학적 조직에 대한 이러한 특징화의 관점에서 인간사회의 생물학적 특징에 관해 제기된 질문에 대해서 서로 입장이 완전히 일치하지 않는다. 따라서 이 이상의 논의는 뒤로 미루기로 결정했다.

3. 인지적 함의

하나의 자기생성 단위체의 상호작용 영역은 단위체가 자기생성을 잃지 않고 겪을 수 있는 모든 변형의 영역이다. 각각의 단위체에 있어서 그러한 영역은 그 단위체의 자기생성이 단위체의 구성요소들의 공간에서 실현되는 특수한 양식을 통해서, 즉 단위체의 구조에 의해서 결정된다. 결과적으로 자기생성 단위체의 상호작용 영역은 필연적으로 경계가 있다. 또한 서로 다른 구조를 가진 자기생성 단위체는 서로 다른 상호작용의 영역을 갖는다. 이뿐만 아니라 관찰자는 변형하는 행위자deforming agent

가 자기생성체계에 따라 작용하는 것을 볼 때, 자기생성체계가 자체의 변형을 보정하는 방식을 변형하는 행위자에 대한 기술로, 그리고 체계가 겪는 변형을 변형하는 행위자에 대한 표상으로 고찰할 수 있다. 그러나 자기생성체계의 상호작용 영역에는 경계가 있기에, 자기생성체계에 대한 관찰자는 그 체계에 외부적인 실체들을 (그것들과 상호작용함으로써) 기술할 수 있다. 이때 자기생성체계는 그 외부적 실체들을 기술할 수 없는데, 왜냐하면 그것들과 상호작용할 수 없거나 그것들이 그 체계 안에서 유발하는 변형을 보정할 수 없기 때문이다. 하나의 자기생성체계가 동일성을 잃지 않고 들어갈 수 있는 모든 상호작용의 영역은 자신의 인지영역뿐이다. 달리 말하면 자기생성체계의 인지영역은 자기생성체계가 만들어낼 수 있는 모든 기술의 영역이다. 따라서 어떤 자기생성체계에서도, 체계의 자기생성의 특수한 양식이 체계의 인지영역을 결정하며, 따라서 체계의 행동적 다양성을 결정한다. 그렇다면 자기생성체계의 인지 영역은, 체계의 자기생성 양식이 변화하는 범위 내에서만, 그 체계의 개체발생을 따라 변화한다고 말할 수 있다.

이 책에서 우리는 생물학적 현상학의 적절한 특성화가 인지영역 내에서 갖게 되는 모든 함의를 탐구할 생각은 없다. 하지만 인지영역이 개체의 자기생성 조직에 의존한다는 점을 보여주기 위해 네 가지 소견을 밝힌다.

(i) 어떤 자기생성체계에서도, 인지영역은 반드시 자기생성이 실현되는 특수한 방식에 대해서 상대적이다. 또한 만약 지식 knowledge이 기술적 행위라면, 그것은 아는 자knower의 인지영역에 대해서 상대적이다. 따라서 유기체의 자기생성이 실현되는 방식이 개체발생 과정에서 변한다면, 유기체의 실제 지식(유기체의 행위 목록)도 변한다. 그렇다면 지식이란 언제나 아는 자의 개체발생을 필연적으로 반영하는 것이다. 개체발생이란 자기생성을 잃지 않으면서도 연속적으로 구조가 변화하는 과정이라서 유기체의 행동능력과 그에 따른 실제적인 상호작용의 영역을 계속해서 특정화하는 과정이기 때문이다. 그렇다면 본질적으로는 어떤 절대적인 지식도 불가능하다. 가능한 모든 상대적 지식의 타당성이란 결국 성공적인 자기생성을 통해서만 얻을 수 있는 것이다.

(ii) 복수의 자기생성체계는 행동의 연동behavioral coupling을 초래하는 조건 아래에서 서로 상호작용할 수 있다. 이 연동에서 유기체 A의 자기생성적 행위는 유기체 B에게는 변형의 원천이 되고, 유기체 B의 보정하는 행동은 차례로 유기체 A가 변형하는 원천으로 작용한다. 그리고 유기체 A의 보정 행동은 다시 유기체 B의 변형의 원천으로 작용하는 식으로 연동이 중단될 때까지 재귀적으로 반복된다. 이런 식으로 서로 맞물리는 상호작용의 사슬이 전개될 때 각 상호작용에서 각각의 유기체의 행위

는 이것이 다른 유기체의 행위를 생성하는 것과는 구성적으로 독립적이다. 각 유기체의 행위conduct가 행동하는behaving 유기체의 구조에 의해서만 내적으로 결정되기 때문이다. 그렇지만 각 유기체의 행위는 다른 유기체들에게 보정 가능한 변형의 원천이고, 상호작용들의 사슬이 지속되는 동안 연동된 행동의 맥락에서는 의미 있는 행동으로 기술될 수 있는 것이다. 이것이 바로 의사소통적 상호작용들이다. 다시 말해서, 동역학적 체계로서 상호작용하는 유기체들이 지속적으로 변화하는 구조들을 갖추고 있다면, 그리고 그것들이 자기생성의 상실 없이 상호작용들을 통해서 서로에게서 각자의 개체발생적 구조변화의 경로들을 상호적으로 선택한다면, 이때 그 유기체들은 의사소통적 상호작용의 재귀적이고 확장적인 영역으로서, 서로 맞물리는interlocked 개체발생들을 생성한다. 이 서로 맞물리는 개체발생들은 상호적으로 교감적 행위를 촉발하는 하나의 영역을 구성한다. 그리고 이 영역은 생성되는 동안 구체화된다. 행동적으로 연동된 유기체들이, 연동된 개체발생 동안 구체화된 내적 결정을 갖춘 행동 양식들을 가지고 서로를 정향하는, 의사소통적 상호작용의 교감영역이 바로 언어영역이다. 이러한 교감적 상호작용 영역에서는 각 유기체의 행위가 관찰자에 의해 다른 유기체의 행위에 대한 내포적connotative 기술을 구성하는 것처럼 취급될 수 있다. 또는 관찰자로서 자기 기술영역에서는 각 유기체의 행위가 다른 유기체의 행위에 대한 교감적 표시를 구성하는 것처럼 취급될 수 있다. 의사소통적이고 언어적인 상호작용은 정보를 제공하는informative 것이 본질적으로 아니다. 유기체 A는 유기체 B의 행위를 결정하지 않으며 결정할 수도 없다. 왜냐하면 자기생성 조직 자체의 본성으로 인해 유기체가 겪는 모든 변화는 필연적이고도 불가피하게 자기 고유의 조직에 의해 결정되기 때문이다. 교감영역은 독립적인 자기생성체계의 개체발생들의 연동으로부터 일어난다. 그렇다면 교감영역으로서의 언어영역은 본질적으로 비정보적인 영역이다. 비록 관찰자가 자기생성체계들의 내적 결정만이 언어영역을 발생시킨다는 점을 무시하고 마치 언어영역이 정보적인 것처럼 기술할 수 있다 해도 그러하다. 현상학적으로 언어영역과 자기생성영역은 서로 다른 영역이다. 한 영역이 다른 영역의 원소들을 발생시킨다 해도 두 영역은 서로 교차하지 않는다.

(iii) 자기생성체계는 (신경계를 가진 유기체가 할 수 있는 것처럼) 자기 고유의 상태와 상호작용하는 역량이 있고, 다른 자기생성체계들과 함께 언어적 교감영역을 전개할 역량이 있다. 자기생성체계는 자기 고유의 언어적 상태를 변형의 원천으로 다룰 수 있으며, 따라서 폐쇄된 언어영역에서 언어적으로 상호작용할 수 있다. 이러한 체계에는 다음과 같이 두드러진 두 가지 속성이 있다.

1. 언어적으로 생성된 자기 상태와의 재귀적 상호작용을 통해, 자기생성체계는 이러한 상태들 중 일부를 추가적 상호작용의 객체들로 취급하여 교감적 구별의 메타영역을 야기한다. 관찰자에게 교감적 구별의 메타영역은 상호작용의 표상들을 갖춘 상호작용 영역으로 나타난다. 이러한 일이 벌어질 때, 체계는 관찰자로서 작동한다. 이와 같은 재귀적 상호작용의 영역은 원칙적으로 무한하다. 일단 체계가 재귀적으로 상호작용하기 위한 기제를 획득하면 자기생성을 잃지 않는 한, 매 순간 계속해서 자기 고유의 상태와 재귀적으로 상호작용하게 될 수밖에 없기 때문이다. 이러한 역량을 가진 하나의 자기생성체계가 그것의 개체발생 동안 실제로 상이한 상태들의 무한한 연쇄를 생성하는지 여부는 명백히, 기술의 메타영역에서 그것이 언어적 상호작용을 해온 역사가, 상호작용하는 유기체들의 자기생성의 상황적 실현에 중요한 의미가 있는 것인지에 달려있을 것이다.

2. 관찰자가 될 역량이 있는 살아있는 체계는 자기 고유의 기술적 상태 중에서 그 체계 자신에 대한 언어적 기술인 것들과 상호작용할 수 있다. 그렇게 함으로써 살아있는 체계는 자기-언어적 기술들의 영역을 생성하며, 그 영역 내에서 관찰자로서 스스로를 관찰한다. 이 과정은 필연적으로 끝없이 반복될 수 있다. 우리는 이 영역을 자기-관찰의 영역이라고 부른다. 그리고 자기의식적 행동은 자기-관찰하기 행동, 즉 자기-관찰 영역 내의 행

동이라고 간주한다. 하나의 관찰자로서의 관찰자는 언제나 필연적으로 기술영역에, 즉 하나의 상대적인 인지영역에 머물러 있다. 절대적 실재에 대한 기술은 결코 가능하지 않다. 그러한 기술은 절대존재absolute와의 상호작용을 필요로 한다. 하지만 그러한 상호작용으로부터 발생하는 표상은 관찰자의 자기생성적 조직이 결정할 것이지 변형하는 행위자deforming agent가 결정하지는 않을 것이다. 그러므로 그것이 생성하는 인지적 실재란 필연적으로 아는 자knower에 대해서 상대적일 것이다.

실제적인 구체적concrete 재생산이든, 형식적 표상이든, 순수하게 합리적인 기술이든, 모든 설명에서 설명하기 위한 현상의 재공식화는 (동일성, 배제, 연속succession 등) 동일한 개념들에 기대게 된다. 그렇다면 모든 현상학 영역에 유효한 하나의 보편 논리가 있다. 이는 이러한 영역들을 생성하는 단위체들 사이에서 가능한 관계들을 지시하는 것이지, 생성하는 단위체들의 개별적 속성들을 지시하는 것은 아니다. 우리는 이 책에서 이 논리를 적용시켰다. (다른 방법으로는 할 수 없었을 것이다.) 그리고 우리 주장의 타당성은 모든 합리적 논증이나 구체적인concrete 현상학적 실현의 타당성이 그러하듯이 이 논리의 타당성에 의존한다. 더욱이 원리적으로 우리는 이 논리의 적용을 통해서, 자기생성체계의 현상학은 관찰자를 생성하고, 관찰자를 통해서 기술의 현상학이 생성되며, 기술의 현상학 안에서도 이 논리가 유효하다는 점을 보여주었다. 인식론적인 이유에서 우리는, 우리가 살아있는 체계에 대해 이제까지 언급했던 모든 것을 말하기 위해서 살아있는 체계의 자기생성 현상이 벌어지는 하나의 공간(물리적 공간)을 가정해야 했다. 우리의 논의가 이제까지 성공적이었다면(논리적, 실증적 모순이 없다면) 우리는 다음과 같이 결론을 내릴 수 있다. 즉 그 공간은, 그 안에서는 우리가 우리의 기술에 적용한 논리가 본질적으로 유효한 하나의 공간이며, 존재론적으로 그러한 공간이라고 말이다. 그렇지 않았다면 우리는 살아있는 체계를 특징짓거나, 살아있는 체계가 어떻게 스스로 기술할 수 있는 체계를 생성하는지를 보여주는 측면에 있어서 우리가 이제까지 한 일을 할 수 없었을 것이다. 우리는 이 공간을 절대적인 용어로는 특징지을 수 없다. 언어적 상호작용에서 우리가 할 수 있는 모든 일이라고는 언어적 행동을 통해 기술하고, 이러한 기술들을 기반으로 추가적 기술을 구성하는 것뿐이다. 이러한 기술들은, 작동하는 체계와 관련하여 정의되는 것과 동일한 그 작동 영역에 남아있을 것이다.

예측이란 하나의 관계적 행렬a relational matrix 내의 사례에 대한 하나의 진술이다. 그것은 인지적 진술이며, 그렇기에 하나의 기술영역 내에서 일어난다. 그러므로 실수가 없는 한, 즉 그 안에서 예측이 이루어지는 그 개별적인 행렬을 정의하는 모든 관계가 적절하게 파악되는 한, 예측은 유효하다. 해석상의 오류는 오로지 잘못된 적용, 즉 관찰자가 다른 쪽 행렬에서 예측하면서도 마치 이쪽 행렬에서 예측하는 척 가장하는 경우에만 일어날 수 있다. 특히, 물리적 공간에서 예측이 가능한 이유는 실제적 행위로서의 기술이, 그 기술이 일어나는 기층 행렬과 필연적으로 동형적인 논리적 행렬을 (자신의 구성에 의해서) 갖추고 있는 상호작용 행렬 안에 존재하기 때문이지, 우리가 우주에 대한 절대적인 지식을 갖고 있어서가 아니다. 이러한 인지적 관계들은 모든 폐쇄적 체계에 의해 생성된 가능한 인지 현상학에서 유효하다. 살아있는 체계들은 하나의 실존적 증거다. 살아있는 체계들은 스스로 존재할 수 있는 한에서만 존재한다. 우리 상상력의 환상fantasy도 이러한 점을 부정할 수는 없다. 살아있는 체계들은 기계론적 영역에서의 과정들의 연속이다. 환상들은 언어영역에서의 기술들의 연속이다. 첫 번째 경우, 연속된 단위체들은 과정들이다. 두 번째 경우, 연속된 단위체들은 언어적 행동의 양식들이다.

자기생성은 생물학적 현상학을 정의함으로써 생물학적 현상학의 문제 일반을 해결한다. 새로운 문제들이 발생하며 오래된 문제들이 다른 관점에서 나타난다. 특히 지구상의 살아있는 체계의 기원(시생체형성[2]과 신생체형성[3])과 관련된 문제와 동

---

2. * 시생체형성(eobiogenesis): 무기물로부터 살아있는 물질이 발생할 때 그 첫 번째 사례.
3. * 신생체형성(neobiogenesis): 자연에 있는 무기물로부터 반복해서 생명이 생성되었다는 개념.

물에서 재귀적인 기술적 상호작용이 일어나는 특수 조직(신경계)과 관련된 문제들 말이다. 자기생성체계들은 자기 자신의 자기생성과 관련하여 자신이 존재할 수 있는 세계를 정의한다. 그리고 어떤 자기생성체계들은 자신의 기술을 통해서 이 세계와 재귀적으로 상호작용한다. 이러한 기술들을 통해서 이 상대적 기술영역에서 벗어나는 것은 불가능하기 때문이다. 이는 다음과 같은 완전히 새로운 인지적 전망을 요구한다. 서로 다른 현상학들이 발생할 수 있는 공간이 있다. 이 중 하나가 자기생성이다. 자기생성은 하나의 현상학 영역을 생성하며, 이것이 바로 인지다.

신경계

　　하나의 단위체로서의 유기체의 현상학은 그 유기체의 자기생성의 현상학이다. 유기체가 스스로의 자기생성을 유지하면서 겪는 변화들이 행위를 구성한다. 유기체의 행위는 유기체가 존재하는 주위환경(관찰자 포함)에 야기하는 여러 변화로써 관찰자에게 드러난다. 따라서 관찰자가 주시하는, 어떤 유기체 안의 행위도 그것이 아무리 복잡해 보이더라도 언제나 관찰된 유기체의 자기생성에 대한 하나의 표현이다. 그리고 그렇기 때문에 그 행위는 언제나 현재에서 벌어지는 하나의 현상학을 통해서 발생하는 것이다. 왜냐하면 역사는 자기생성 기제의 인과적 요소 중 하나가 아니기 때문이다(4장 「자기생성의 다양성」 참조). 그러나 자기 관찰의 주체이자 다른 유기체의 행위에 대한 관찰자로서의 우리에게는 과거 경험이 마치 신경계의 변조로 체화된 채, 행동을 일으키는 기제의 인과적 구성요소인 것처럼 현재 우리와 다른 유기체의 행위를 결정하는 것으로 나타난다. 그러므로 상태-결정된 체계로서의 유기체의 작동에서 시간은 구성요소가 아니지만, 마치 유기체의 작동이 시간적 현상에 의해 결정되는 것처럼 우리에게 나타난다. 그리고 우리는 학습, 기억, 회상에 대해 과거의 체화처럼 말한다. 우리는 이러한 모순이 하나의 단위체로서 유기체의 상호작용 영역에 속하는 것과 자기생성의 현상학에 속하는 것을 구별하지 않는 것으로부터, 따라서 신경계 구조와 유기체 개체발생의 연동에 대한 부적절한 평가로부터 비롯된다고 생각한다. 따라서 신경계에 대한 이 부록의 목적은 신경계 조직을 신경망neuronal network으로 간주하고, 과거와 현재가 유기체와 자기 고유의 상태들의 재귀적 상호작용으로부터 새로운 차원으로 발생하는 연동을 평가하는 데 있다.

A. 체계로서의 신경계

신경계는 상호작용하는 신경들로 이루어진 하나의 연결망이며, 유기체의 구성요소로서 세 가지 방법으로 유기체와 연동되어 있다.

(i) 신경계를 포함한 유기체는 뉴런의 자기생성뿐만 아니라 다른 모든 세포를 위한 물리적이고 생화학적인 환경을 제공한다. 따라서 유기체는 물리적이고 생화학적인 섭동들의 가능한 원천이며, 이 섭동들은 뉴런의 속성들을 변화시켜 (ii) 또는 (iii)으로 이어질 수 있다.

(ii) 일부 구성요소 뉴런의 수용체 표면에 작용하여 신경계 활동상태 전체를 변화시킴으로써 (iii)으로 이어지는 유기체의 상태들(물리적·생화학적 상태들)이 있다.

(iii) 유기체의 (물리적 또는 생화학적) 상태를 변화시키고 재귀적으로 (i) 및 (ii)로 이어지는 신경계의 상태들이 있다.

이러한 연동을 통해 신경계는 자기생성 관계들을 발생시키는 일에 참여한다. 이 자기생성 관계들이 신경계가 통합하는 유기체를 정의한다. 그리하여 신경계의 구조는 이러한 참여에 종속된다.

1. 뉴런

뉴런은 자체의 자기생성을 통해 자기 고유의 경계를 결정한다. 그러므로 뉴런은 신경계의 해부학적 단위체들이다. 뉴런의 모양으로 구별할 수 있는 많은 부류의 뉴런이 있다. 그러나 그것들이 속한 형태학적 부류에 관계없이 모든 뉴런은 분지를 갖고 있으며, 분지는 뉴런들을 다른 방식으로 분리된 다른 뉴런들과 직·간접적 작동 관계에 있게 한다. 뉴런은 기능적으로, 즉 신경계의 타자생성적 구성요소로서 볼 때, 수집기 표면, 전도소자, 작용기 표면을 지닌다. 세 구성요소의 상대적 위치나 모양, 외연extensions은 뉴런의 상이한 부류에 따라서 달라진다. 수집기 표면은 뉴런 표면의 일부다. 뉴런 표면에서 수집기 표면은 다른 뉴런의 작용기 표면이나 자체 뉴런의 작용기 표면에서 비롯한 구심성 영향(시냅스 여부에 상관없이)을 받는다. 뉴런 작용기 표면은 뉴런 표면의 일부다. 이것은 (시냅스 접촉을 통해) 직접적으로든 (타 부류의 세포에 대한 시냅스 또는 비시냅스 작용을 통해) 간접적으로든 다른 뉴런의 수집기 표면이나 자기 고유의 수집기 표면에 영향을 미친다. 뉴런의 종류에 따라 뉴런은 수집기 및 작용기 표면이 전도소자에 의해 (시냅스이전억제의 유·무에 따라) 완전히 분리되거나 부분적으로 분리되어 있을 수 있다. 또는 수집기 및 작용기 표면이 완전히 간격을 두고 있고 두 표면 사이에 전도소자가 없는 뉴런(무축삭세포)도 있을 수 있다. 수집기 및 작용기 표면 사이의 상호작용은 관련된 뉴런의 종류에 따라 흥분성이나 억제성일 수 있다. 흥분성의 구심성 영향은 수용 뉴런의 수집기 표면의 활동상태에 변화를 일으켜서 이 변화가 뉴런의 작용기 표면의 활동상태에 변화를 가져올 수 있다. 반면 뉴런에 가해지는 억제성의 영향은 뉴런 수용체 표면에 대한 구심성 영향의 효과를 차단하여, 이 효과가 작용기 표면에 전혀 도달하지 않거나 효과가 감소된 상태로 도달하게 한다.

작동적으로 뉴런의 활동상태는, 그것의 작용기 표면의 활동상태로 특징지어지며, 뉴런의 내적 구조(막의 속성, 분지들의 상대적 두께, 일반적으로 뉴런의 가능한 상태를 결정하는 모든 구조적 관계들) 그리고 뉴런의 수용체 표면에 미치는 구심성 영향 둘 다에 의해 결정된다. 반대로, 다른 뉴런의 활동을 변화시키는 데 갖는 하나의 뉴런의 효과는 그 다른 뉴런들의 내적 구조 그리고 그 다른 뉴런들이 받는 다른 구심성 영향들과 관련하여 그 하나의 뉴런이 그 다른 뉴런들의 수용체 표면에 미치는 활동의 상대적 효과 둘 다에 달려 있다. 그 이유는 뉴런의 활동상태를 결정할 때 흥분성 영향과 억제성 영향이 선형적으로 추가되는 것이 아니기 때문이다. 오히려 서로에게 미친 영향의 작용 지점의 상대적 위치와 수용세포의 작용기 표면에 관련된 상대적 위치에 따라 흥분성 영향과 억제성 영향이 지닌 효과가 달라지기 때문이다. 더욱이 뉴런의 내적 구조는 그 뉴런의 자율적인 유전적 결정의 결과에 따라, 그리고 유기체의 개체발생 동안의 그것의 작업 상황들의 결과에 따라 그 뉴런의 생활사life history에 걸쳐 변화한다. 따라서 뉴런은 그 속성이 변하지 않는 정역학적 실체들이 아니다. 반대로 뉴런은 변한다. 이는 세 가지 일반적인 결과를 낳는다.

(i) 뉴런 수용체 표면에는 구심성(입력) 영향의 많은 배열이 있으며 이는 뉴런 작용기 표면에서 동일한 배열의 원심성(출력) 활동을 생산한다.

(ii) 뉴런 내부 구조에 있는 변화들은 (이 변화들이 세포의

자율적 형질전환에 의해 선택되었는지, 아니면 신경망에서의 상호작용의 역사에 의해 선택되는지에 관계없이) 뉴런이 채택할 수 있는 활동상태 영역을 바꿈으로써 입력-출력 관계들의 영역을 바꾼다. 즉, 뉴런의 전달 기능을 바꾼다.

(iii) 어떤 단일 세포나 세포들의 부류만으로는 신경망이 통합하는 신경망 속성들을 단독으로 결정할 수 없다.

일반적으로 뉴런의 구조와 뉴런이 통합하는 신경망에서의 뉴런의 역할은 불변성을 유지하는 것이 아니다. 오히려 유기체 개체발생에 종속되는 방식으로 자체의 개체발생을 따라 변한다. 유기체의 개체발생은 신경망과 그 유기체가 겪는 변화의 결과이면서 원천, 둘 다이다.

2. 조직 : 폐쇄적 체계로서의 신경계

기술적 관점에서 볼 때, 뉴런의 속성들, 내적 구조, 형태, 상대적 위치가 신경계의 연결성을 결정하고 신경계를 뉴런 상호작용들의 동역학적 연결망으로 구성한다고 말할 수 있다. 이러한 연결성, 즉 신경계를 측면적·병행적·순차적·재귀적인 억제성 및 흥분성 상호작용들의 연결망으로서 구성하는 해부학적이고 작동적인 관계들이 신경계의 가능한 동역학 상태들의 영역을 결정한다. 뉴런들의 속성들은, 그것들의 내적 결정으로 인해서, 그리고 신경계의 구성요소로서의 그것들의 상호작용들의 결과에 따라서, 유기체의 개체발생을 따라 변화하기 때문에, 신경계의 연결성은 유기체의 개체발생 동안, 재귀적으로 선택된 방식으로 변화한다. 나아가 유기체의 개체발생이 자기생성의 역사이기 때문에 뉴런들을 통해 구성된, 신경계의 연결성은 신경계에 의해 통합된 유기체의 자기생성에 동역학적으로 종속된다.

작동적으로 신경계는 상호작용하는 뉴런들의 폐쇄적 연결망이다. 즉 뉴런 활동의 한 변화가 직접적으로는 시냅스 작용을 거쳐, 또는 간접적으로는 일부 물리적으로 개입하는 요소나 화학적으로 개입하는 요소의 참여를 거쳐 언제나 다른 뉴런들에서의 활동 변화로 이어진다. 따라서 하나의 유한한 뉴런 연결망으로서의 신경계의 조직은 그 연결망에서 생성된 뉴런 상호작용들의 근접관계에 의해 정의된다. 환경에서 유기체를 주시하는 관찰자에 의해 기술될 수 있는 감지기 뉴런과 작용기 뉴런도 이러한 일에서 예외는 아니다. 왜냐하면 하나의 유기체에서의 모든 감지기 활동은 그 유기체의 작용기 표면에서의 활동들로 이어지고, 유기체에서의 모든 작용기 활동은 그 유기체의 감지기 표면에서의 변화들로 이어지기 때문이다. 이 지점에서 관찰자가 유기체의 작용기 표면과 감지기 표면 사이에 개입하는 환경적 요소들을 보게 된다는 것은 아무런 관련이 없다. 신경계는 개입하는 요소들에 상관없이 자체의 구성요소 뉴런들의 상호작용들에 의해 하나의 뉴런적 상호작용들의 연결망으로 정의되기 때문이다. 그러므로 신경망이 그 자체로 폐쇄적인 한, 그것의 현상학은 뉴런 활동들이 언제나 뉴런 활동들로 이어지는 폐쇄적 체계의 현상학이다. 이는 주위환경이 신경계를 섭동시킬 수 있고, 하나의 독립적인 동인^{agent}으로서의 환경이 신경계와의 연동으로 어떤 뉴런 수용체 표면에서라도 신경계의 상태를 변화시킬 수 있다 해도 마찬가지다. 이 섭동의 결과나 다른 섭동의 결과로 신경계가 붕괴(하나의 폐쇄적 신경망으로서 정의하는 관계들을 상실하는 일) 없이 겪을 수 있는 변화들은 신경계의 연결성에 의해 완전하게 구체화된다. 그리고 섭동하는 동인은 이러한 변화들의 동시발생을 위한 하나의 역사적 결정요인을 구성할 뿐이다. 폐쇄적 신경망으로서의 신경계에는 입력이나 출력이 없다. 신경계 조직에는 상태 변화의 동역학을 통해 이러한 상태 변화에 대한 가능한 내적이나 외적인 원인들 사이를 구별하게 해줄 본질적 특성이 없다. 이는 다음 두 가지의 근본적인 결과들을 초래한다.

(i) 신경계 상태의 변화들의 현상학은 전적으로 폐쇄적 신경망의 상태 변화들의 현상학이다. 즉 신경망으로서의 신경계에는 내부나 외부가 존재하지 않는다.

(ii) 신경계 상태 변화들의 기원에서 내적 원인과 외적 원인 사이를 구별하는 일은 다만 관찰자에 의해서만 수행될 수 있으

며, 관찰자가 유기체(신경계)를 하나의 단위체로 주시하면서 그 경계를 구체화함으로써 신경계의 안과 밖을 규정할 수 있다.

이로부터 신경계의 상태 변화들이 내적이거나 외적인 기원을 가질 수 있는 것은 단위체로서의 유기체의 상호작용 영역과 관련해서만 가능할 뿐이며, 그러므로 신경계 상태 변화들에 대한 원인들의 역사는 상태 변화 그 자체와는 다른 현상학 영역에 놓여 있다는 결론이 나온다.

3. 변화

신경계 구조상의 어떤 변화도 신경계의 구성요소인 뉴런들의 속성에서의 하나의 변화로부터 비롯된다. 형태학적 변화든 생화학적 변화든 혹은 둘 모두의 변화든 실제로 어떤 변화가 일어나는지는 현재의 논의와 무관하다. 중요한 점은 이러한 변화가 신경계와 유기체의 연동에서 유기체의 자기생성에 종속된 신경계와 유기체의 항상성 작동을 거쳐 일어난다는 데 있다. 일부 변화들은 폐쇄적 연결망으로서의 신경계의 작동을 통해 발생하기 때문에 신경계의 작동에 직접적으로 영향을 미친다. 다른 변화들은 뉴런과 유기체 사이의 생화학적이거나 유전학적인 연동을 통해 일어나고 연결망의 실제 작동과는 관련이 없는 방식으로 뉴런의 속성들을 바꾸기 때문에 간접적으로 영향을 미친다. 결과는 두 가지다. 한편으로 모든 변화는 같은 결과를 낳는다. 즉 신경계의 가능한 상태들의 영역에서의 변화들로 이어진다. 다른 한편으로, 신경계는 자체의 상호작용 영역과 자체의 내적 형질전환의 영역, 양 영역에서 유기체와 연동된다.

4. 구축architecture

신경계의 연결성은 신경계를 구성하는 요소인 뉴런들의 여러 모양에 의해 결정된다. 이에 부응하여 모든 신경계에는 이를 구성하는 뉴런의 종류와 수에 따라 결정되는 하나의 명확한 구축방식architecture이 있다. 그러므로 같은 종에 속한 것들의 신경계는 유사한 구축방식을 띤다. 그 신경계들이 유사한 종류와 숫자의 뉴런을 갖고 있다는 의미에서 그러하다. 반대로 서로 다른 종에 속한 것들은 상이한 구축방식의 신경계를 가진다. 그 신경계들의 뉴런 구성에서 구체적으로 차이가 난다. 따라서 신경계의 폐쇄적 조직은 진화를 통해 결정된 다양한 양식으로 다양한 종에서 실현된다. 그러나 이러한 실현은 어떤 경우라도 다음 조건들을 충족시켜야 한다.

(i) 신경계는 측면적·병행적·순차적·재귀적 상호작용의 연결망으로 구성되기 때문에 모든 단계에서 스스로에 대해 폐쇄되어 있다. 그러므로 신경계가 겪을 수 있는 절단은 일반적으로, 변화된 구축방식을 가진 폐쇄적 신경망을 남긴다. 따라서 신경계 조직은 절단에 의해서는 본질적으로 변하지 않는다. 반

면 신경계 구조에 따라 달라지는, 따라서 신경계 구축방식에 의존하는 가능 상태들의 영역은 변한다. 그러나 신경계의 폐쇄적 조직으로 인해, 부분 절제 후에 신경망에 남아 있는 것은 무엇이라도 반드시 원래 상태와는 다른 속성을 지닌 다른 총체로 작동하는 것이지 신경계 속성의 일부가 선택적으로 제거된 체계로 작동하는 것이 아니다.

(ii) 신경계의 어떤 부분도 폐쇄된 연결망으로서의 신경계 작동의 책임을 맡고 있다고 간주될 수 없다. 혹은 관찰자가 하나의 단위체로서의 신경계의 작동에서 감지할 수 있는 여러 속성에 대해서 신경계의 어떤 부분도 책임이 있다고 간주될 수도 없다. 이 같은 의미에서 신경계에는 본질적으로 작동적 국소화의 가능성이 없다. 그러나 모든 신경계에는 명확한 구축방식이 있기 때문에 모든 국소화된 손상은 필연적으로 신경계의 부분들 사이에 구체적인 단절을 생산하고 따라서 가능한 상태들의 신경계 영역에서 하나의 구체적인 변화를 생산한다.

(iii) 신경계 구축방식은 정역학적인 것이 아니라 신경계가 속한 유기체의 개체발생을 따라 구체화된다. 신경계의 결정은 비록 유전적 통제 아래 있다고 해도 전체 유기체의 형태발생에 결박되어 있다. 여기에는 두 가지 함의가 있다. (a) 종 구성원의 신경계 구축방식에서의 변이성variability은 유전적 구성과 개체

발생에서의 개체 간 차이들에 의해 결정된다. (b) (자기생성과 호환이 가능한) 허용될 수 있는 개체 변이의 범위는 유기체의 자기생성이 실현되는 주위환경에 따라 결정된다.

(iv) 신경계의 구축방식과 총체로서의 유기체의 형태학은 주위환경이 신경계 변형의 원천으로서의 유기체와 연동할 수 있는 영역을 정의한다. 따라서 신경계의 구축방식과 유기체의 형태학이 변하지 않는 한, 또는 변함없는 신경계의 구축방식과 유기체의 형태학의 양상들이 있는 한, 이와 동일한 방식으로 신경계와 유기체가 연동하는 주위환경에 대한 재귀적 배열로서의 재귀적 섭동이 일어날 가능성이 있다.

5. 준거적 상태들referential states

신경계의 상태들 중에서 준거적 상태들로서, 신경계(와 유기체)가 섭동을 겪으면서 채택할 수 있는 가능한 상태들의 하위 영역을 가능한 내적 관계들의 행렬로서 정의하는 것들이 있다. 이 결과, 신경계가 서로 다른 준거적 상태들로 있을 때 서로 다른 변화의 특징적 양식에 따라 (주위환경의 배열로 특징지어진) 동일한 섭동들을 보정한다. 정서emotions, 수면, 각성wakefulness은 준거적 상태들이다. 신경계의 동역학에서 준거적 상태들은 신경계의 모든 다른 상태들처럼, 즉 뉴런 활동의 관계들에 의해 규정되며, 이와 같이 뉴런 활동의 변화에 의해 생성되고 뉴런 활동의 변화들을 생성한다. 준거적 상태들의 특이한 점은 유기체의 자기생성을 발생시키는 과정에서 준거적 상태들이 다른 상태들을 하위상태들로 집어넣을 수 있는 상태들을 구성한다는 점이다. 그러므로 준거적 상태들의 구별은 관찰 영역에 놓여있다. 왜냐하면 신경계의 경우, 준거적 상태들은 상태 대 상태로 작동하는 동역학의 일부이기 때문이다. 그리고 관찰 영역에서 준거적 상태들은 독립적인 현상학적 차원들을 구성하기 때문이다.

B. 결과들

1. 역사적 연동

신경계와 유기체의 연동으로 인해 신경계는 필연적으로 관계들의 발생에 참여하여 유기체를 하나의 자기생성 단위체로 구성한다. 또 신경계와 유기체의 연동으로 인해 신경계 구조는 신경계 자체와 관련해 내적으로 규정된 뉴런 관계들의 생성을 통해 반드시 지속적으로 결정되고 실현된다. 그 결과, 신경계는 필연적으로 하나의 항상성 체계로 작동하여 유기체의 자기생성에의 참여를 정의하는 제 관계들을 불변으로 유지하며, 신경계가 이 개체발생에 참여하는 과정을 거쳐 유기체의 개체발생에 따라 역사적으로 결정된 뉴런 관계들을 발생시킴으로써 항상성을 유지한다. 여기에는 다음과 같은 세 가지 함의가 있다.

(i) 유기체 스스로가 항상성 체계로서 상호작용하여 결과적으로 여러 변형을 겪고, 보정하는 동안 신경계도 변화를 겪는다. 이 변화들은 신경계의 어떤 단일 지점으로 국소화될 수 없고, 반드시 임의적이지 않은 방식으로 신경계를 따라 분산되어야 한다. 어떤 국소화된 변화란 그 자체로 반드시 더 나아간 변화들로 보정되어야 할 추가적 변형의 원천이기 때문이다. 이러한 과정은 잠재적으로 끝이 없다. 결과적으로 유기체의 한 구성 요소로서의 신경계의 작동은 중요한 뉴런 관계들의 지속적 생성이며, 신경계가 폐쇄적 신경망으로서 겪을 수 있는 모든 형질 전환들은 이러한 작동에 종속된다. 만약 섭동의 결과로 신경계가 유기체의 자기생성에 참여하기 위해 중요한 뉴런관계들을 산출하는 데 실패한다면, 유기체는 붕괴한다.

(ii) 유기체와 신경계는 폐쇄된 비시간적 체계들이지만, 신경계의 구조가 유기체의 개체발생에의 참여를 통해서 결정된다는 사실은 이 구조를 이 개체발생을 결정하는 상황들의 하나의 기능으로 만든다. 즉 유기체의 유전적 결정의 기능으로뿐만 아니라 상호작용의 역사의 기능으로도 만든다. 그러므로 신경계가 하나의 비시간적 체계로서 채택할 수 있는 가능한 상태들의 영역은 어느 때에도 이 상호작용 역사의 하나의 기능이며 이 기능을 함축한다. 그 결과는 구성적으로 서로 다른 두 현상학의 연동, 즉 폐쇄적 항상성 체계로서의 신경계(및 유기체)의 현

상학 그리고 개방적인 비항상적 체계로서의 (유기체와 신경계를 포함하는) 주위환경의 현상학적 연동이다. 구성적으로 다른 두 현상학은 연동하여 신경계의 가능 상태들의 영역이 주위환경의 가능 상태들의 영역과 지속적으로 부합하는 식으로 함께 엮여 있다. 이뿐만 아니라 신경계의 모든 상태는 내적 상태이며, 자체의 형질전환 과정에서 신경계는 내부와 외부에서 생성된 변화의 차이를 구별할 수 없다. 그러므로 신경계는 외부적으로 결정된 신경계 형질전환의 역사에뿐만 아니라 내부적으로 결정된 상태변화의 역사에도 자체의 형질전환의 역사를 연동할 수밖에 없다. 이처럼 신경계가 작동하는 동안 겪는 형질전환은 신경계의 주위환경의 구성적 일부이다.

(iii) 그러나 신경계와 그것의 주위환경의 형질전환의 역사적 연동은 관찰자의 영역에서만 명백하지, 신경계 작동의 영역에서는 명백하지 않다. 신경계 작동의 영역은 닫힌 항상성 체계를 유지한다. 여기에서는 상태들 모두가 관계들의 생성으로 이어져 관계들이 유기체의 자기생성에 대한 신경계의 참여를 규정하는 한, 모든 상태들은 등가이다. 관찰자는 신경계 구조의 주어진 변화가 유기체에 주어진 상호작용의 결과로 발생한다는 점을 알 수 있다. 그리고 이러한 신경계 구조의 변화를 상호작용하는 환경에 대한 표상으로 간주할 수 있다. 그러나 하나의 현상으로서의 표상은 오로지 관찰 영역에만 존재한다. 그리고

이 표상은 관찰자가 유기체를 타자생성적 체계처럼 취급하면서 그 유기체의 행동에 환경을 사상함으로써 생성하는 영역에만 적용되는 유효성이 있다. 신경계 구조에 초래된, 언급된 그 변화는, 그 변화의 원인이 되는 상황들의 표상이 하나의 구성요소로서 포함되지 않는다는 조건하에서, 신경계의 가능 상태들의 영역에서 하나의 변화를 구성한다.

2. 하나의 현상으로서의 학습

유기체의 어떤 상호작용의 결과로 신경계의 연결성 구조가 바뀐다면, 그 이후로 신경계(및 유기체)가 채택할 수 있는 가능 상태들의 영역이 바뀐다. 그 결과, 동일하거나 유사한 상호작용의 조건이 반복될 때, 신경계의 동역학적 상태들, 그리고 따라서 유기체들이 자기생성을 획득하는 방법은 그렇지 않았을 경우와는 필연적으로 다를 수밖에 없다. 그러나 재귀적(이거나 새로운) 상호작용의 조건들 아래에서 유기체의 행위가 자기생성적이며, 그러므로 관찰자에게는 적응적인 것으로 나타난다는 점은, 신경계와 그것의 유기체 모두의 지속적인 항상성 작동의 필연적 결과이다. 이러한 항상성 작동은 내적으로 결정된 방식으로 신경계와 유기체를 유기체의 자기생성에 계속해서 종속시키기 때문에, 신경계에서의 어떤 연결성의 변화라도 행동을 발생시키는 데 있어서 유기체의 과거 상호작용의 표상으로는 참여할 수 없다. 표상은 기술하기 영역에 속한다. 신경계가 채택할 수 있는 가능 상태들의 영역에서의 변화는 유기체의 상호작용의 결과로 유기체의 개체발생을 따라 일어나는 것이며 학습을 구성한다. 따라서 학습은 유지되는 자기생성 아래 일어나는 행동적 변화와 결부된 신경계 형질전환의 현상이다. 학습은 신경계의 상태-결정적 현상학과 주위환경의 상태-결정적 현상학과의 지속적인 동역학적 연동으로 인해 발생한다. 환경의 표상을 습득하거나 학습과 관련하여 정보를 습득한다는 개념은 신경계 작동의 어떤 측면도 나타내지 않는다. 기억과 회상 등의 개념들도 마찬가지다. 이 개념들은 관찰자가 자기 관찰 영역에서 일어나는 여러 현상에 대해 만드는 기술이다. 이 개념들은 신경계 작동의 영역에서 벌어지지 않으며, 따라서 그것들이 인과적 구성요소로서 정의되는 기술영역에서만 유효하다.

3. 하나의 차원으로서의 시간

유기체의 상태들과 관련이 있지 상호작용을 정의하는 주위환경적 특징들과는 관련이 없는 영역에서, 다른 경우에서라면 등가일 상호작용들 사이의 모든 행위적 구별의 양식은, 하나의 준거적 차원을 행위양식으로서 발생시킨다. 시간의 경우가 이에 해당한다. 상호작용들의 순서와 관련된 어떤 차원에서 상호작용들을 구별하는 행위들을 야기하고, 그리하여 이 차원의 정의와 특징화를 구성하는 행위양식을 발생시키는 데는 다음과 같은 것으로 충분하다. 즉 (주위환경 배열에 의해 정의된) 하나의 상호작용의 결과로, 신경계가 구체적인 준거적 상태(예를 들어서, 확신이라는 정서)와 관련하여 변조되는 것으로 충분하다. 이때 이 구체적인 준거적 상태는 다른 경우에서라면 등가적일 상호작용들에 대해서 그 상호작용이 (그것의 본성과 무관하게) 생성할 수 있는 것이다. 그러므로 하나의 차원으로서의 순서는 유기체의 상호작용 영역에서 정의되는 것이지, 폐쇄 신경망으로서의 신경계의 작동에서 정의되는 것은 아니다. 이와 유사하게도, 관찰자에 의한, 그의 신경활동의 재귀적 상태들 안의 순차적 상태들의 행동적 구별은, 그가 그것들과 재귀적으로 상호작용하면서, 기술영역의 하나의 차원으로서의 시간의 생성을 구성한다. 따라서 시간은 기술영역의 한 차원이지 주위환경의 하나의 특성이 아니다.

C. 함의

하나의 현상으로서의 역사는 기술영역에서만 관찰자에게 접근 가능하다. 역사는 기술영역 안에서만 관찰자의 행동의 생성에 참여할 수 있다. 이러한 일은 실제로 벌어진다. 언어행동으로서의 기술은 신경계 변형의 하나의 원천을 구성한다. 따라서 기술은 그것의 주위환경의 일부를 구성한다.[1] 이에 따라, 위에

---

1. 기술이 신경계 변형의 원천을 구성한다는 점에 대한 신경생물학적 연구는 다

서 논의한 신경계 형질전환의 현상학은 기술영역에서 유기체의 상호작용에도 적용된다. 또 신경계 구조 역시 기술영역에서 유기체의 상호작용 역사의 기능이다. 그 함의는 분명하다. 신경계의 작동은 신경계를 변형시키는 다양한 원천들을 전혀 구분하지 않는다. 따라서 변형의 동인agents이 물리적 환경의 특성이든 연동된 유기체들과의 행동적 상호작용이든 신경계의 작동과 관련하여 아무런 차이가 없다. 따라서 신경계는 상태 대 상태 state-to-state 방식으로 작동하지만, 행동양식으로서의 시간은, 유기체의 행동 영역의 구성요소로서 기술영역을 통해서 신경계의 상태들의 결정으로 진입한다. 기술영역의 다른 구성요소들도 모두 마찬가지다. 그것들은 신경계의 상태들을 표상하지 않지만, 다른 모든 행동이 그러하듯이, 신경계의 구조변화의 경로에서 선택기selectors로 작용한다. 심지어 아름다움, 자유, 존엄과 같은 개념도 마찬가지다. 기술로서 이 개념들은 유기체의 행동영역에서, 폐쇄적 신경망으로서의 신경계의 현상학과 유기체 상호작용 영역이 연동한 결과로, 행동에 대해 언급하는 구별을 통해 발생한다.

우리는 해부학이나 전기생리학의 언어로 신경계에 대한 형식적 설명을 하지 않았다. 폐쇄적 신경망으로서의 신경계 조직

음을 참조하라. H. R. Maturana, "What is it to see?(¿Qué es ver?)." *Archivos de Biología y Medicina Experimentales* vol. 16, no. 3~4 (1983), pp. 255~269 참조.

을 밝히려는 우리의 목적에 비해서, 신경생리학과 해부학의 언어는 기능 및 입·출력 관계에 대한 언급을 통해 하나의 열린 체계라는 개념을 암시하기 때문이다. 신경계 조직을 하나의 폐쇄된 신경망의 조직으로 보는 구별은 중요하다. 이러한 해명이 다음과 같은 하나의 근본 개념으로 이어지기 때문이다.

관찰자는 유기체의 행위와 이러한 행위가 대처하는 것으로 나타나는 환경적 조건 사이에서 상응correspondence을 본다. 상응은 (신경계가 포함된) 유기체와 주위환경의 구조연동을 드러낸다. 이러한 구조연동이 계통발생적 선택과 개체발생적 선택을 통해 보존되기 때문이다. 그러므로 이러한 상응은, 신경계가 유기체의 적절한 행동을 계산할 때 주위환경의 표상을 가지고 작동하도록 허용할 신경계의 연결성에 대한 어떤 특수한 특성이나 속성도 드러내지 않는다.

:: 용어 목록

용어목록은 오직 이 2편에서 구체적인 의미가 부여된 낱말이나 새로운 낱말만을 포함한다. 모든 정의는 본문에서 직접 인용한 것이다.

관찰자observer : 자기 고유의 언어적 상태들과의 재귀적 상호작용을 통해, 마치 자기 상호작용들의 표상과 상호작용하는 것처럼 자기 고유의 상태들과 언어적으로 상호작용하는 체계.

개체발생ontogeny : 단위체의 구조적 형질전환의 역사.

개체성individuality : 관찰자와의 상호작용과는 독립적으로 자기생성기계에 의해 동일성이 유지되는 것.

구성 관계relations of constitution : 구성 관계는 생산된 구성요소들이 자기생성이 실현되는 위상을 구성하도록 결정한다.

구조structure : 주어진 공간에서 하나의 구체적concrete 기계를 통합하는 구성요소들 사이에서 유지되는 실제적인 관계들.

규제regulation : 이형생성을 기술하는 영역에서 유효한 개념으로, 설계자(또는 그의 등가물)가 구체화된 질서와 구체화된 속도로 발생하는 체계의 상호의존적 이행을 동시에 관찰하고 기술하는 것을 반영하는 개념이다.

기계machine : 물리적 공간에 있는 단위체. 이때 이 단위체가 자신의 조직으로 물리적 공간을 정의한다. 하나의 비물활론적 전망을 함축하며, 명백한 동력론dynamisms을 가진다.

기계론mechanicism : 살아있는 체계의 조직에서 작동하는 유일한 요인들은 물리적 요인이며, 어떠한 비물질적인 생명유지의 조직하는 힘도 필요하지 않다고 주장하는 생물학적 관점.

기계론적 현상학mechanical phenomenology : 구성요소들의 속성을 통해 실현된 과정들 사이의 관계들에 의해 생성된 현상학.

기계의 목적 또는 목표machine, purpose or aim of : 인간이 사용할 수 있는 기계의 용도. 때로는 기계의 생산물. 하나의 특수한 기계의 조직을 듣는 사람에게 전달하는 작업을 줄이기 위한 기술적 장치.

기능function : 관찰자가 기계 또는 체계의 구성요소를 하나의 포괄적 실체와 관련하여 기술할 때 발생하는 개념. 실체는 기계의 총체이거나 부분일 수 있다. 실체의 상태들은 구성요소 내의 변화가 야기할 목적을 구성하는 것이다.

다양성diversity : 동일성이 유지되는 양식에서의 변이들.

단위체unity : 배경으로부터 구별될 수 있는 것. 이는 주어진 영역에서 존재하기 위해 필요한 유일한 조건이다. 단위체의 속성과 단위체가 존재하는 영역은 단위체를 구별하고 결정하는 과정에 의해 구체화된다. 이 과정이 개념적이든 물리적이든 상관없이 그러하다.

목적purpose : 단위체의 구성요소를 통해 표상되고 실현되는 내적인 계획이나 프로그램의 소유.

목적론적 법칙telenomy : 살아있는 체계의 조직에서 하나의 기획의 분명한 목적이나 소유의 요소이다. 어떤 생기론적 의미도 함축하지 않는다. 종종 살아있는 체계의 정의적 속성으로서 충분조건까지는 아니더라도 필수조건으로 간주된다.

물리적 공간physical space : 살아있는 체계의 자기생성의 현상학이 벌어지는 공간.

생물학적 설명biological explanation : 자기생성에 종속된 과정들의 관점에서의 재공식화, 즉 생물학적 현상학 영역에서의 재공식화.

생물학적 현상biological phenomenon : 생물학적 현상학은 물리적 공간에 있는 자기생성체계의 현상학이며, 현상은 하나 이상의 물리적 자기생성 단위체의 자기생성에 어떤 방식으로든 의존하는 범위 내에서만 하나의 생물학적 현상이다.

선택selection : 실현될 수 있는 단위체적 조직을 구체화하는 맥락에서 단위체들의 생산을 차별화하는 실현 과정. 자기생성 단위체들의 개체군에서 선택은 자기생성을 차별화하는 실현의 과정이며, 따라서 차별화된 자기생산이다.

설명explanation : 현상의 요소들이 작동적으로 현상 발생에 연결된 것처럼 나타나는 식으로 현상을 재공식화한 것.

부호화coding : 관찰자의 상호작용을 표상하는 개념이지, 관찰된 영역에서 작동하는 현상이 아니다. 자기생성의 공간에서 발생하는 과정들을 인간 설계의 공간(이형생성)에서 발생하는 과정들에 사상하는寫像, mapping 것이다. 따라서 현상의 재공식화가 아니다.

언어영역linguistic domain : 연동된 유기체들이 자체의 연동된 개체발생 동안 구체화된 상호작용들을 통해 내적으로 결정된 행동으로 서로를 정향하는 교감영역.

역사적 현상historical phenomenon : 변화하는 체계의 연속적 상태들에 있어서 각각의 상태가, 하나의 인과적 형질전환에서의 이전 상태의 변조로서 발생하고, 독립적인 새로운 것으로서 발생하는 것이 아닌 변화의 과정.

(단위체들의) 연동coupling (of unities) : 둘 이상의 단위체의 행위가 있는데, 각 단위체의 행위가 다른 단위체들의 행위의 기능인 경우.

의사소통영역communicative domain : 서로 맞물리는 상호작용들의 사슬. 이때 각각의 상호작용에서 각각의 유기체의 행위는 각자의 자기생성 조직에 의해 내적으로 결정되지만, 이 행위가 다른 유기체에게는 보정 가능한 변형의 원천이 된다.

이형생성heteropoiesis : 인간 설계의 공간.

인지영역cognitive domain : 하나의 자기생성체계가 동일성의 상실 없이 진입할 수 있는 모든 상호작용의 영역.

자기재생산self-reproduction : 하나의 단위체가 자기 고유의 특정화 과정과 연동되는 과정을 통해 자기 고유의 조직과 유사한 조직을 갖춘 다른 단위체를 생산하는 것. 오로지 자기생성체계만이 자기재생산을 할 수 있다.

자기생성적 공간autopoietic space : 하나의 자기생성 조직은 관계들로 이루어진 하나의 폐쇄적 영역을 구성한다. 이 영역은 이 관계들이 구성하는 자기생성 조직과 관련해서만 구체화된다. 그리하여 자기생성 조직은 그 자신이 하나의 구체적concrete 체계로 실현될 수 있는 하나의 공간을 구성한다. 그리고 이 공간의 차원들은 그것을 실현하는 구성요소들의 생산관계들이다.

자기생성기계autopoietic machine : 구성요소들의 생산, 형질전환, 파괴의 과정들로 이루어진 하나의 연결망으로 조직된 (하나의 단위체로 정의된) 기계. 이 연결망이 구성요소들을 생산한다. 구성요소들은 (i) 상호작용과 형질전환을 거쳐 자신들을 생산한 과정들 (관계들)의 연결망을 재생성하고 실현한다. 또한 구성요소들은 (ii) 자기생성기계의 그러한 연결망으로서의 실현이 일어나는 위상적 영역을 구체화함으로써, 자기생성기계를 자신들이 존재하는 공간 안의 구체적 단위체로 구성한다.

자기의식self-consciousness : 자기 관찰의 영역.

자율성autonomy : 모든 변화를 조직의 유지에 종속시키는 조건. 살아있는 체계가 변형의 적극적 보정을 통해 자체의 동일성을 유지하는 자기 주도 역량.

재생산reproduction : 복제나 복사나 자기재생산의 모든 과정.

정역학적 현상학statical phenomenology : 구성요소들의 속성들 사이의 관계들에 의해서 생성된 현상학.

조직organization : 하나의 체계를 하나의 단위체로 정의하고, 하나의 체계가 하나의 단위체로서 겪을 수 있는 상호작용의 동역학과 형질전환을 결정하는 관계들이, 체계의 조직을 구성한다.

종species : 재생산적으로 상호연결된 개체들의 한 개체군이나 개체군들의 집합. 따라서 역사적 연결망의 교점들.

진화evolution : 재생산적 단계들을 통해 순차적으로 생성된 독립적 단위체들이 체화하고 있는 하나의 불변의 조직을 실현하는 것에서 일어나는 변화의 역사. 여기에서 각 단위체의 특수한 구조적 실현은 선행 단위체(또는 단위체들)에 대한 수정으로서 발생한다. 따라서 선행 단위체는 순차적 선행사건과 역사적인 선행사건 모두를 구성한다.

질서 관계|relations of order : 질서 관계는 특정화 관계, 구성 관계, 질서 관계에서 구성요소들의 연속상태가 자기생성에 의해서 구체화된 관계가 되도록 결정한다.

체계|system : 어떤 정의 가능한 구성요소들의 집합.

타자생성기계|allopoietic machine : 자동차에서 그런 것처럼 자기 자신과 다른 어떤 것을 자신의 기능의 생산물로 가진 기계.

특정성 관계|relations of specificity : 특정성 관계는 생산된 구성요소들이, 그것들의 자기생성에의 참여에 의해 정의되는 특정한 specific 것들이 되도록 결정한다.

항상성 기계|homeostatic machine : 자신의 일부 변수를 상수로 유지하거나 제한된 값의 범위 내에 유지하는 조건.

현상학 영역|phenomenological domain : 현상학 영역은 그것을 구성하는 하나나 복수의 단위체의 속성들에 의해, 그리고 단독으로든 집합적으로든 속성들의 형질전환이나 상호작용을 통해 정의된다. 따라서 하나의 단위체가 정의되거나 형질전환이나 상호작용을 겪을 수 있는 단위체들의 하나의 부류가 확립될 때마다 하나의 현상학 영역이 정의된다.

움베르또 마뚜라나는 2021년 5월, 92세의 나이로 운명했다. 그가 5월 말에 있을 영국 사이버네틱스 학회의 발표를 준비하던 터라 그의 죽음은 급작스러운 것이었다. 그의 서거 1주기에 제2차 사이버네틱스와 자기생성, 사이버 기호학의 다중 및 학제 간 저널 『사이버네틱스와 인간 앎』 *Cybernetics and Human Knowing*(제29권 1-2호 2022)과 구성주의 다중 학제 저널 『구성주의자의 토대』 *Constructivist Foundations*(제18권 1호, 2022)는 인지과학과 철학에 남긴 그의 업적과 유산을 기리는 기념논문집을 발간했다.

『자기생성과 인지』는 살아있는 체계와 인지가 동일한 과정이라는 점을 논증한다. 이 책의 탁월성은 이전까지는 거의 별개의 이론이었던 살아있는 체계 이론과 인지 이론을 구체적으로 결합한다는 점이다. 그러나 이 같은 결합이 책의 내용을 이해하기 어렵게 만드는 주된 원인이기도 하다. 두 기념논문집에서도 이 책의 살아있는 체계와 인지라는 주제가 여전히 연구자들에게 도전적인 과제임을 확인할 수 있다.[1] 「인지생물학」[2]의 자

---

1. 게르하르트 로트, 「자기생성과 인지」, 『구성주의』, 박여성 옮김, 까치, 1995,

기생성과 인지 개념은 점차 「사랑의 생물학」[3]과 「문화생물학」[4]으로 확장 전개된다. 마뚜라나는 신경계를 뉴런의 폐쇄적 연결망으로 이해하는 것의 함의를 사회·문화체계의 최종 결과에까지 적용함으로써 실질적으로 자신의 인지이론을 실행·완성하고 있다.

칠레 출신의 신경생물학자이자 철학자인 마뚜라나는 제2차 사이버네틱스 운동(1960~85년)의 일원이었으며[5] 프란시스코 바렐라와 함께 자기생성이론을 창안한 연구자로 명성을 획득했다. 이들의 자기생성이론은 짧은 시간에 과학학 및 인식론, 사회과학 분과들, 심리학, 법학, 언어학에까지 열광적으로 수용되었다.[6] 오히려 생물학 영역에서는 영향력이 미미한 편이다. 하지만 자기생성이론은 여러 학문 분야에서 그 결과를 가늠하기

257쪽 참조.

2. 이 논문은 마뚜라나의 대담집 『있음에서 함으로』 255~261쪽에 간략하게 소개되어 있다.

3. H. Maturana Romesin and G. Verden-Zöller, *The Origin of Humanness in the Biology of Love* (Exeter : Imprint Academic, 2008).

4. H. Maturana Romesin, X. Dávila Yáñez and S. Ramírez Muñoz, "Cultural-biology," *Foundations of Science*, vol.21 (2016), pp. 631~678.

5. N. 캐서린 헤일스, 『우리는 어떻게 포스트휴먼이 되었는가』, 허진 옮김, 플래닛, 2013, 131쪽 참조.

6. P. M. Heji, Sozialwissenschaft als Theorie selbstreferentieller Systeme (Frankfurt, Campus, 1982) ; 니클라스 루만, 『사회적 체계들 : 일반이론의 개요』, 박여성 옮김, 한길사, 2020 ; G. Teubner, "Autopoiesis in Law and Society," In *Law & Society Review* vol.18 no.1 (1984).

어려운 영향을 미쳤다.[7] 이들이 쓴 『자기생성과 인지』를 비롯한 대부분의 텍스트가 신경생물학에 대한 충분한 지식이 없다면 접근하기 쉽지 않다는 점을 고려할 때 자기생성이론이 많은 분과 학문에 응용의 토대를 제공한다는 점은 놀라운 일이다.[8]

『자기생성과 인지』는 마뚜라나의 논문「인지생물학」과 마뚜라나와 바렐라의 공동논문인「자기생성, 살아있음의 조직」(이하「자기생성」)을 하나로 엮은 책이다. 저자들은 이 책에서 생명현상, 신경계의 기능, 지각, 사고, 자아의식, 언어, 진화, 학문적 방법론 등에 대해서 '세계와 존재를 앞에 내놓는'bringing forth 관점의 전혀 새로운 설명을 제시한다.

이 책의 1편인 마뚜라나의 논문「인지생물학」은 1970년에 일리노이 주립대학의 '생물학 컴퓨터 연구소'의 연구보고서 9호에 내부 열람용으로 처음 소개되었다.「인지생물학」은 '지식의 생물학적 이론'이라는 마뚜라나의 연구 주제의 기원이 되는 논문이다.[9] 이 논문은 서두에 "인지 현상에 대한 인식론적 통찰을 제시할 인지이론을 제안하고, 개념적 사고와 언어, 자기의식과 같은 현상들을 야기하는 인지적cognizant 유기체의 기능적 조직

---

7. 게르하르트 로트,「자기생성과 인지」,『구성주의』, 255쪽 참조.
8. 자기생성이론을 탐구하는 급진적 구성주의의 학제적 담론에 대해서는 다음 책을 참조하라. 지크프리트 J. 슈미트 편저,『구성주의』.
9. H. Maturana, trans. A. Paucar-Caceres and R. Harnden, "Origins and Implications of Autopoiesis," *Constructivist Foundations* vol.6 no.3 (2011), p. 305 참조.

에 적절한 견해를 제안"하는 데 목적이 있다고 밝힌다.

순환적 조직을 가진 살아있는 체계이론과 인지이론이 통합된 과정임을 논증하면서 이 논문은 살아있는 체계로서 관찰자와 그 앎이 수행하는 역할을 전면에 내세운다. "말해진 모든 것은 어떤 관찰자가 말한 것이다."[10]라는 언명을 통해 논문은 우리가 인지를 하나의 생물학적 현상으로 이해하기 위해서는 반드시 인지를 규명하고 있는 관찰자와 관찰자의 역할까지도 설명에 포함시켜야 한다는 점, 그리고 관찰자 또한 살아있는 체계라는 점을 지적한다. 즉 관찰자가 속한 살아있는 체계의 작동은 자기생성적 순환조직이고 이 순환조직이 상호작용 영역을 특정한다. 이러한 관점에서 보면, 살아있는 체계가 인지적 상호작용에 진입할 때 살아있는 체계의 내적 상태(신경계의 기능)는 스스로의 인지영역을 확장하면서 살아있는 조직을 유지하는 순환방식에 종속된다. 따라서 살아있는 체계가 현전할 때 체계에 포함된 신경계의 작동은 인지와 동일하다. 이 결론은 관찰자가 어떻게 생물학적 존재로서 발생하는지를 보여 준다.[11]

---

10. 이 언명은 말해지는 모든 것(객관)은 어떠한 조건 아래에서도 이것을 말하는 사람(주관)과 분리될 수 없다는 점을 환기시킨다. 다시 말해서 세계에 대한 모든 설명에는 세계를 기술하는 사람 곧 관찰자의 기술이 포함된다.

11. 따라서 마뚜라나는 우리의 경험에서 피할 수 없는 기초적인 생물학적 사실 세 가지를 다음과 같이 제안한다. (1) 다른 모든 살아있는 존재와 마찬가지로 우리는 경험하는 순간에는 지각과 환각을 구별할 수 없다. 어떤 경험이 나중에 다른 경험과 비교하여 실수나 환각으로 평가절하될 것인지, 지각으로

「자기생성」은 「인지생물학」의 III-B절 '살아있는 체계'의 내용을 확장한다. 이 논문은 살아있는 체계의 순환조직과 신경계의 비표상적 작동 방식이 폐쇄적이라는 종합적 결론을 제시한다. 두 저자는 조직을 열린 체계가 아니라 닫힌 체계로 규정하면서 살아있는 체계의 실현 과정 그 자체만을 통해 살아있음의 순환성을 설명한다. 자기생성적 조직은 살아있는 체계의 실현 과정을 일컫는 것이다. 자기생성적 조직에서는 연결망의 생산물인 구성요소들이 바로 연결망을 실현하는 것이다. 그와 동시에

　　확인될 것인지, 우리는 알지 못하고 알 수도 없다. (2) 우리가 어떤 것을 외부의 대상으로 구별할 때, 이 대상이 우리가 구별하는 행위와 독립적으로 색이나 모양 등의 어떤 성질이나 속성을 그 자체로 가지고 있다고 주장할 수 없다. 우리가 이 경험을 다른 경험과 비교한 후에야 환각이나 지각으로 판단할 수 있기 때문이다. 대상의 속성들에 대해 기술하기란 함께 살아가는 삶의 흐름 속에서 벌어진다. 생물학적 현상으로서 언어를 구사하는 일은 교감적 행동(consensual behaviors)을 공동조율하는 일에 대한 공동조율로 함께 살아가는 일이라고 우리는 이해할 수 있다. (3) 살아있는 존재는 결정된 구조체계다. 외부의 어떤 것도 실제로는 살아있는 체계 안에서 벌어지는 것을 구체적으로 지정할 수 없다. 외부의 영향력은 그 체계 내의 변화를 촉발할 수 있을 뿐이고, 살아있는 체계 내에서 벌어지는 것은 촉발된 그 순간의 구조에 의해서 결정된 어떤 변화다. 이 세 번째 생물학적 사실의 결과로서 둘 이상의 살아있는 존재들이 반복적인 상호작용의 역학에 참여할 때마다 마뚜라나가 구조연동(structural coupling)이라고 부르는 일관적인 변화 과정에 들어간다. 구조연동은 반복적인 상호작용으로서 유기체와 그 생태적 지위가 서로 완전히 일치하여 상호의존적으로 변하는 과정이다. 이 구조적이고 행위적인 구조의 변환 과정은 개체발생적이고 계통발생적인 진화의 역사를 낳는다. 저 역사들은 유기체들이 생태지위로부터 분리하여 붕괴할 때까지 지속된다. H. Maturana, "What Is Sociology?," *Constructivist Foundations* vol. 10, no. 2 (2015), pp. 176~79 참조.

연결망을 하나의 단위체로 구성하는 형식에 있어서는 다양하게 상호조합된다. 따라서 자기생성이론은 물리적 공간에서 존재하는 자기생성적 역학을 살아있는 체계의 특징으로 정의한다. 그리고 이로부터 모든 생물학적 현상학이 도출된다는 점을 입증한다. 이러한 결론은 유전자나 종, 사회/집단 등에 대한 기존의 목적론적인 강조가 이론적으로 개체의 소멸을 정당화하게 되는 문제를 수면 위로 드러낸다. 그리고 실제로 형태를 갖춘 무목적 체계로서의 개체의 자율성에 대한 분명한 정의를 통해서 그 강조점을 다시금 개체로 돌려놓는다.

결론적으로 『자기생성과 인지』는 (1) 신경계의 작동을 '살아있는 체계'로 설명하기 위해서는 반드시 그것을 폐쇄적으로 상호작용하는 뉴런들의 연결망으로 이해해야 한다는 인식론을 제안한다. 그리고 (2) 신경계 활동이 신경계 자체에 의해 결정된다고 보는 결정론적 접근방법을 통해 신경계의 폐쇄적 작동의 역학에 근거한 상호작용체계의 신체성을 생물사회학의 근간으로 제시한다.

그런데 「인지생물학」의 III-D절 '인지과정'에는 신경계가 유기체의 상호작용 영역을 확장하여 단위체의 행동이나 상호작용을 진화 과정에 따르게 할 때 나타나는 두 가지 역설이 언급된다. 하나는 유기체가 자기 내적 상태들과의 상호작용에 진입할 때 신경계 내적 상태의 인지영역이 마치 독립적인 것처럼 유기체의 인지영역에 포함되어야 한다는 역설이다. 다른 하나는 복수의 유기체들이 어떤 실체와 상호작용할 때, 실체가 마치 유기체 상호작용의 영역 외부에 존재하는 것처럼 상호작용하지만, 그 표상/재현의 측면에서 본다면 다만 자신의 상호작용을 표상으로 삼아 사상할 뿐이라는 역설이다. 「인지생물학」은 두 역설이 관찰자를 통해서, 그리고 자기의식적 관찰을 통해서 해결될 수 있다고 제안한다.

마뚜라나에 따르면 신경계의 내부와 외부란 이를 구별하는 사람에 의해 그와 같이 나타나는 것이지 살아있는 체계에 그 자체로 존재하는 것이 아니다. 이러한 사실을 받아들이면, 관행적으로 인지와 살아있음을 분리하던 기존의 관점 즉 지식의 객관적(초월적) 실재의 관점에서 이 둘을 결합하는 과정에서 불가피하게 두 가지 역설이 나타나게 된다. 이 역설은 거꾸로 인지와 살아있음을 독립적인 것으로 구별하는 양상을 주시하는 성찰적 관점을 통해 해소할 수 있다. 즉 두 가지 역설은 신경계 내부와 신경계 외부의 인지를 동시에 바라보면서 둘을 독립적인 것으로 기술하는 관찰자의 이중보기에[12] 의해 나타나는 모순이다.[13]

---

12. 이중보기에 관해서는 다음을 참조하라. 움베르또 마뚜라나, 『있음에서 함으로』, 98~105쪽.

13. 우리는 보통 개구리의 지각 활동이 마치 관찰자인 우리 자신의 인지능력 외부에 있는 것처럼 설명한다. 마뚜라나는 구조결정론적 체계인 우리에게 이러한 일이 어떻게 벌어지는지를 묻는다. 이는 관찰자인 자신의 관찰하기 활동에 대한 물음일 뿐만 아니라 폐쇄적 체계의 작동인 관찰자의 인지능력이 어떻게

「인지생물학」은, 객관적 실재가 존재한다는 관점으로부터 우리가 '실재'라고 부르는 것들이 이를 말하는 관찰자와 독립적인 것으로 식별될 수 없음을 성찰하는 구성적 실재의 관점으로 이동한 상태에서 논증을 전개한다.[14] 또 관찰자의 구성적 존재론에서 설명이란 사물 그 자체 또는 '실재'에 대한 설명이 아니라 일상 언어에서 사용되는 것처럼 경험을 설명하는 생성 메커니즘이다.[15] 다시 말해서 「인지생물학」은 마뚜라나가 구성적 존재론의 영역으로 완전히 이행한 이후의 관점에서 자신의 관찰하기 경험과 일관성을 과학적 설명의 타당성 기준을 만족시키는 경험의 일반 메커니즘으로 제안하는 논문이다.[16]

생물학적 현상으로 발생하는지를 입증해야 한다는 것을 의미한다. 신경계 작동의 폐쇄성을 따른다면 실재 또는 존재는 관찰자의 구별과 함께 발생한다. 예컨대 개구리를 환경 내에서 관찰할 때 과학자들은 일반적으로 내적 신경계의 관점과 관찰자의 외적 관점이라는 두 종류의 전혀 다른 관점을 사용하여 기술한다. 즉 관찰자는 이중보기를 하면서 내적 생리학과 내적 체계 동역학의 현상영역과 환경에서 단위체로서의 유기체의 운동영역을 구분해 기술한다. 이때 우리의 경험은 신경계 활동영역에서 이루어지는 것이지만, 지각과 환각의 구분이란 유기체와 환경을 같이 보는 관찰의 영역과 관련이 있다.

14. 마뚜라나에 따르면 관찰자의 존재론 도표는 언어를 구사하는 살아있는 체계로서의 관찰자가 인간 삶의 실현에서 발생하는 관계의 작동 방식이라는 점을 보여준다. 인식의 영역에서 이 도표는 물리학 영역의 공식 $E=mc^2$과 같다. 관찰자의 존재론 도표에 관해서는 다음을 참조하라. 마뚜라나, 『있음에서 함으로』, 62~63쪽.

15. Maturana, Dávila Yáñez, and Ramírez Muñoz, "Cultural-biology," p. 659 참조.

16. 과학적 설명의 존재론에 대한 보다 자세한 논의는 다음 논문을 참조하라. H. Maturana, "Science and Daily Life," In W. Krohn, G. Kuppers (eds.), *Self*

앞서 언급했지만 『자기생성과 인지』의 난해함은 살아있는 체계 그리고 인지의 결합방식과 관련되어 있다. 실제로 이 지점은 관찰하기 작동에 대한 마뚜라나의 통찰이 완전히 수용되기를 요청한다. 그럴 때만 관찰자의 구성적 존재론으로의 이행이 이루어질 수 있을 뿐 아니라 신경계 내부의 작동과 그 외부에서 발생하는 과정들 사이에 엄밀한 개념적 구분이 가능해진다는 것이다.[17] 그러나 이런 통찰이 완전히 수용되지 않을 경우 인지와 살아있는 체계가 본질적으로 어떻게 연결되는지에 대한 내용적 불확정성이 이론에 남을 수밖에 없고 이 불확정성이 내용적 난해함으로 이어질 수밖에 없다.[18] 마뚜라나 이론의 지지자들에게 구성적 존재론으로의 이행은 인식에서의 코페르니쿠스적 전환으로도 말해진다.[19] 근본적인 존재론적·철학적 변화

Organization (Dodrecht : Kluwer Academic Publishers, 1990), pp. 12~35.

17. 마뚜라나, 『있음에서 함으로』, 98쪽 참조.

18. 『구성주의자의 토대』 제18권 1호에 실린 프리초프 카프라의 「살아있음의 조직, 마뚜라나의 핵심 통찰」은 마뚜라나의 인지생물학이 데카르트의 몸과 마음 문제를 해소한다고 주장한다. 그러나 카프라는 마뚜라나가 인지와 살아있음을 분리하는 것처럼 기술하며 이를 어떻게 통합시키는지는 거의 설명하지 않고 있다. 이 글에 대한 동료심사 가운데 상당수는 마뚜라나가 자신의 설명 방식에서도 인지와 살아있음을 결합하지 않는다는 비판적 분석을 한다. F. Capra, "The Organization of the Living," *Constructivist Foundations*, vol.18 no.1 (2022), pp. 5~11.

19. A. Ochoa-Arias, B. Jerardino-Wiesenborn, and A. Paucar-Caceres, "Maturana's Ontology of the Observer and Cultural Biology," *Constructivist Foundations*, vol.18 no.1, (2022), pp. 23~25.

를 동반하는 실재에 대한 관점의 변화이기 때문이다.

『자기생성과 인지』 초판 출간 이후 1980년대 후반에 이르면 마뚜라나는 자신의 초기 아이디어를 보다 포괄적이며 정교한 인식론적 프레임 작업과 통합한다. 그 결과 집필한 논문이 「관찰하기의 존재론」이다.[20] 그리고 이를 다시 「사랑의 생물학」과 「문화생물학」으로 확장한다. 마뚜라나의 후기 관점은 인간 존재의 생물학적 모체에 있는 인지생물학과 사랑의 생물학의 개념적 짜임을 보여준다. 그는 구성적 존재론의 경로에서 자신의 이행을 완수하고, 보다 발전된 성찰적 관점에서 과학적 방법론에 기반한 관찰하기의 존재론을 완성한다.

구성적 존재론의 가치를 강조하고, 언어가 수행하는 역할에 주목하여 언어를 살아있음과 인식을 통일하는 인식론이 출현하는 메커니즘으로 간주하는 것이 무엇보다 중요하다. 만약 인간을 생물학과 문화의 재귀적 관계에 기반하는 단위체로 간주한다면 언어 구사하기languaging는 인간이 학습하는 근거가 된다. 언어 구사하기는 우리가 하나의 세계를 앞에 내놓으면서, 학습의 재귀적 연결고리 속에서 공동 조정된 행동에 대한 공동

---

20. H. Maturana, "Ontology of Observing," In Texts in *Cybernetic Theory,* W. T. Powers, and E. von Glasersfeld, Donaldson R (ed.) (CA. : American Society for Cybernetics, 1988b), pp. 4~52. ; H. R. Maturana, "Reality," *The Irish Journal of Psychology* 9.1 (1988), pp. 25~82. ; H. R. Maturana, "Biology of Language," in G. Miller & E. Lenneberg (Eds.) *Psychology and Biology of Language and Thought* (New York : Academic Press, 1978), pp. 27~63.

조정된 행동을 구축하게 해준다. 마뚜라나의 체계이론은 모든 과학적 설명체계를 불가피하게 관찰자의 입장을 포함하는 것으로 이해하기를 제안한다. 그리고 언어적이고 사회적인 인간의 존재를 보존하기 위한 방법과 서구화된 자본주의 사회의 지배, 복종, 무관심의 지배 문화에 대항하기 위한 방법을 제안한다. 그리고 그의 제안을 수용하기 위해서는 실재에 대한 새로운 이해의 틀, 즉 구성적 존재론이 요구된다.

이 지면에서 옮긴이의 역량 때문에 마뚜라나의 이론적 발전과 정교화 과정을 충분히 소개할 수 없어 아쉬울 뿐이다. 다행히 국내에는 개론서 『앎의 나무』(갈무리, 2007)와 인터뷰집 『있음에서 함으로』(갈무리, 2006)가 출판되어 있다. 『앎의 나무』는 많은 도판과 해설이 곁들여져 신경생물학에 대한 충분한 지식이 없어도 자기생성이론에 접근하도록 돕는다. 다만 이 책은 관찰자의 문제를 전면적으로는 다루지 않는다. 『있음에서 함으로』는 마뚜라나의 후기이론에 해당하는 문화생물학까지 포괄하면서 관찰자의 존재론과 그 의미를 잘 소개하고 있다. 『자기생성과 인지』를 읽을 때 반드시 이 두 권의 책을 참조하기를 권한다. 또한 『구성주의』(까치, 1995)에는 마뚜라나의 논문 「인지」와 「사회성의 생물학」이 번역되어 있어서 국내에서는 만나기 어려운 이론적 논의를 살필 수 있다. 이 책에는 급진적 구성주의를 위한 학제적 담론으로서의 자기생성이론에 대한 학자들의 논의가 실려 있다. 자기생성이론의 공동연구자인 바렐라를 옮긴이의 글에서 거의 다루지 못한 점도 아쉽다. 이 역시도 역량의 문제가 가장 큰 이유이지만 두 사람의 실재에 대한 인식론적 구도 자체가 자기생성이론을 함께 제안했다고 하더라도 근본적으로 다르다는 데 또 다른 이유가 있다. 두 사람의 사상적 차이는 스태포드 비어에게도 그랬듯이 이후에 다른 연구자들에게도 혼란을 일으켰다.

마뚜라나의 개념 자체가 인식의 작동적 폐쇄성과 순환적 사고를 반영하기 때문에 그 의미를 제대로 이해하는 데 상당히 많은 시간이 소요되었다. 마뚜라나의 문장도 마찬가지다. 그는 자신의 문장에서도 순환적 사고를 드러내고자 했다. 그의 끊임없이 이어지는 문체를 기본적으로 따르면서 한국어에 맞게 문장을 나누어 옮기는 일은 결코 쉽지 않았다. 그럼에도 모든 번역의 오류는 옮긴이의 책임이다. 번역어 결정을 위해 일차적으로 일어판을 참조했고 중앙대의 문규민 선생님의 많은 도움을 받았다. 또한 거친 초역본을 꼼꼼히 읽고 문장과 내용을 다듬을 수 있도록 도와주신 추희정 선생님과 정경직 선생님께도 감사의 말을 전한다. 그리고 마뚜라나와 바렐라의 주요 초기 저작을 번역할 수 있도록 출간을 지지해주시고 독려해주신 도서출판 갈무리의 조정환 대표님과 활동가 여러분, 그리고 제작을 위해 땀 흘리신 노동자분들께 감사드린다. 이 역서가 나오기까지 가까이에서 많은 도움을 주신 전남대학교 철학과의 오창환, 박의연 선생님께도 감사의 말을 전한다.

고백하자면 옮긴이는 2011년 6월에 『있음에서 함으로』를 처음 읽고 마뚜라나의 사상을 보다 잘 이해하고 싶다는 생각을 하게 되었다. 그때는 이 단순한 생각이 철학과 대학원 과정까지 이어지리라고는 생각하지 못했다. 2019년 2월에 옮긴이는 유식 사상과 마뚜라나의 관찰하기의 존재론을 비교하는 박사학위 논문을 제출했다. 『자기생성과 인지』를 번역하게 된 것도 표면적으로는 전공자의 책임감이 주된 요인이지만 마뚜라나의 한국어판 서문을 받아서 그의 사상을 더 잘 이해하고 싶은 마음이 간절했기 때문이다. 사실 이 모든 일은 인간, 종, 생물권 등 타자의 안녕에 대한 책임감 있는 관심은 사랑의 생물학에서 삶의 방식으로서 자연스럽게 발생한다는 그의 사상이 나를 사로잡았고 그의 사상을 이해하는 과정에서 내 삶에 대한 이해가 근원적으로 달라졌기 때문이다. 유명을 달리한 마뚜라나 박사님께 깊은 감사와 함께 삼가 조의를 표한다.

2023년 10월
정현주

:: 참고문헌

Ashby, W. Ross. 1960. *Design for a Brain : The Origin of Adaptive Behavior*. New York : John Wiley and Sons, Second Edition.

Berkeley, George. 1709/1935. *An Essay Towrds a New Theory of Vision*. Garden City, N.Y. : Doubleday, Doran & company. [조지 버클리, 『새로운 시각 이론에 관한 시론』, 이재영 옮김, 아카넷, 2009.]

_____. 1710/1935. *Treatise Concerning the Principles of Human Understanding*. Garden City, N.Y. : Doubleday, Doran & company. [조지 버클리, 『인간 지식의 원리론』, 문성화 옮김, 계명대학교출판부, 2010.]

Bernal, John D. 1965. "Molecular Matrices for Living Systems." *The Origins of Pre-biological Systems and of Their Molecular Matrices*. New York and London : Academic Press.

von Bertalanffy, Ludwig. 1960. *Problems of Life : An Evaluation of Modern Biological and Scientific Thought*. New York : Harper Torchbooks, First Edition.

Chomsky, A. Noam. 1968. *Language and Mind*. New York : Harcourt, Brace and World.

Commoner, Barry. 1965. "Biochemical, Biological and Atmospheric Evolution." *Proc. of the National Academy of Science* 53:1183~1194.

Gardner, R. Allen, and Beatrice T. Gardner. 1969. "Teaching Sign Language to a Chimpanzee." *Science* 165:664~672.

Gazzaniga, Michael S., Joseph E. Bogen, and Roger W. Sperry. 1965. "Observations on Visual Perception After Disconnection of the Cerebral Hemispheres in Man." *Brain* 88, Part II : 221~236.

Geschwind, Norman. 1964/1974. "The Development of the Brain and the Evolution of Language." In *Monograph Series on Languages and Linguistics* 17, edited by C. I. J. M. Stuart, 155~169. Washington : Georgetown University Press ; reprinted in *Selected Papers on Language and the Brain*, *Boston Studies in the Philosophy of Science* XVI, edited by Robert S. Cohen and Marx W. Wartofsky, 86~104. Dordrecht and Boston : D. Reidel Publishing Company.

_____. 1965/1974. "Disconnexion Syndromes in Animals and Man", *Brain* 88 : 237~294 and 585~644 ; reprinted in *Selected Papers on Language and the Brain*, *Boston Studies in the Philosophy of Science* XVI, edited by Robert S. Cohen and Marx W. Wartofsky, 105~236. Dordrecht and Boston : D. Reidel Publishing Company.

Gibson, James J. 1950. *The Perception of the Visual World*. London : Allen and Unwin.

Held, Richard, and Alan Hein. 1963. "Movement-Produced Stimulation in the Development of the Visual Guided Behavior." *Journal of comparative and physiological psychology* 56, no.

5 : 872~876.

Henderson, Lawrence J. 1913. *The Fitness of the Environment.* New York : Macmillan.

Jay, Phyllis C., eds. 1968. *Primates; Studies in Adaptation and Variability.* New York : Holt, Rinehart and Winston.

Kilmer, William L., Warren S. MuCulloch, and John L. Blum. 1968. "Towards a Theory of Reticular Formation," in *The Mind: Biological Approaches to Its Function*, edited by William C. Corning and John Balaban. New York : John Wiley and Sons, Inc.

Lettvin, Jerome Y., Humberto R. Maturana, Warren S. McCulloch, and Walter H. Pitts. 1959. "What the Frog's Eye Tells the Frog's Brain." *Proceedings of the IRE* 47, no. 11 : 1940~1959.

Lilly, Jerry G. 1967. *The Mind of the Dolphin.* New York : Doubleday and Company.

Lindauer, Marius. 1967. *Communication Among Social Bees.* Cambridge, Massachusetts : Harvard University Press.

Lorenz, Konrad Z. 1966. *Evolution and Modification of Behavior.* London : Methuen and Co., Ltd.

Maturana, Humberto R., Jerome Y. Lettvin, Warren S. McCulloch, and Walter H. Pitts. 1960. "Anatomy and Physiology of Vision in the Frog (*Rana pipiens*)." *J. of Gen. Physiol.* 43, no. 6 Part 2 : 129~175.

Maturana, Humberto R., and Samy G. Frenk. 1963. "Directional Movement and Horizontal Edge Detectors in the Pigeon Retina." *Science* 142 : 977~979.

Maturana, Humberto R. 1965. "Especificidad versus Ambiguedad en la Retina de los Vertebrados." *Biologica* 36 : 69ff.

Maturana, Humberto R., Gabriela Uribe, and Samy G. Frenk. 1968. "A Biological Theory of Relativistic Color Coding in the Primate Retina." In *Arch. Biologia y Med. Exp.*, Suplemento no. 1 (Santiago, Chile).

Monod, Jacques L. 1970. *Le hasard et la nécessité. Essai sur la philosophie naturelle de la biologie moderne.* Paris : Le seuil. [자크 모노, 『우연과 필연』, 조현수 옮김, 궁리, 2010.]

Morrell, Frank. 1967. "Electrical Signs of Sensory Coding." In *The Neurosciences, A Study Program*, edited by Quarton, 452~468. New York : The Rockefeller University Press.

Segundo, José P., and Donald H. Perkel. 1969. "The Nerve Cells as Analyzers of Spikes." In *The Interneuron*, edited by M. A. B. Brazier. Berkeley and Los Angeles : University of California Press.

Varela, Francisco J. 1979. *Principles of Biological Autonomy.* New York : Elsevier-North Holland.

Wittgenstein, Ludwig. 1922/2001. *Tractatus Logico-Philosophicus. Translated by D. F. Pears and B. F. McGuinness. New York:* Routledge. [루트비히 비트겐슈타인, 『논리-철학논고』, 이영철 옮김, 책세상, 2006.]

Young, John Z. 1967. "On the Organization of Living Memory Systems." In *Journeys In Science: Small Steps Great Strides*, edited by D. L. Arm. The Twelfth A. F. D. S. R. Science Seminar.

Ludwig J. J.) 154